Dez lições para o mundo pós-pandemia

Dez lições para o mundo pós-pandemia

FAREED ZAKARIA

Tradução de Alexandre Raposo,
Bruno Casotti, Flávia Rössler e Jaime Biaggio

Copyright © 2020 by Fareed Zakaria

TÍTULO ORIGINAL
Ten Lessons for a Post-Pandemic World

PREPARAÇÃO
André Marinho
Carolina Vaz

REVISÃO
Luiz Felipe Fonseca
Eduardo Carneiro

DESIGN DE CAPA
Sarahmay Wilkinson

DIAGRAMAÇÃO E ADAPTAÇÃO DE CAPA
Julio Moreira | Equatorium Design

IMAGEM DE CAPA
Milky Way © Antoine Rose/ Cortesia de Samuel Maenhoudt Gallery

CIP-BRASIL. CATALOGAÇÃO NA PUBLICAÇÃO SINDICATO
NACIONAL DOS EDITORES DE LIVROS, RJ

Z25d
    Zakaria, Fareed, 1964-
        Dez lições para o mundo pós-pandemia / Fareed Zakaria ; tradução Alexandre Raposo ... [et al.]. - 1. ed. - Rio de Janeiro : Intrínseca, 2021.
        288 p. ; 23 cm.

        Tradução de : Ten lessons for a post-pandemic world
        ISBN 978-65-5560-152-7

        1. Epidemias - Aspectos sociais. 2. Epidemias - Aspectos políticos. 3. Epidemias - Aspectos econômicos. 4. COVID-19 (Doenças). 5. Infecção por coronavírus. I. Raposo, Alexandre. II. Título.

20-68240   CDD: 303.485
                                         CDU: 316.4:(616.98:578.834)

Camila Donis Hartmann - Bibliotecária - CRB-7/6472

[2021]
Todos os direitos desta edição reservados à
Editora Intrínseca Ltda.
Rua Marquês de São Vicente, 99/3º andar
22451-041 — Gávea
Rio de Janeiro — RJ
Tel./Fax: (21) 3206-7400
www.intrinseca.com.br

Para
Dan, Joanna e
Gideon Rose

O Futuro nunca falou —
Nem irá como o Mudo
Revelar por sinal — uma Sílaba
De Seu Profundo Por Vir —

Mas quando a Nova estiver madura —
Apresenta-a no Ato —
Antecipando preparação —
Escapar — ou Substituir

Emily Dickinson*

---

* DICKINSON, Emily. *Emily Dickinson's Poems: As She Preserved Them*, org. Cristanne Miller (Cambridge, MA: Harvard University Press, 2016). (Em algumas versões aparece, no lugar de "Revelar por Sinal uma Sílaba", "Comunicar por Sinal uma Circunstância".)

SUMÁRIO

Introdução	O efeito morcego	11
Lição um	Apertem os cintos	23
Lição dois	O que importa não é quanto, mas como o governo intervém	39
Lição três	Mercados não são suficientes	63
Lição quatro	As pessoas deveriam ouvir os especialistas — e os especialistas deveriam ouvir as pessoas	81
Lição cinco	A vida é digital	101
Lição seis	Aristóteles estava certo: somos animais sociais	123
Lição sete	A desigualdade vai aumentar	147
Lição oito	A globalização não morreu	165
Lição nove	O mundo está se tornando bipolar	183
Lição dez	Às vezes os grandes realistas são os idealistas	203
Conclusão	Nada está escrito	225
Agradecimentos		233
Créditos		237
Notas		239

INTRODUÇÃO

O efeito morcego

O *The New York Times* chamou a imagem de "a esfera espinhosa vista no mundo inteiro".[1] No fim de janeiro, Alissa Eckert e Dan Higgins, seu colega no Centro de Controle e Prevenção de Doenças (CDC, na sigla em inglês), receberam a tarefa de criar uma representação do novo coronavírus. Precisava ser "algo para chamar a atenção do público", explicou Eckert mais tarde ao jornal. O que eles produziram foi a imagem de uma esfera prateada com "espinhos" vermelhos brilhantes. Evocativa e perturbadora, a ilustração logo se espalhou e passou a aparecer em todos os jornais, revistas e telejornais. Se neste exato momento você imaginar qual a aparência de um coronavírus, é muito provável que lhe venha à mente a interpretação de Eckert e Higgins ou algo similar. No mundo um tanto macabro dos ilustradores médicos profissionais, a imagem é chamada de "pose fatal", um close detalhado de uma única partícula viral que a faz parecer ameaçadora e enorme. Na verdade, o novo coronavírus tem mais ou menos 1/10.000 do tamanho do ponto final desta frase.[2]

Muitas vezes somos aconselhados a pensar grande, mas talvez precisemos começar a pensar pequeno. Somos bons em imaginar os grandes perigos já tradicionais, por mais improváveis que tenham se tornado atualmente, como ataques militares e invasões, e em planejar respostas em grande escala para eles. Governos gastam trilhões de dólares para montar forças armadas gigantescas, rastrear a movimentação de exércitos em todo o planeta e praticar simulações de guerra contra inimigos potenciais. Os Estados Unidos, sozinhos, destinam todos os anos quase 750 bilhões de dólares ao orçamento do Departamento de Defesa.[3] No entanto, não estávamos preparados para nos defender de um microrganismo. É bem possível que essa partícula viral cause o maior dano econômico, político e social que a humanidade já viu desde a Segunda Guerra Mundial.

Este não é um livro sobre a pandemia, mas sobre o mundo que começa a surgir como resultado da pandemia e, mais importante, sobre nossas respostas a ela. Um grande choque pode conter respostas diversas em função do estado em que o mundo se encontra naquele momento e de como os seres humanos reagem — com medo, negação ou adaptação. No caso do novo coronavírus, o impacto está sendo moldado pelo fato de que nosso mundo está profundamente interconectado, de que a maioria dos países não estava preparada para a pandemia e de que, em consequência, muitos deles, inclusive os mais ricos, fecharam suas sociedades e suas economias de forma sem precedentes na história da humanidade.

Este livro fala de um "mundo pós-pandemia" não porque o coronavírus ficou para trás, mas porque cruzamos um limiar crucial. Até o momento, a maioria das pessoas foi poupada de enfrentar uma epidemia em grande escala. Mas agora sabemos em primeira mão o que significa vivenciar uma pandemia. Vimos os desafios e os custos para combatê-la. A pandemia de Covid-19 talvez perdure, mas, ainda que seja erradicada, é quase certo que novos surtos de outras doenças ocorrerão no futuro. Com esses conhecimentos e essa experiência, vivemos agora uma nova era: a pós-pandemia.

Quais são exatamente as consequências dessa pandemia? Houve quem sugerisse que ela provará ser um ponto de virada,[4] um momento que mudará para sempre o curso da história moderna. Outros acreditam que, após uma vacina, em pouco tempo tudo vai voltar ao normal.[5] Outros, ainda, argumentam que a pandemia não reformulará a história, mas a acelerará.[6] Esse último cenário parece o desfecho mais provável. Consta que Lenin teria dito: "Há décadas em que nada acontece, e depois há semanas em que décadas acontecem."

O mundo pós-pandemia será, em muitos aspectos, uma versão acelerada do mundo que conhecemos. Mas, quando se acelera a vida, os fatos não ocorrem mais de forma natural e as consequências podem ser nocivas, ou até mortais. Na década de 1930, muitos países em desenvolvimento se modernizavam em um ritmo constante, ao transferir pessoas da agricultura para a indústria. A União Soviética decidiu acelerar esse processo de forma bastante exagerada. Essa decisão, a coletivização da agricultura, levou à fome, à "liquidação" de milhões de agricultores, ao endurecimento da ditadura e à deturpação da sociedade soviética. Um mundo que faz uso de esteroides pode sofrer efeitos colaterais imprevisíveis.

A vida pós-pandemia será diferente para os países, as empresas e, acima de tudo, para os indivíduos. Ainda que a economia e a política voltem ao normal, o mesmo não vai acontecer com os seres humanos. Eles terão passado por uma experiência difícil e incomum, e a sentirão como uma nova oportunidade conquistada a duras penas. Após sobreviver à gripe espanhola, um personagem do romance *They Came Like Swallows* [Eles vieram como andorinhas], escrito por William Maxwell em 1937, diz que foi tomado por uma sensação de "deslumbramento (pois aquilo havia sido uma revelação: nem ele nem ninguém sabia que sua vida seria assim)".[7] À medida que o pior passa, emergimos para a "luz fria do amanhã", como disse a escritora Katherine Anne Porter em sua novela com cunho autobiográfico de 1939, *Cavalo pálido, pálido cavaleiro*, com relação a sobreviver a essa mesma epidemia. Sua última frase: "Agora haveria tempo para tudo."[8]

EPIDEMIAS TÊM CONSEQUÊNCIAS

Deveríamos ter previsto isso.[9] O coronavírus pode ser novo, mas as epidemias não. A literatura ocidental começa com uma delas. Nos versos iniciais da *Ilíada*, de Homero, os exércitos gregos estão sendo devastados pela peste, uma punição divina dirigida a seu líder, o vaidoso, avarento e belicoso rei Agamenon. A primeira história séria escrita no Ocidente tem a ver com uma epidemia. A *História da Guerra do Peloponeso*, de Tucídides, narra o longo conflito entre as duas superpotências da época: Atenas e Esparta. Pouco antes de a guerra se iniciar, escreve Tucídides, uma terrível praga varreu Atenas e causou a morte não só de um grande número de cidadãos saudáveis, mas também — e isso é o mais significativo — do inigualável líder da cidade-Estado, Péricles. Os dois lados tinham sistemas políticos muito diferentes: Atenas era democrática; Esparta, uma sociedade guerreira com estrutura rígida. No fim, Esparta prevaleceu, e não é exagero dizer que, se não tivesse havido a praga, Atenas poderia ter vencido. O curso da história ocidental teria então sido diferente, com uma democracia vibrante tornando-se um modelo de sucesso a ser seguido e não apenas uma chama que brilhou intensamente antes de se extinguir. Epidemias têm consequências.

A que gerou as maiores consequências foi, de longe, a epidemia de peste bubônica, que começou na Ásia Central por volta de 1330 e se espalhou pela Europa na década seguinte. Um cronista medieval[10] acusou os mongóis de introduzir a doença no continente ao lançar cadáveres infectados[11] em uma fortaleza genovesa com a ajuda de uma catapulta —

uma arma biológica rudimentar. O mais provável é que a peste tenha se espalhado pelo comércio global através de caravanas e navios que transportavam mercadorias do Oriente para grandes portos como Messina, na Sicília, e Marselha, na França. A grande peste era transmitida por pulgas infectadas e atacava o sistema linfático de suas vítimas, o que causou sofrimento e morte em uma escala jamais vista. Quase metade da população da Europa foi dizimada.[12] A doença, como tantas outras, nunca foi erradicada por completo. A Organização Mundial da Saúde (OMS) ainda relata todos os anos algumas centenas de casos de peste bubônica,[13] felizmente agora tratável com antibióticos.

A peste teve efeitos sísmicos. Estudiosos acreditam que, com tantas mortes, a economia da época virou de cabeça para baixo. Walter Scheidel explica que a mão de obra se tornou escassa e a terra, abundante, e por isso os salários aumentaram e os aluguéis caíram.[14] Os trabalhadores passaram a ter mais poder de barganha, e os nobres o perderam. A submissão perdeu a força em grande parte da Europa Ocidental. É óbvio que o impacto variou de um país para outro de acordo com as estruturas econômica e política de cada um. As desigualdades, de fato, aumentaram em alguns lugares que adotaram medidas repressivas. Por exemplo, nobres proprietários de terras na Europa Oriental usaram a miséria e o caos para reforçar seu domínio e impor a servidão pela primeira vez. Além dos efeitos materiais, a peste provocou uma revolução intelectual. Muitos europeus do século XIV se perguntaram por que Deus teria permitido esse inferno na Terra e questionaram as hierarquias arraigadas,[15] o que acabou contribuindo para a Europa romper o mal-estar do período medieval e colocar em marcha o Renascimento, a Reforma e o Iluminismo.[16] Da morte e do horror surgiram a ciência, a modernidade e o crescimento. Com a Covid-19, felizmente, não nos defrontamos com a mesma mortalidade em massa. Mas poderia a pandemia de nossa era provocar um espírito similar de introspecção social, um impacto de igual dimensão em nossa complacência?

O historiador William McNeill, autor do importante estudo *Plagues and Peoples* [Povos e pragas], foi atraído pela epidemiologia enquanto tentava solucionar um enigma: por que um número reduzido de soldados europeus conseguiu em pouco tempo conquistar e converter milhões de pessoas na América Latina? O explorador espanhol Hernán Cortés, por exemplo, tinha seiscentos homens quando começou a enfrentar o Império Asteca, que possuía milhões de indivíduos. A resposta, McNeill descobriu, envolvia epidemias. Os espanhóis trouxeram consigo não apenas armamentos avançados, mas também doenças como a varíola, contra as quais haviam adquirido imunidade, mas os nativos não. As estimativas do número de mortes que se seguiram são impressionantes, variando de 30% da população no início do conflito a entre 60% e 90% no decorrer do século XVI. Em última análise, dezenas de milhões de pessoas.[17] McNeill imagina "as implicações psicológicas de uma doença que matou apenas os indígenas e deixou os espanhóis ilesos".[18] Uma conclusão a que os nativos chegaram, especula ele, foi que os estrangeiros veneravam deuses poderosos. Isso ajudaria a explicar por que tantos deles se submeteram ao domínio espanhol e se converteram ao cristianismo.

A pandemia ainda presente em nossa memória é a gripe espanhola, que atingiu o mundo em meio à Primeira Guerra Mundial e matou cerca de cinquenta milhões de pessoas,[19] mais do que o dobro do número de mortos em combate.[20] (A doença foi chamada de gripe espanhola não porque teve origem na Espanha, mas porque esse país, por não ter se envolvido na guerra, não censurava notícias.[21] O surto da doença foi, assim, amplamente divulgado pela Espanha, o que levou as pessoas a supor que a enfermidade viera de lá.) A ciência fez enormes avanços desde o início do século XX. Até então, ninguém jamais tinha visto um vírus, muito menos sabia como tratar essa nova infecção: os microscópios eletrônicos não haviam sido inventados, tampouco os antivirais.[22] Ainda assim, as três diretrizes mais importantes das autoridades da área de saúde na época — distanciamento social, uso de máscara e higienização das mãos

— continuam sendo três dos quatro mecanismos mais importantes utilizados hoje em dia para retardar a propagação do novo coronavírus, até que seja desenvolvida uma vacina. O quarto — testagem regular — é a única inclusão moderna.

Ao longo de décadas mais recentes, surtos de Sars, Mers (Síndrome Respiratória Aguda Grave e Síndrome Respiratória do Oriente Médio, nas siglas em inglês), gripe aviária, gripe suína e Ebola se propagaram de forma ampla e vertiginosa, o que levou muitos especialistas a lançar o alerta de que poderíamos em breve enfrentar uma epidemia global. O público também percebeu. Em 1994, o best-seller de Richard Preston, *Zona quente*, detalhou as origens do vírus Ebola. O filme *Contágio*, de 2011, inspirado na epidemia de Sars de 2002-2003 e na pandemia de gripe suína de 2009, imaginou um vírus que ceifava 26 milhões de vidas ao redor do mundo. Em 2015, Bill Gates alertou, numa palestra na plataforma TED Talks, que "se alguma coisa matar mais de dez milhões de pessoas no decorrer das próximas décadas, é bem provável que se trate de um vírus altamente infeccioso".[23] Em 2017, sua voz ganhou ainda mais ressonância quando ele estimou, em um discurso na Conferência de Segurança de Munique,[24] que havia uma razoável possibilidade de uma pandemia dessa magnitude eclodir no decorrer dos próximos quinze anos.

Naquele momento, não era preciso muita previsão para imaginar uma pandemia e pleitear investimentos maiores em tempo, recursos e energia para evitá-la. Em junho de 2017, quando o presidente Donald Trump propôs cortes orçamentários nos principais órgãos responsáveis por saúde pública e doenças, dediquei um bloco do meu programa na CNN ao assunto e falei:

> Uma das maiores ameaças com as quais os Estados Unidos se defrontam não é grande. Na verdade, é minúscula, microscópica, milhares de vezes menor do que a cabeça de um alfinete. Patógenos mortais, sejam artificiais ou naturais, poderiam desencadear uma crise sanitária global, e os

Estados Unidos estão totalmente despreparados para lidar com ela [...] Basta nos lembrarmos do que aconteceu cem anos atrás, em 1918, quando se estima que a pandemia de gripe espanhola tenha matado cinquenta milhões de pessoas no mundo todo. Em muitos aspectos, estamos hoje ainda mais vulneráveis. Cidades densamente povoadas, guerras, desastres naturais e viagens aéreas internacionais criam condições para que um vírus mortal originário de uma pequena aldeia na África possa ser transmitido quase que para qualquer lugar do mundo, inclusive os Estados Unidos, em 24 horas [...] A biossegurança e as pandemias globais ultrapassam todas as fronteiras nacionais. Patógenos, vírus e doenças são assassinos que atacam a todos, sem distinção. Quando a crise chegar, desejaremos ter mais financiamento e mais cooperação global. Mas então será tarde demais.[25]

Foi tarde demais. Recebemos inúmeros avisos de que precisávamos nos preparar para a Covid-19. Contudo, além dos perigos inerentes de uma pandemia, devíamos também ter previsto a possibilidade de nossos sistemas entrarem em colapso.

Após a Guerra Fria, o mundo se organizou em um novo sistema internacional baseado em três poderes, um geopolítico, um econômico e um tecnológico: poder norte-americano, o livre mercado e a revolução da informação. Todos pareciam trabalhar juntos para criar um mundo mais aberto e próspero. Mas ainda era um mundo cheio de crises, algumas das quais fugiriam de todo e qualquer controle. As guerras nos Bálcãs, o colapso financeiro asiático, os ataques do Onze de Setembro, a crise financeira global e agora a Covid-19. Embora sejam todas diferentes, elas têm algo crucial em comum. Todas representam choques *assimétricos*[26] — coisas que começam pequenas, mas acabam enviando ondas sísmicas para o mundo inteiro. Isso é especificamente verdadeiro para os três considerados mais duradouros — o Onze de Setembro, a crise financeira de 2008 e o coronavírus.

O Onze de Setembro sacudiu o planeta, ao focar a atenção em uma reação particular a esse novo mundo, que muitos ocidentais haviam até então ignorado. Os ataques lançaram holofotes para o ódio do islamismo radical, as tensões no Oriente Médio e a relação complicada do Ocidente com ambos. Eles provocaram uma reação feroz dos Estados Unidos. O país desenvolveu um vasto aparato de segurança interna, mas também provocou guerras no Afeganistão e no Iraque, e direcionou operações para outros lugares, cujo gasto, conforme estimativas, foi de 5,4 trilhões de dólares na "guerra ao terror".[27] Essa campanha provocou confrontos sangrentos, revolução, repressão e o aumento do número de refugiados, com milhões de vítimas e consequências que persistem até hoje.

O segundo choque foi inteiramente diferente, um colapso financeiro de um tipo já conhecido na história. Os bons tempos levaram a uma alta no preço de ativos, que levou à especulação, depois a bolhas e, por fim, como não podia deixar de ser, ao colapso. Embora tenha começado nos Estados Unidos, a crise se espalhou como fogo por todo o planeta e mergulhou o mundo na pior recessão econômica desde a Grande Depressão. A economia se recuperou aos poucos, mas os mercados desabaram, o que aumentou a disparidade entre capital e trabalho. No que diz respeito à política, a crise teve efeitos complexos e corrosivos. Ainda que suas raízes se encontrem nos excessos do setor privado, em muitos países as pessoas não se moveram para a esquerda economicamente; elas se deslocaram para a direita culturalmente. A ansiedade econômica gerou ansiedade cultural, hostilidade à imigração e um desejo nostálgico de retornar a um passado familiar. O populismo de direita ganhou força em todo o Ocidente.[28]

O terceiro choque é este pelo qual estamos passando agora. Talvez seja o maior de todos, e é, com certeza, o mais global. O que começou como um problema de saúde na China logo se tornou uma pandemia. Mas isso foi apenas o começo. A crise médica levou ao bloqueio simultâneo de todos os negócios no mundo inteiro, e o resultado foi uma grande paralisação, a cessação da própria economia. Por alguns parâmetros,[29] os danos econômicos dessa pandemia já rivalizam com os da Grande Depressão.[30] As consequências políticas se desenvolverão ao longo dos próximos anos de maneiras distintas em diferentes países. As consequências sociais e psicológicas — medo, isolamento, falta de objetivo — podem durar ainda mais tempo. A Covid-19 mostra ter efeitos profundos e duradouros em cada um de nós, repercussões que ainda não conseguimos compreender em sua totalidade.

No entanto, cada uma dessas três grandes crises globais foi desencadeada a partir de algo pequeno, aparentemente trivial. Pensemos nos atentados de 11 de setembro, realizados por dezenove jovens, munidos das mais simples e rudimentares armas: pequenas facas, não muito diferentes das utilizadas na Idade do Bronze há quatro mil anos. Ainda assim, esses dezenove indivíduos deram início a uma onda de guerras, operações de inteligência, revoltas e repressão em todo o mundo. Ou consideremos as origens da crise financeira global — um produto financeiro obscuro, o *credit default swap*, uma espécie de apólice de seguro feito, em geral, sobre empréstimos hipotecários, foi organizado e reorganizado, fatiado e picado, vendido e revendido, até se tornar um mercado de 45 trilhões de dólares,[31] valor três vezes superior à economia dos Estados Unidos e equivalente a três quartos[32] de toda a economia global. Quando esse mercado quebrou, levou consigo a economia mundial e, no momento oportuno, desencadeou uma onda de populismo. Sem os *credit default swaps*, talvez Donald Trump jamais tivesse sido eleito.

E no caso da atual pandemia, todos nós agora reconhecemos como uma minúscula partícula viral em um morcego na província chinesa de Hubei conseguiu deixar o mundo de joelhos — um exemplo real do efeito borboleta, segundo o qual um bater de asas de uma borboleta[33] pode influenciar os padrões climáticos do outro lado do mundo. Pequenas mudanças podem ter grandes consequências. Nas redes elétricas ou de computadores, se um diminuto elemento se rompe e transfere sua carga para outro, que depois também se rompe, isso pode causar uma reação em cadeia que se amplia cada vez mais, como uma ondulação que se transforma em uma onda estrondosa. A isso se dá o nome de "efeito cascata". Um único erro de software ou um transformador quebrado podem desativar um sistema inteiro. Algo parecido acontece na biologia. Uma leve infecção no sangue é capaz de provocar um pequeno coágulo que, por meio de uma reação em cadeia, pode causar um derrame cerebral severo, num processo denominado cascata isquêmica.

Antigamente, as epidemias eram consideradas algo fora da intervenção ou da responsabilidade humana. A palavra *influenza*, por exemplo, tem origem na crença popular italiana que atribuía resfriados e febres à influência das estrelas.[34] Com o tempo, porém, as percepções mudaram e os seres humanos deram maior atenção às características mais evidentes do problema, um passo importante para verificar o que podia ser feito a respeito. Os franceses começaram a chamar a *influenza* de *grippe*,[35] palavra que significa "agarrar", talvez como referência à sensação de aperto que ela provoca na garganta e no peito. Desde 1990, surtos repentinos e severos têm "agarrado" o mundo — pelo menos um a cada dez anos — e desencadeado efeitos cascata. Teremos mais. Eles não acontecem por um propósito consciente, mas também não são de todo acidentais. Parecem ser um elemento inerente ao sistema internacional que construímos. Precisamos compreender esse sistema — em outras palavras, compreender o mundo em que vivemos — para começar a ver o futuro mundo pós-pandemia.

LIÇÃO UM

Apertem os cintos

A pandemia de Covid-19 é *nova* e por isso provocou uma mudança repentina em muitos de nossos padrões e pressupostos cotidianos. Ao mesmo tempo, também revelou aspectos do mundo que são de origem muito remota. Tudo isso deixou em evidência uma das verdades mais antigas sobre a vida internacional: em última análise, cada país está por conta própria. Quando surgiu a pandemia, as nações que durante muito tempo tinham se ajudado mutuamente — na Europa, por exemplo — fecharam suas fronteiras e se concentraram na própria sobrevivência. Isso não surpreenderia especialistas em relações internacionais, os quais ressaltaram que a principal diferença entre a política interna e a internacional é que nesta última não há autoridade suprema, governo mundial nem Leviatã que consiga manter a ordem.[1] Essa condição básica levou muitos pensadores a invocar uma esfera internacional de competição e conflito perpétuos. Thomas Hobbes descreveu os países como sempre em eterno "estado e postura de gladiadores; com as armas em punho e os olhos fixos um no outro".² Na verdade, a história está repleta de períodos de guerra *e* de paz. No decorrer do século passado, os países passaram mais tempo em paz do que em guerra. O comércio, as viagens e os investimentos internacionais dispararam. As nações criaram mecanismos e instituições para cooperar umas com as outras e resolver problemas comuns. No fim, porém, *in extremis*, estão sozinhas.

A Covid-19 golpeou um mundo que conquistou a essência de sua estrutura nos anos posteriores à Guerra Fria. Com a redução da rivalidade entre as grandes potências e a expansão do comércio global, as nações se mantiveram unidas pelos fortes laços da interdependência.³ A integração econômica, porém, também criou contracorrentes, na medida em que os países competiam para obter vantagens e novos concorrentes econômicos surgiam para se tornar competidores geopolíticos. Ao mesmo tempo, a revolução da informação garantiu que tudo — bens, serviços, cultura e ideias — circulasse em velocidade vertiginosa. Como fez o novo coronavírus. Todos esses fluxos tangíveis e intangíveis ainda percorrem cada país do planeta, mas nenhuma nação consegue moldá-los sozinha. Todos estão conectados, mas ninguém tem o controle. Em outras palavras, o mundo em que vivemos é aberto, rápido e, portanto, quase por definição, *instável*.

Seria difícil trazer estabilidade a algo tão dinâmico e aberto. O fato é que, em qualquer sistema, dessas três características — abertura, rapidez e estabilidade —, só se pode ter duas. Um sistema aberto e rápido, como o mundo em que vivemos, será intrinsecamente instável. Um que seja rápido e estável tenderá a ser fechado, como a China. Se o sistema for aberto e estável, é provável que seja pouco dinâmico. Pensemos nos impérios Austro-Húngaro e Otomano do século XIX: amplos, abertos, diversificados... e decadentes. Esse "trilema" é uma adaptação de uma ideia de Jared Cohen, o tecnólogo que observou que as redes de computadores devem escolher duas entre três qualidades: abertura, rapidez e segurança. Os economistas têm uma versão própria dessa ideia, o "trilema de políticas",⁴ que postula que os países podem ter dois dos três pontos a seguir: capital de fluxo livre, bancos centrais independentes e taxa de câmbio fixa. Embora sejam um pouco inadequados, os trilemas chegam a uma noção básica: se tudo for aberto e dinâmico, o sistema pode se tornar perigosamente instável.

Consideremos nossa forma muito dinâmica de capitalismo global, que pode resultar em crescimento significativo, mas também em colapsos financeiros e crises econômicas. Da metade da década de 1930 até o início da de 1980, quando os mercados financeiros eram mais regulados, crises financeiras sérias eram poucas e espaçadas entre si. Ao longo das últimas décadas, no entanto, à medida que os governos desregulavam suas finanças, testemunhamos um revés atrás do outro: o baque da dívida latino-americana; a crise de poupança e empréstimo; a crise mexicana, ou o "efeito tequila", como é conhecida; o colapso asiático; o calote russo, a implosão do Long-Term Capital Management (LTCM); o estouro da bolha tecnológica; a crise financeira global. Mais aberto, mais dinâmico, mais instável.

Criamos um mundo que está sempre em velocidade máxima. Em todos os sentidos, o desenvolvimento humano teve uma aceleração considerável ao longo dos últimos dois séculos, e esse ritmo aumentou ainda mais nas últimas décadas. As pessoas vivem mais, produzem e consomem mais, habitam espaços mais amplos, consomem mais energia, geram mais resíduos e emitem mais gases do efeito estufa. Um único exemplo: um relatório da Organização das Nações Unidas (ONU) preparado em 2019 por 145 especialistas de cinquenta países concluiu que "a natureza está se deteriorando, em nível global, a taxas sem precedentes na história da humanidade".⁵ O relatório também ressaltou que 75% de toda a terra foi "seriamente alterada" por ações humanas, assim como aconteceu com 66% da área oceânica mundial. Os ecossistemas correm sérios riscos, ao mesmo tempo que a biodiversidade está desaparecendo. Pode chegar a um milhão o número de espécies de plantas e animais (de um total de oito milhões) ameaçadas de extinção, algumas dentro de poucas décadas. Todas essas tensões e os desequilíbrios geram perigos, alguns previsíveis, outros não.

AÇÃO E REAÇÃO

Para entender esse modelo de ação e reação implacáveis, devemos pensar nas três grandes crises do século XXI: o Onze de Setembro, a crise financeira de 2008 e a Covid-19 — uma política, uma econômica e uma natural. Na primeira, o Onze de Setembro, vimos que o supostamente irrefreável avanço do capitalismo, da democracia e da hegemonia norte-americana originou uma reação violenta e inflamada em algumas partes do mundo muçulmano. O Ocidente e seus valores varriam o planeta, mas descobriu-se que nem todos estavam satisfeitos com isso. O contra-ataque veio de uma minoria descontente — afinal, o terrorismo é a arma dos fracos —,[6] mas ainda assim pegou o mundo de surpresa.

A crise de 2008 foi o resultado de uma economia que estava com as finanças tão fora de controle que a engenharia financeira era quase sempre mais rentável do que a engenharia propriamente dita. Wall Street inventava produtos cada vez mais atípicos, derivativos em cima de derivativos, incentivando as pessoas a assumir riscos cada vez maiores por remunerações menores. Acrescente-se a isso o desejo implacável pela casa própria, que levou o governo e empresas privadas a incentivar cada vez mais pessoas a comprar casas maiores e a contrair mais dívidas. No fim, o sistema se tornou tão complexo que bastou uma pequena variação no preço das moradias para desmoronar de vez. A crise foi o equivalente econômico a uma falha em efeito cascata.

A pandemia, por sua vez, pode ser considerada uma vingança da natureza. O modo como vivemos hoje é quase um convite para que vírus de outros animais infectem os seres humanos. O CDC estima que três quartos das novas doenças humanas tenham origem em animais.[7] Foi o caso da Aids, do Ebola, da Sars, da Mers, da gripe aviária, da gripe suína e, muito provavelmente, do novo coronavírus. Por que as doenças parecem estar passando de animais para humanos em ritmo mais acelerado[8] nas últimas décadas? Porque em muitas partes do mundo as pessoas estão tendo contato mais próximo com animais selvagens. Países em desenvolvimento se modernizam com tanta rapidez que, na verdade, é como se vivessem vários séculos diferentes ao mesmo tempo. Em Wuhan e outras cidades, a China construiu uma economia avançada e com tecnologia sofisticada, mas à sombra dos arranha-céus há mercados de animais selvagens repletos de espécies exóticas, um caldeirão perfeito[9] para a transmissão viral de animais para humanos. E as pessoas que vivem nesses lugares têm hoje mais mobilidade do que nunca, e com extrema rapidez difundem informações, bens, serviços... e doenças.

A destruição de hábitats pode também ter parte da culpa. Alguns cientistas acreditam que, quanto mais a civilização invade a natureza — com a construção de estradas, o desmatamento, a instalação de fábricas, a extração de minérios —, maiores são os riscos[10] de os animais nos transmitirem doenças. A Covid-19 parece ter sua origem em morcegos, hospedeiros de muitos outros vírus, inclusive do vírus da raiva e do Ebola. Por que morcegos? Eles têm sistemas imunológicos e mecanismos de defesa muito desenvolvidos — como temperatura corporal extremamente alta durante o voo —, fazendo a seleção natural dos vírus mais fortes. Os morcegos conseguem suportar vírus[11] que poderiam debilitar outros animais em instantes, o que dá aos vírus uma oportunidade maior de se propagar.* Os morcegos também se agrupam em grande número e muito próximos uns dos

---

* É por isso que morcegos, na condição de reservatórios de vírus (incluindo uma variedade de coronavírus), são estudados em laboratórios como o Instituto de Virologia de Wuhan. Há quem alegue que o surto do novo coronavírus ocorreu a partir de um vazamento nesse laboratório. Essa acusação ainda não foi comprovada, mas devemos notar que tais instalações, incluindo aquelas com o nível máximo de biossegurança, já passaram por incidentes do tipo. Um exemplo foi o surto de febre aftosa ocorrido após vazamento em um centro de pesquisa do Reino Unido em 2007.

outros, o que propicia a criação de viveiros perfeitos[12] para a transmissão viral. Nos arredores de San Antonio, no Texas, fica a reserva de Bracken Cave, que abriga a maior colônia de morcegos do mundo. Entre os meses de março e outubro, mais de quinze milhões de morcegos-de-cauda-livre mexicanos se reúnem na caverna e, à noite, percorrem os céus produzindo imagens e sons impressionantes, numa espécie de "morcegaço".[13]

Os morcegos costumavam viver mais afastados dos humanos. Contudo, quando começamos a invadir seus hábitats, as doenças deles passaram a ser cada vez mais as nossas. Na Malásia, florestas tropicais foram derrubadas durante décadas para a produção de óleo de palma e madeira. Com o tempo, esse desmatamento forçou os morcegos frugívoros a se aproximar cada vez mais de locais onde pudessem encontrar alimento. Muitos se agruparam perto de granjas de suínos e tiraram seu alimento das mangueiras e de outras árvores frutíferas que cresciam por perto. E assim, em 1998, o vírus de Nipah, cujo hospedeiro são os morcegos,[14] parece ter infectado porcos que, em sequência, infectaram agricultores. É provável que algo semelhante estivesse em andamento com o novo coronavírus, que deve ter encontrado um hospedeiro intermediário[15] — talvez o pangolim, cujas escamas são utilizadas na medicina tradicional chinesa[16] — antes de infectar os humanos. "Todos os dias fazemos coisas que tornam as pandemias mais prováveis", declarou Peter Daszak, respeitado ecologista de doenças. "Precisamos entender que isso não diz respeito somente à natureza. Diz respeito ao que estamos fazendo com ela."[17]

Conforme o desenvolvimento econômico avança a passos largos e atinge mais pessoas, corremos riscos cada vez maiores, muitas vezes sem sequer perceber. Pensemos no consumo de carne. À medida que o poder aquisitivo das pessoas aumenta, elas tendem a comer mais carne. Quando isso acontece em nível global, o efeito é surpreendente: no mundo inteiro são abatidos cerca de oitenta bilhões de animais para consumo de carne *a cada ano*[18] (isso sem incluir os peixes). No entanto, suprir essa enorme demanda acarreta um alto custo para o meio ambiente e a nossa saúde.

Os produtos de origem animal fornecem apenas 18% de calorias[19] em nível mundial, mas ocupam 80% das terras cultiváveis do planeta. Entretanto, a carne é hoje produzida como em uma fábrica do século XIX, com um grande número de animais amontoados em espaços reduzidos e em condições terríveis. A maior parte do gado — cerca de 99% nos Estados Unidos[20] e 74% no mundo inteiro[21] — vem da pecuária industrial. (Carne de animais de fazendas orgânicas alimentados com pasto é um produto de luxo.) Essas operações maciças servem como placas de Petri para vírus poderosos. "A seleção de genes específicos em animais de criação (para características desejáveis, como frangos com mais carne) fez com que esses animais se tornassem quase idênticos geneticamente", explica Sigal Samuel, da Vox Media. "Isso significa que um vírus pode se propagar facilmente de um animal para outro sem encontrar qualquer variante genética que impeça seu avanço. Quando infecta um rebanho, o vírus pode se tornar ainda mais agressivo."[22] A falta de variedade genética remove as "barreiras imunológicas". Samuel cita o biólogo Rob Wallace: "Fazendas industriais são o melhor modo de selecionar os patógenos mais perigosos possíveis."[23]

O surto de gripe suína H1N1 em 2009 parece ter surgido em criações de suínos nos Estados Unidos,[24] enquanto muitas gripes aviárias foram detectadas em fazendas industriais avícolas no Leste Asiático.[25] A fazenda industrial também é o marco zero para bactérias novas e resistentes a antibióticos, uma vez que os animais são bombardeados com antibióticos que matam a maioria das bactérias, mas tornam as que sobrevivem mais resistentes. Robert Lawrence, professor da Universidade Johns Hopkins, classifica as bactérias resistentes a antibióticos como "o maior risco das fazendas industriais para a saúde humana".[26] Segundo o CDC, cerca de 2,8 milhões de cidadãos norte-americanos contraem doenças causadas por bactérias resistentes a antibióticos a cada ano e, como resultado, 35 mil pessoas desse grupo morrem.[27] Isso representa a morte de uma pessoa a cada quinze minutos.[28] No mundo inteiro, o número anual de mortes chega a setecentos mil.²⁹ Apesar disso, o consumo de carne continua a crescer ano após ano.

DESAFIANDO O DESTINO

É estranho que nos Estados Unidos ainda não tenhamos aprendido que o desenvolvimento apressado e sem planejamento pode provocar uma reação indesejada. Afinal, o país passou por várias experiências, sendo a mais marcante a tempestade de areia conhecida como Dust Bowl, na década de 1930, considerada o maior desastre ecológico da história dos Estados Unidos. O fenômeno, gravado para sempre no imaginário popular, foi retratado em romances e nas telas do cinema. A amarga história de desesperados fugitivos do Dust Bowl serviu de inspiração para *As vinhas da ira*, livro de John Steinbeck que descreve as dificuldades de pessoas que poderiam ser consideradas os primeiros refugiados climáticos do país. E é uma história de ação humana que provoca uma reação natural.

As Grandes Planícies são terras semiáridas localizadas a leste das montanhas Rochosas e a oeste do rio Mississippi. O vento sopra forte nessa região, às vezes com velocidade assustadora. Ao longo de séculos, talvez de milênios, a solução da natureza foi fazer crescer grama para manter a camada superior do solo no lugar. Mas, no fim do século XIX, enquanto se dirigiam para o Oeste atraídos por promessas de terras agrícolas férteis, os pioneiros cultivaram as pradarias³⁰ e transformaram as planícies gramadas em campos de trigo. Os fazendeiros derrubaram as árvores que serviam de quebra-vento e reviraram a terra tantas e tantas vezes que a grama sumiu, e do solo superficial só restou uma camada fina que mal cobria a terra dura.

Então chegou a seca. A partir de 1930, a região foi atingida por quatro períodos de estiagem. Com ela vieram os ventos — vendavais violentos que varreram a camada superficial do solo com uma força que até então poucos tinham visto, criando tempestades de areia que chegavam a obscurecer o céu. Em 1934, a camada superior do solo que cobria os quarenta milhões de hectares de terra tinha sumido.[31] O calor intensificou o sofrimento: 1934 foi o ano mais quente registrado nos Estados Unidos até 1998.[32] Milhões de pessoas fugiram e milhares morreram.[33] Os agricultores que resistiram mergulharam em uma década de pobreza.

Estamos desafiando o destino todos os dias. A mudança climática é um tema extenso, que merece estudos e advertências próprios. Mas já podemos observar seus efeitos em quase todos os aspectos da natureza. Cada vez mais locais do planeta passaram a ter um clima tropical, o que fornece condições mais favoráveis a doenças. A mudança climática também está transformando maiores extensões de terra em desertos: 23 hectares por minuto, segundo estimativas da ONU.[34] Em 2010, Luc Gnacadja, que liderou a iniciativa da ONU para combater a desertificação, qualificou-a como "o maior desafio ambiental de nosso tempo"[35] e deu o alerta: "São apenas os vinte centímetros superiores do solo que nos separam da extinção." Trinta e oito por cento da superfície da Terra corre o risco de desertificação,[36] e parte desse risco se origina de algo mais fácil de ser evitado do que a mudança climática global: a extração excessiva de água do solo. Um dos lençóis freáticos mais importantes do mundo é o Aquífero de Ogallala, que se espalha sob as terras semiáridas dos estados de Dakota do Sul, Nebraska, Kansas, Oklahoma e Texas e fornece cerca de um terço da água subterrânea[37] utilizada na irrigação agrícola dos Estados Unidos. Esse poço que parecia não ter fundo está, na verdade, sendo esvaziado pelo agronegócio em ritmo tão acelerado que pode encolher 70% em menos de cinquenta anos.[38] Se o aquífero secar, serão necessários seis mil anos para enchê-lo de novo.[39]

Talvez alguém argumente que isso não é novidade. Os seres humanos vêm alterando os processos naturais desde que aprenderam a produzir fogo. As mudanças ganharam velocidade com a invenção da roda, do arado e, de forma mais espetacular, da máquina a vapor. Mas a aceleração se intensificou ainda mais no século XX, em especial ao longo das últimas décadas. A população do planeta quintuplicou desde 1900, enquanto a expectativa de vida duplicou. O aumento na expectativa de vida vai "além do escopo do que já foi moldado pela seleção natural", como explicou Joshua Lederberg, o biólogo norte-americano que ganhou o Prêmio Nobel aos 33 anos por seu trabalho sobre genética bacteriana. Em uma palestra brilhante e inquietante em 1989, durante uma conferência sobre virologia em Washington, D.C., Lederberg afirmou que alteramos de tal modo nossa trajetória biológica que "o homem contemporâneo é uma espécie artificial, criada pelo próprio homem".[40]

Lederberg qualificou o contínuo avanço econômico e científico dos seres humanos como "a maior ameaça para todas as demais espécies vegetais e animais, uma vez que os excluímos em nossa busca pelo espaço vital [...] À parte alguns parasitas", acrescentou, "o *Homo sapiens* pode ser facilmente considerada a espécie dominante no planeta". Lederberg salientou, no entanto, que temos um concorrente real — o vírus —, que, no fim, poderia vencer. "Muitas pessoas têm dificuldade em aceitar que a natureza está longe de ser benigna; que ela, no mínimo, não tem qualquer sentimento especial pelo bem-estar do ser humano em relação a outras espécies." Lederberg lembrou ao público o triste destino que muitos coelhos tiveram na Austrália na década de 1950, quando foram infectados com o vírus da mixomatose como medida de controle da população. Os coelhos acabaram atingindo a imunidade de rebanho, mas isso só aconteceu depois de o vírus ter matado mais de 99% dos infectados nos primeiros surtos.[41] Ele concluiu a palestra com uma imagem sombria: "Eu me pergunto se a sociedade humana conseguiria sobreviver se fosse deixada numa praia com apenas uma pequena porcentagem de sobreviventes. Conseguiria funcionar em algum nível de cultura superior ao dos coelhos? E, se reduzida a isso, competiria de igual para igual com os cangurus?"

Se essa preocupação não for o suficiente, é bom lembrar que consideramos apenas os perigos das reações naturais à atividade humana, de pandemias a aquecimento global. Mas os humanos poderiam usar a doença como arma? Existem alguns exemplos na história. O acadêmico Toby Ord salienta, em seu livro *The Precipice* [O precipício], que, no remoto ano de 1320 a.C., ovelhas infectadas com a doença bacteriana tularemia foram levadas de um reino para outro na Ásia Menor.[42] Em tempos mais recentes, a União Soviética possuía um sofisticado programa de armas biológicas, com nove mil cientistas no seu auge,[43] cuja missão era transformar em arma o que quer que fosse, da varíola ao antraz. Avanços em biologia e tecnologia significam que hoje seriam necessários apenas alguns cientistas capacitados e um pequeno investimento para produzir patógenos mortais.

Sempre considerei o bioterrorismo um dos maiores perigos para nós e o menos debatido. Desde o Onze de Setembro, os Estados Unidos dedicam grande parte de seus esforços para conter a propagação de armas nucleares. O país foi lutar no Iraque principalmente para impedir o suposto programa nuclear daquele país, e ameaçou entrar em guerra com o Irã e a Coreia do Norte pelo mesmo motivo. A não proliferação de armas nucleares continua uma prioridade para os Estados Unidos; uma grande quantidade de tratados de controle regulamenta esse tipo de armamento em nível internacional. Mas armas nucleares são difíceis de construir e relativamente fáceis de detectar. As armas biológicas são muito mais práticas de desenvolver; podem ser produzidas de forma barata e secreta em laboratórios pequenos e com orçamento limitado. Seu impacto é quase inimaginável: o número de mortes causadas por patógenos fabricados poderia com facilidade chegar à casa dos milhões, ou até mais. Esse perigo, porém, é quase ignorado. O principal fórum internacional para evitar seu desenvolvimento, a Convenção sobre Armas Biológicas, é uma reflexão tardia. Como Ord assinalou, "essa convenção global para proteger a humanidade tem apenas quatro empregados e um orçamento menor do que o de uma loja média do McDonald's".[44]

NOSSO MUNDO RESILIENTE

Trata-se de uma sombria coletânea de ameaças. E dada a natureza instável de nosso sistema internacional, pode parecer que nosso mundo é frágil demais.[45] Não é. Outro modo de interpretar a história humana é reconhecer nosso grau de resistência. Passamos por mudanças extraordinárias a um ritmo vertiginoso. Vimos eras glaciais e pestes, guerras mundiais e revoluções, e ainda assim nossa espécie sobreviveu e prosperou. Em seu discurso ao receber o Nobel, Joshua Lederberg reconheceu que a natureza costuma buscar um equilíbrio que favoreça a sobrevivência mútua entre o vírus e o hospedeiro — afinal, se o indivíduo morre, o parasita morre também. Os seres humanos e nossas sociedades são incrivelmente inovadores e engenhosos. O planeta em que vivemos tem uma resiliência inspiradora. Precisamos, no entanto, reconhecer os riscos crescentes que corremos e agir para atenuá-los. O desenvolvimento humano moderno ocorreu em uma escala e a uma velocidade sem precedentes. O sistema global em que vivemos é aberto e dinâmico, o que significa que possui poucos meios de amenizar as instabilidades. Isso traz grandes benefícios, mas também vulnerabilidades. Precisamos nos adaptar à realidade de uma instabilidade sempre crescente... agora.

Ainda não estamos condenados. O objetivo deste alerta é fazer as pessoas começarem a agir. A pergunta é: que tipo de ação? Há aqueles que, tanto à direita quanto à esquerda, querem impedir o crescimento econômico dos países e fechar nosso mundo aberto. Mas devemos dizer ao bilhão de pessoas mais pobres do mundo que elas não têm condições de escapar da pobreza? Devemos nos isolar do restante do mundo e buscar estabilidade em fortalezas nacionais? Devemos tentar desacelerar a tecnologia ou o comércio global de bens e serviços? Ainda que quiséssemos tomar qualquer uma dessas medidas, não conseguiríamos deter essas forças poderosas. Não teríamos como convencer bilhões de pessoas a desistir de tentar melhorar seu padrão de vida. Não poderíamos evitar que os seres humanos se conectassem entre si. Nem teríamos condições de conter a inovação tecnológica. O que podemos fazer é ter muito mais consciência dos riscos com que nos deparamos, nos preparar para os perigos e equipar nossas sociedades para que sejam resilientes. Elas devem não apenas ser capazes de resistir a golpes e reações adversas, mas também de aprender com eles. Nassim Nicholas Taleb sugere que criemos sistemas "antifrágeis", que são ainda melhores do que os resilientes. Eles, na verdade, ganham força com o caos e as crises.

Sabemos o que fazer. Depois do Dust Bowl, os cientistas logo entenderam o que acontecia. O governo de Franklin D. Roosevelt produziu um curta-metragem para explicar o fenômeno ao país, *O arado que destruiu as planícies*. Os órgãos governamentais ensinaram aos agricultores como evitar a erosão do solo. A administração proporcionou uma ajuda considerável aos agricultores, criou o Serviço de Conservação de Solos e colocou sob proteção 55 milhões de hectares[46] de pastagens federais. Nos últimos 75 anos o Dust Bowl não se repetiu, apesar de condições meteorológicas extremas.

"Surtos são inevitáveis, mas pandemias são opcionais",[47] afirmou Larry Brilliant, o médico norte-americano que ajudou a erradicar a varíola 45 anos atrás. O que ele quer dizer é que talvez no início não sejamos capazes de modificar os fenômenos naturais que provocam doenças, mas que, mediante preparação, ação precoce e reações inteligentes, podemos rapidamente conter sua trajetória. Na verdade, a erradicação da varíola é uma história que apenas em parte diz respeito à ciência; acima de tudo, tem a ver com uma extraordinária cooperação entre superpotências rivais e ações impressionantes em todo o mundo. Da mesma forma, a mudança climática já está em curso e não temos como detê-la por completo. Podemos, porém, reduzir seu alcance e evitar seus efeitos mais prejudiciais com políticas agressivas e inteligentes. O custo não será baixo. Para enfrentar o problema com seriedade, precisaríamos, em primeiro lugar, instituir um imposto sobre a emissão de carbono, que sinalizaria para o mercado o preço correto e geraria a receita necessária para financiar novas tecnologias e ao mesmo tempo nos adaptar a um planeta já alterado. Quanto ao desenvolvimento econômico, há centenas de formas de abordar o processo de modo diferente, mantendo componentes tradicionais como crescimento, abertura e inovação, dando, ao mesmo tempo, nova ênfase a outros, como segurança, resiliência e antifragilidade.

Podemos fazer diferentes compensações, renunciar a algumas eficiências e a algum dinamismo em determinadas áreas e gastar mais dinheiro para deixar nossas sociedades preparadas. Os custos com prevenção e preparação são mínimos se comparados com as perdas econômicas causadas por uma resposta ineficaz a uma crise. Acima de tudo, incorporar resiliência ao processo cria uma estabilidade do tipo mais importante, a estabilidade emocional. Os seres humanos não abraçarão por muito tempo a ideia de abertura e mudança se temerem o tempo todo ser exterminados na próxima calamidade.

E quanto à prevenção da próxima pandemia? Mais uma vez, precisamos encontrar o equilíbrio entre dinamismo e segurança. Muita atenção foi dada aos chamados mercados úmidos, onde animais vivos são abatidos e vendidos, mas eles não podem simplesmente ser fechados. Em muitos países, em especial na África e na Ásia, esses mercados fornecem alimentos frescos para pessoas que não possuem geladeira. (Na China, eles respondem por 73% das vendas de legumes, verduras e carne fresca.)[48] Os mercados úmidos deviam ser mais bem regulamentados, mas seus riscos são limitados quando não vendem animais selvagens como morcegos, civetas e pangolins. É o comércio de carnes exóticas que deve ser proibido.[49] Ao mesmo tempo, pode ser impossível fazer com que o mundo pare de comer carne, mas incentivar uma alimentação mais saudável, com menos proteína animal, seria bom para os seres humanos e para o planeta. E a pecuária industrial pode ser repensada para se tornar mais segura e menos cruel para os animais. O que os países precisam com urgência é de sistemas de saúde pública fortes, e esses sistemas devem se comunicar, aprender e cooperar uns com os outros. Não se pode derrotar uma doença global com respostas locais.

Os seres humanos têm desenvolvido suas sociedades a um ritmo extraordinário, expandindo-se em todos os setores com uma rapidez sem precedentes. É como se tivéssemos construído o carro de corrida mais veloz já imaginado e o estivéssemos dirigindo por um terreno desconhecido e sem sinalização. Mas nunca nos preocupamos em equipar o carro com airbags. Não fizemos seguro. Nem sequer pensamos nos cintos de segurança. O motor esquenta. As peças superaquecem e às vezes até pegam fogo. Acontecem alguns acidentes, um sempre um pouco pior que o anterior. Então desligamos o veículo, regulamos a suspensão, reparamos a carroceria e decidimos fazer tudo melhor. Mas logo voltamos para a competição e vamos em frente sempre com mais velocidade, por terrenos mais novos e mais acidentados. Há cada vez mais perigos lá fora. É hora de instalar aqueles airbags e contratar um seguro. E, acima de tudo, é hora de apertar os cintos.

LIÇÃO DOIS

O que importa não é quanto, mas como o governo intervém

Em outubro de 2019, apenas alguns meses antes de o novo coronavírus varrer o mundo, a Universidade Johns Hopkins lançou seu primeiro Índice Global de Segurança em Saúde, uma análise abrangente dos países que estavam mais bem preparados para lidar com uma epidemia ou pandemia.[1] Os Estados Unidos ficaram em primeiro lugar na classificação geral e ocuparam também o topo da lista em quatro das seis categorias: prevenção; detecção precoce e notificação; sistema de saúde sólido e suficiente; cumprimento de normas internacionais. Parecia justo. Afinal, tratava-se do país que abrigava a maioria dos melhores laboratórios, institutos de saúde, empresas farmacêuticas e centros universitários de pesquisa do mundo. Em março de 2020, porém, essas vantagens pareceram apenas uma piada cruel quando a Covid-19 invadiu os Estados Unidos e o governo federal apresentou uma resposta atrasada, fraca e inconsistente. Em julho, com menos de 5% da população global, o país acumulava mais de 25% dos casos confirmados do mundo.[2] As taxas de mortalidade diária *per capita* nos Estados Unidos eram dez vezes superiores às da Europa.[3] Seria essa a nova cara do "excepcionalismo norte-americano"?[4]

Seria fácil acusar o presidente Trump, e ele de fato merece grande parte da culpa por minimizar a pandemia enquanto ela se aproximava, continuar passivo depois que ela se instalou e menosprezar as diretrizes dos próprios conselheiros científicos. Nunca conseguiu coordenar as ações entre os órgãos federais nem com os cinquenta estados. Há, entretanto, mais nessa história além de apenas uma Casa Branca incompetente. Houve erros em todos os setores do governo. O CDC falhou ao distribuir kits de testagem contaminados[5] e, nos primeiros momentos, desencorajar a população a usar máscaras.[6] A Food and Drug Administration (FDA) perdeu tempo nos procedimentos de detecção rápida, o que teria permitido a laboratórios privados preencher a lacuna existente na testagem. O Departamento de Saúde e Serviços Humanos não conseguiu implantar um sistema próprio de testagem em massa. Muitos países, da Alemanha à Coreia do Sul e à Nova Zelândia, saíram de seus *lockdowns* graças a sólidos sistemas de testagem e rastreamento. Os Estados Unidos, não.[7]

Em teoria, o país tem muitos trunfos. É o mais rico do mundo e possui instituições científicas e tecnológicas incomparáveis. Suas agências de saúde pública, como o CDC, têm sido copiadas no mundo inteiro, inclusive pelos chineses. Mas anos de supremacia levaram à complacência. Washington nunca deixou de sobrecarregar essas agências com atribuições e regras, ao mesmo tempo que reduzia seus orçamentos — uma receita para o mau funcionamento. Coordenação em um governo federal tão grande e complexo como o dos Estados Unidos é sempre um tremendo desafio gerencial. Acrescente uma administração que declaradamente via grande parte do governo como inimigo, como um "Estado profundo" a ser desmantelado, e o resultado foi um fracasso generalizado.

O papel dos Estados Unidos como agente determinante da agenda global muitas vezes mascara suas fraquezas. Os norte-americanos e suas instituições acabam sendo os definidores de padrões e avaliadores do mundo, tal como fez a Johns Hopkins em benefício da saúde global. Não há como evitar uma tendência a favorecer o time da casa. Os norte-americanos parecem se concentrar em medidas que destaquem os pontos fortes do sistema local, enquanto minimizam as que revelem seus pontos fracos. Antes da pandemia, por exemplo, a população podia encontrar consolo nas excelentes instalações de pesquisa do país ou na enorme quantidade de dinheiro gasto com o serviço de saúde, ao mesmo tempo que se ignoravam o desperdício, a complexidade e o acesso profundamente desigual que também o caracterizam. Seja qual for a razão, poucos perceberam quão vulnerável o país estava. Quando a Covid-19 chegou para valer, o sistema de emergência médica dos Estados Unidos entrou em colapso. Um mês depois de Trump anunciar uma grande mobilização para combater o vírus, o regime de testagem do país ainda era um fiasco, com dezenas de testes de qualidade variável, caos na escolha de quem se submeteria ao teste e longos períodos de espera pelos resultados. (É significativo que em segundo lugar na lista da Johns Hopkins tenha ficado o Reino Unido, outro país com excelentes serviços médicos, além de instalações e equipamentos de ponta, que também serviu de exemplo a vários países do mundo. Como os Estados Unidos, o Reino Unido teve um péssimo desempenho no enfrentamento da pandemia, com números de mortes *per capita* entre os mais altos do mundo.)

No início, os fracassos dos Estados Unidos eram confrontados com os sucessos da China, enquadrados em uma narrativa mais ampla sobre a decadência da democracia e o crescimento do modelo de capitalismo de Estado chinês. Apesar de ser o primeiro país a enfrentar o vírus, a China parecia controlar a doença com velocidade impressionante. Seria porque tinha um governo tecnocrático poderoso, livre de restrições democráticas? Em determinado momento, o governo decretou *lockdown* na maior parte da China, encerrou quase todas as atividades econômicas, inclusive transporte, e colocou cerca de 750 milhões de pessoas em quarentena.[8] A gigantesca China State Construction Engineering Corporation construiu dois novos hospitais[9] em menos de duas semanas. A China isolou os doentes, separou-os de suas famílias e, com o uso de tecnologia e trabalho investigativo, rastreou as pessoas com quem tiveram contato.

Com o tempo, porém, ficou claro que a China havia de fato negligenciado a resposta inicial à Covid-19. As autoridades locais de Hubei e Wuhan minimizaram o surto e calaram os médicos que tentaram soar um alerta geral. Um desses denunciantes, o dr. Li Wenliang, foi preso e, por uma trágica ironia do destino, morreu da doença. As autoridades em Pequim mantiveram a OMS e o restante do mundo no escuro, retardando a divulgação de informações vitais sobre o novo coronavírus. Sob Xi Jinping, o governo e o Partido Comunista reforçaram o controle sobre o sistema político, a economia e a sociedade, e, nesse clima, as autoridades locais relutavam em divulgar más notícias à alta cúpula na cadeia de comando. Meses após o surto, Pequim continuava a rejeitar pedidos internacionais de informações e chegou a ponto de restringir a publicação de artigos científicos sobre a Covid-19.[10]

Tudo isso é inerente ao sistema político chinês. Os regimes autoritários — sempre e em todo lugar — controlam as informações com pulso firme. É uma das fontes de seu poder. Ao examinar todas as epidemias registradas desde 1960, a revista *The Economist* constatou que as ditaduras quase sempre administram mal os surtos.[11] Em geral, as democracias os enfrentam melhor, o que resulta em taxas de mortalidade significativamente inferiores em comparação com autocracias de igual nível de renda. Do mesmo modo, o economista ganhador do Prêmio Nobel Amartya Sen descobriu que as democracias tendem a responder melhor à fome[12] do que as ditaduras, porque a chave para impedir sua disseminação é o livre fluxo de informações e a pressão que isso exerce sobre as autoridades eleitas. Também não está claro se a abordagem severa da China, com *lockdowns* e confinamento, foi o único caminho para o sucesso. Outros países administraram a doença com a mesma eficácia e métodos muito menos coercitivos.

Os Estados Unidos, por sua vez, administraram mal alguns setores da crise, mas se saíram bem em outros. O país permitiu que a doença explodisse por negligência e má gestão, mas depois interveio para amenizar o golpe econômico com ações nunca antes vistas. Apesar do clima partidário mais acirrado desde a Guerra Civil, o governo e o Congresso se uniram e lançaram o maior pacote de ajuda financeira da história do país. O Federal Reserve (FED) se tornou o credor em última instância de praticamente todos os ativos, o que propiciou uma base para a economia como um todo. A partir de junho de 2020, os projetos de lei do Congresso, somados às intervenções do FED, representavam mais de 6 trilhões de dólares[13] — em termos absolutos, a maior resposta à pandemia no mundo e uma das maiores *per capita*[14] (Japão, Alemanha e outros países também aprovaram programas expressivos, na casa dos trilhões). Abaixo do nível federal, alguns prefeitos e governadores intensificaram a testagem e ampliaram as unidades de saúde. Quando solicitadas, grandes companhias se adaptaram com extrema habilidade[15] e conseguiram transformar linhas de produção de automóveis em fábricas de respiradores. Importantes empresas de tecnologia do Vale do Silício passaram a ser a salvação de pessoas forçadas a trabalhar em casa. Além disso, empresas farmacêuticas e de biotecnologia saíram à procura de tratamentos e de uma vacina com uma rapidez que surpreendeu até os mais otimistas. Essa não é a imagem de um país em declínio irreversível.

Os Estados Unidos sempre decepcionarão seus mais ardentes detratores... e admiradores. É um país grande e complicado, e qualquer um consegue sempre encontrar nele o que quer. Entretanto, a pandemia deixou à mostra fissuras que têm se ampliado em ritmo constante. Elas foram muito bem descritas décadas atrás pelo economista John Kenneth Galbraith, ao afirmar que o país se definia pela "opulência privada e a miséria pública".[16] Já faz tempo que os Estados Unidos têm um setor privado fantástico, porém suas instituições públicas, com raras exceções — como o independente, autofinanciado e altamente respeitado FED —, seguem aos trancos e barrancos. Washington pode jogar dinheiro em um problema, e isso muitas vezes acaba funcionando, mas não consegue administrar um programa nacional complexo a serviço de um benefício coletivo. A Previdência Social — cuja principal tarefa é preencher cheques — funciona, ao passo que a Administração de Veteranos é um gigantesco desastre burocrático.

Às vezes, até preencher cheques pode dar errado. Washington gastou trilhões de dólares no combate à pandemia, mas boa parte desse valor foi abocanhada por grandes empresas e pelos mais ricos,[17] cujos lobistas habilmente redigiram disposições que direcionavam esse dinheiro para eles.[18] O simples envio dos cheques aos cidadãos demorou mais do que o esperado, devido a entraves burocráticos e à insistência de última hora para que o nome de Donald Trump fosse impresso neles.[19] No fim de abril, pelo menos cinquenta milhões de norte-americanos estavam à espera do dinheiro,[20] enquanto o Departamento do Tesouro enviava um milhão de cheques para pessoas mortas.[21] Enquanto isso, o processo de auxílio do Canadá foi simples e isento de problemas burocráticos ou políticos. O dinheiro chegou aos cidadãos canadenses por meio de depósitos diretos em suas contas bancárias dentro das duas primeiras semanas da crise.[22] Da mesma forma, a Alemanha ampliou de imediato um programa que garante aos trabalhadores afastados 60% dos salários perdidos,[23] 67% se os trabalhadores tiverem filhos, o que permite que as empresas evitem demissões em massa. A rapidez e a eficácia dessas medidas desempenharam um papel importante para seu sucesso, uma vez que o objetivo era aliviar a ansiedade financeira e psicológica das pessoas.

Esses males do governo são uma doença norte-americana, não democrática. Muitas outras democracias administraram a atual pandemia com eficácia, melhor do que qualquer ditadura. A lista inclui países governados por partidos políticos de todas as tendências. As medidas mais agressivas foram provavelmente as empreendidas pelos governos de centro-esquerda da Coreia do Sul, da Nova Zelândia e de Taiwan, mas as coalizões de centro-direita que detêm o poder na Alemanha, na Áustria e na Austrália não ficaram atrás. Os governos com atitudes mais relaxadas, que não funcionaram bem, foram os de países como o Brasil e o México, comandados por populistas ferrenhos, mas também a Suécia, dirigida por líderes de centro-esquerda. Essa confusão nos diz alguma coisa? Acima de tudo, nos diz que as antigas ideologias ficaram obsoletas. Durante séculos a política se organizou entre esquerda e direita. A esquerda tem se manifestado a favor de uma intervenção maior do Estado na economia. A direita defende com vigor o livre mercado. No século XX, o grande debate político se referia à atuação e ao tamanho do governo na economia. Mas o que parece importar mais na crise atual não é quanto o governo intervém, mas *como*.

Consideremos os países que reagiram cedo à pandemia, testaram em grande escala, rastrearam os infectados, reduziram o ritmo da propagação e fizeram tudo isso com *lockdowns* limitados. No topo da lista estão Taiwan, Coreia do Sul, Hong Kong e Cingapura, o que é significativo porque todos recebem milhões de viajantes chineses a cada ano. Não são Estados adeptos de grandes intervenções na economia. Os gastos públicos do governo em relação ao PIB são relativamente baixos. Hong Kong recebeu durante muito tempo elogios dos conservadores norte-americanos por ter a economia de livre mercado ideal e figurou com regularidade no topo da lista[24] do Índice de Liberdade Econômica da Heritage Foundation. Os gastos públicos em relação ao PIB são surpreendentemente baixos — meros 18%,[25] um terço do valor da França.[26] Ainda assim, Hong Kong registrava apenas dezoito mortes no fim de julho.[27] Ao mesmo tempo, Taiwan, com 23 milhões de habitantes, teve somente sete mortes. O país gasta apenas 6% do PIB com saúde, um terço do que gastam os Estados Unidos.[28] Por sua vez, a Alemanha, a Dinamarca e a Finlândia também administraram a pandemia com extrema eficácia, e os três países são considerados Estados grandes pela maioria dos parâmetros. O mesmo vale para o Canadá. Em resumo, alguns dos países que venceram o vírus têm uma máquina estatal grande, enquanto outros contam com governos que intervêm pouco. Qual foi o elemento em comum? Um Estado competente, que funciona bem e é confiável — a *qualidade* do governo.

UMA BREVE HISTÓRIA DO BOM GOVERNO

Por que alguns Estados têm governos que funcionam bem e outros não? É um quebra-cabeça que especialistas estudam há séculos. Para responder, comecemos do princípio. Todas as sociedades, desde tempos remotos, adotaram inicialmente sistemas políticos que Max Weber descreveu como "patrimoniais",[29] em que o poder era exercido por um homem forte e poderoso. O regime consistia apenas em sua família, seus amigos e aliados. O poder político e o econômico se fundiam, criando um sistema de governo muito pouco representativo, porém eficaz. Francis Fukuyama descreve a força dos sistemas patrimoniais: "São construídos com base nos elementos básicos da sociabilidade humana, isto é, a tendência biológica das pessoas a favorecer a família e os amigos com os quais trocaram favores recíprocos."[30] O sistema patrimonial tem raízes profundas na sociedade humana e durou milênios. A máfia ainda funciona assim, e muitos regimes modernos mantêm algumas de suas características básicas. Brasil, Grécia e Índia adotaram instituições políticas formalmente modernas, mas que, quando examinadas a fundo, mostram uma base sólida de patrimonialismo, em que laços familiares representam um componente crucial do poder político.

Até mesmo os Estados Unidos ainda retêm elementos de um antigo sistema de favoritismo, se não de um patrimonial, que opera basicamente como corrupção legalizada. Uma vez perguntei a um alto funcionário do Departamento do Tesouro se fazia sentido os bancos serem supervisionados por cinco ou seis diferentes comitês do Congresso, além de vários órgãos reguladores. Essa prática acrescenta uma infindável e conflitante complexidade à supervisão de rotina. Sua resposta, claro, foi não, mas isso nunca vai mudar: "Cada um desses comitês, mais os políticos nos estados, arrecada fundos para suas campanhas eleitorais pedindo dinheiro a esses mesmos bancos. Se eles perderem a supervisão, também vão perder a arrecadação de fundos." Desde uma decisão da Suprema Corte em 1976, *Buckley vs. Valeo*, os Estados Unidos aderiram à ideia de que gastar dinheiro é um ato de liberdade de expressão e, portanto, não pode ser regulamentado de forma rígida. Essa interpretação, posteriormente confirmada e ampliada na notória decisão *Citizens United* de 2010, não se sustenta em nenhuma outra democracia avançada do planeta, a maioria das quais regulamenta de forma rotineira[31] como os políticos arrecadam e gastam dinheiro — sem efeitos adversos sobre a liberdade de expressão ou a democracia. Como resultado, no cerne do governo norte-americano há uma série interminável de contrapartidas — dinheiro arrecadado em troca de favores concedidos. Não é à toa que seu código tributário é um dos mais antigos do mundo. Os milhares de emendas a ele são o que os políticos vendem quando arrecadam dinheiro para suas campanhas.

Intelectuais sempre imaginaram um sistema melhor, administrado por especialistas de algum tipo, pessoas que hoje seriam chamadas de tecnocratas. Em *A república*, Platão descreve cinco tipos básicos de regime: aristocracia, timocracia, oligarquia, democracia e tirania. O melhor regime, ele acreditava, era uma aristocracia liderada por reis-filósofos. A classe dominante seria educada com rigor suficiente para apreciar os objetivos mais importantes para uma sociedade — o ideal platônico do "Bem". Seus representantes não podiam possuir propriedades, para que isso não os fizesse perseguir os próprios e insignificantes interesses pessoais. Eles eram incentivados a pensar apenas no que fosse melhor para a sociedade como um todo. Uma timocracia, na qual apenas proprietários podem votar, foi o que aconteceu quando uma aristocracia degenerou e homens — naquela época sempre homens — de caráter e educação medíocres se tornaram governantes. Seriam gananciosos e estariam sedentos de poder, o que logo levaria o regime à pura oligarquia, o governo desnudo dos ricos cujo único objetivo era preservar as próprias vantagens. Para Platão, a democracia — o governo das massas — e a oligarquia — o governo dos ricos — eram perigosas por serem formas de governo motivadas por interesses próprios, sem um propósito superior. Eram também instáveis, quase sempre se degradando até chegar ao pior tipo de regime: a tirania.

Os esforços iniciais para criar uma burocracia competente foram decididamente mistos. A noção de uma classe dominante treinada para governar encontrou sua primeira expressão ocidental no Império Romano, que passou a ser controlado por uma ampla rede administrativa de oficiais, principalmente militares. Suas reformas mais notórias aconteceram sob o comando do imperador Diocleciano, que governou no século III d.C. Ele descentralizou o império e distribuiu o poder entre três outros comandantes, criando um regime que foi chamado de "tetrarquia", ou governo a quatro. A tetrarquia não trouxe grandes vantagens militares ou econômicas, e é considerada um fracasso. Após a queda de Roma diante de invasores bárbaros no século V, o Império Romano do Oriente, governado por Bizâncio (renomeado para Constantinopla e, mais tarde, Istambul), tornou-se famoso por seu conjunto de leis e níveis de administração em constante expansão, a tal ponto que até hoje qualquer tipo de sistema que seja complicado demais é rotulado de "bizantino".[32]

Longe do Ocidente e um século antes de Platão, Confúcio elogiava dirigentes que governavam não pela força bruta, mas com senso de moralidade, cujo objetivo era imprimir em seu povo um código de honra e senso de vergonha. Influenciada pelo pensamento de Confúcio, a China estabeleceu um dos primeiros concursos para recrutar funcionários governamentais. O concurso teve precursores na dinastia Han, mas foi devidamente estabelecido na Tang, que durou de 618 a 907 d.C. Os candidatos eram testados em seus conhecimentos do cânone confuciano, assim como de história e estratégia militares. Sucessivas dinastias ampliaram os exames, que, além de recrutar pessoal para a administração imperial, também serviam como um meio de centralizar o poder no imperador e cortar as asas dos mandachuvas locais. A ideia desses exames e de algum tipo de processo baseado no mérito espalhou-se pela Ásia Oriental e alcançou o Japão, a Coreia e o Vietnã, cada um deles criando a própria versão de uma burocracia acadêmica. Durante a dinastia Ming, viajantes portugueses em visita passaram a se referir aos funcionários chineses de nível elevado como "mandarins",[33] e até hoje essa palavra é utilizada para descrever burocratas poderosos.

Essas tecnocracias nem sempre conseguiam criar Estados muito competentes, em grande parte porque os especialistas não exerciam, de fato, o poder. Os líderes políticos e seus comparsas sempre estiveram no comando. Os funcionários aprovados nos concursos eram com frequência subordinados aos parentes e cortesãos do governante. As burocracias que pareciam expressivas tinham alcance limitado e muitas vezes careciam de autoridade. Mas, em lugares tão díspares quanto a China e a Alemanha, elas conseguiram lançar as bases de um futuro desenvolvimento político.

O que de fato tornou os governos cada vez mais poderosos e eficazes foi outra coisa: o conflito. O estudioso Charles Tilly assinalou que "a guerra fez o Estado e o Estado fez a guerra",[34] e é possível ver como o tamanho e o alcance do Estado aumentavam à medida que os países se envolviam na disputa militar. A guerra quase sempre significava impostos, o que acabava pressionando o governo a fornecer mais serviços para seu povo. Uma das razões pelas quais a pequena Grã-Bretanha se tornou um Estado moderno tão importante e depois construiu um império global foi que seus muitos conflitos nos séculos XVII e XVIII ajudaram a desenvolver não apenas uma excelente marinha, mas também uma máquina fiscal expressiva. No fim do século XVIII, o britânico médio pagava quase três vezes mais impostos que o francês.[35] Como disse o historiador John Brewer, esses impostos eram os "tendões do poder", os quais, até mais do que sua marinha, permitiram que a Grã-Bretanha derrotasse a França repetidas vezes e alcançasse a hegemonia mundial. Às vezes a pressão que galvanizava o sistema não era militar, mas natural. O historiador Frank Snowden sugeriu que a peste medieval fazia parte do coquetel da formação do Estado[36] porque exigia um governo poderoso para impor as quarentenas.

A catástrofe, porém, não foi o único fator de mudança. O governo também se tornou mais eficaz graças aos reformadores de cima e de baixo. Seus motivos variavam. Maquiavel e Hobbes queriam que o governo garantisse a ordem. No século XVIII, Frederico, o Grande, da Prússia, procurou levar o racionalismo iluminista para a política. No século XIX, Napoleão estava determinado a unificar a Europa sob um código de leis moderno. As reformas britânicas Northcote-Trevelyan criaram o serviço público permanente e apolítico que foi copiado no mundo inteiro. Os cartistas, os socialistas e os liberais se movimentaram para abrir a política de maneiras distintas, mas todos com a esperança de dar poder às pessoas em função menos de sua posição na ordem social e mais de seu talento ou de suas necessidades. Os lugares que começaram cedo esse tipo de reforma e foram bem-sucedidos, em particular no norte da Europa, mantiveram uma longa tradição de governo eficaz por meio de vários sistemas políticos e ideológicos ao longo dos séculos. Mesmo sob um sistema comunista, a Alemanha Oriental foi sempre mais eficiente do que o restante da Europa Oriental.

Os países não ocidentais não se modernizaram com a mesma velocidade, embora alguns, em especial na Ásia, tenham começado a fazê-lo no fim do século XIX. A maioria copiou determinadas instituições e práticas ocidentais e, valendo-se também de suas longas tradições de concursos baseados no mérito e de burocracia, criou Estados competentes. Isso se aplica ao Japão, à Coreia do Sul e, décadas depois, à China. O Japão copiou deliberadamente a burocracia prussiana[37] durante sua modernização no século XIX e, ao longo de gerações, foi o governo mais forte da Ásia. Na América Latina, o Chile se destaca dos demais países da região por seu governo profundamente enraizado e eficiente, o que mais tarde contribuiu para um crescimento econômico sustentado. (As razões para esse "excepcionalismo chileno" geram amplos debates, e é provável que sejam uma mistura de cultura, liderança e sorte.) Cingapura é o exemplo típico desse fenômeno ao se basear em suas raízes culturais para obter coesão social, na tradição mandarim de uma burocracia de elite e no legado britânico de sistemas mais abertos e transparentes (embora ainda com uma estrutura um tanto autoritária). Também se beneficiou de uma liderança com altíssima disciplina e foco. Hoje, o governo de Cingapura é com frequência classificado como o mais eficaz do mundo.

O EXCEPCIONALISMO AMERICANO

E então temos os Estados Unidos, país que há muito traçou o próprio caminho. Teria sido esse excepcionalismo a causa da ineficiência do país no combate à Covid-19? Esse fracasso joga um holofote sobre fraquezas mais abrangentes do país mais poderoso do mundo? Sem dúvida coloca em evidência uma vulnerabilidade específica. O país sempre teve uma profunda tradição antiestatista, que se iniciou com as ideias e as práticas dos primeiros colonizadores ingleses. Isoladas dos conflitos europeus, as treze colônias nunca enfrentaram a pressão de fortalecer seus Estados a fim de se preparar para uma guerra. Elas parecem ter lutado com o propósito de se tornar independentes de um império mais em função do poder do governo de instituir impostos. Como resultado, o país começou sua experiência nacional com um governo central tão fraco que entrou em colapso em dez anos. A nova Constituição, adotada em 1789, outorgava mais poderes ao governo federal, mas ainda o limitava sob muitos aspectos. Mesmo um século depois, enquanto o país decolava rumo ao crescimento econômico e à industrialização, seu Estado era mínimo. O presidente era fraco, o Congresso raras vezes atuava em sincronia, os impostos federais sobre a renda eram inconstitucionais e o exército era insignificante em comparação com os rivais europeus.

Os reformadores perceberam que o único meio de modernizar os Estados Unidos seria criar um Estado nacional forte e produtivo. Até a Guerra Civil, porém, os esforços eram limitados: o país estava paralisado pela questão da escravidão e sua potencial expansão. Depois da guerra surgiu uma economia nacional e, com ela, a necessidade de um governo nacional, de natureza mais profissional. Em 1883, o Congresso determinou que muitos cargos dentro do governo federal fossem distribuídos com base no mérito, dando fim ao sistema de clientelismo que dominara a estrutura política. Um reformador, o jovem acadêmico Woodrow Wilson, chegou mais longe ao argumentar da seguinte maneira: à medida que os Estados Unidos se industrializassem, os estados cederiam poder a Washington e, nessa cidade, a presidência sem dúvida se tornaria o braço mais poderoso. Ele expressou sua frustração com a lentidão, as lutas internas e os "pequenos barões"[38] do Congresso, e lamentou que a estrutura constitucional norte-americana "não tenha um chefe supremo e definitivo [...] que possa decidir de imediato e com autoridade conclusiva o que deve ser feito".[39] Décadas depois, como presidente, Wilson ampliou o poder do governo federal, que passou a desmembrar trustes, tributar rendimentos e intervir em disputas trabalhistas. (Wilson, é preciso dizer, também era um racista declarado e fez questão de não usar esse poder para melhorar as duras condições de vida dos negros.) Seu antecessor, Theodore Roosevelt, também priorizou um Estado mais forte e que pudesse conter os excessos das grandes empresas. Apesar de todas essas reformas, o país ingressou no mundo industrial com um Estado pré-industrial.

A mudança sísmica chegou com Franklin Roosevelt. Herbert Hoover, seu antecessor, mantivera uma enorme desconfiança a respeito da intervenção do governo na economia e, como resultado, liderou uma resposta passiva à Grande Depressão. A estratégia de Roosevelt foi diferente: tentar tudo. Um de seus principais assessores, Rex Tugwell, estruturou essa abordagem em termos ideológicos mais conscientes. Disse que o objetivo das reformas do *New Deal* era substituir a máxima do *laissez-faire* de "competição e conflito" por uma de "coordenação e controle".

Sob Roosevelt, o presidente passou a ser o chefe indiscutível do governo, e ele, muito mais do que qualquer outro presidente, se tornou o arquiteto dos Estados Unidos da modernidade. Praticamente todos os setores em que o governo atua hoje podem encontrar suas raízes na era Roosevelt.[40] Entretanto, mesmo durante sua administração, houve reações negativas. Os estados do Sul sempre resistiram à intervenção de Washington, por medo de que isso levasse ao fim das leis de Jim Crow. Eles tinham razão, já que foi o governo federal que conseguiu acabar com a segregação.

A experiência estatista dos Estados Unidos durou relativamente pouco, cerca de cinquenta anos, e sua maior parte, é preciso ressaltar, foi marcada por crescimento econômico expressivo, aumento de produtividade e altos níveis de empreendedorismo. A revolução de Roosevelt terminou com a presidência de Ronald Reagan, que declarou: "O governo não é a solução para nosso problema. O governo é o problema." Isso foi dito em 1981, em meio ao que era então a pior recessão desde a década de 1930. Em outras palavras, Reagan rejeitava o papel que o governo poderia desempenhar, mesmo durante uma crise calamitosa. Embora ele tenha na verdade aumentado os gastos federais, os números são enganosos. O Departamento de Defesa e grandes programas governamentais — como Seguro Social e Medicare — se mantiveram estáveis ou cresceram durante sua gestão, mas quase todo o restante encolheu. Na década de 1950, os funcionários públicos federais ocupavam mais de 5% do total de empregos.[41] Esse número caiu agora para menos de 2%, apesar de a população ser duas vezes maior[42] e o PIB, corrigido pela inflação, sete vezes maior.[43] Os investimentos do governo em ciência, tecnologia e infraestrutura sofreram uma queda drástica em relação a seus níveis na década de 1950. Os Estados Unidos do século XXI estão vivendo desse antigo capital.

Hoje, o país tem menos funcionários no governo[44] *per capita* do que a maioria das outras democracias avançadas. O serviço público não é mais a carreira de prestígio que já foi um dia. O congelamento de contratações e os cortes orçamentários tiveram seus efeitos. Como apontou uma análise da Brookings Institution, "um terço [da força de trabalho federal] estará qualificado para se aposentar do momento atual até 2025, e apenas 6% dos funcionários federais têm menos de trinta anos".[45] A partir de Reagan, as pessoas passaram a supor que o governo consegue causar mais problemas do que resolver, que todos os órgãos federais estão inflados e que a maior parte das tarefas é mais bem executada pelo setor privado. Políticos de direita costumavam usar a expressão "deixar a besta morrer de fome" para descrever sua estratégia em relação ao governo. Grover Norquist, grande defensor da redução de impostos, usou termos ainda mais pungentes: "Não quero eliminar o governo. Quero apenas reduzi-lo a um tamanho que me permita arrastá-lo até o banheiro e afogá-lo na banheira."[46] Steve Bannon, o ideólogo da revolução Trump, deixou claro que um de seus principais objetivos era a "desconstrução do Estado administrativo".[47] Por quatro décadas, os Estados Unidos têm sido em grande parte comandados por pessoas que prometem abertamente destruir o governo que elas mesmas lideram. É de estranhar que tenham conseguido?

Some-se a esses fatores o federalismo norte-americano. Grande parte das funções mal executadas do governo federal é multiplicada porque são replicadas nos níveis estadual e local. A criação de uma estratégia nacional para a pandemia, por exemplo, foi dificultada pela existência de 2.684 departamentos de saúde estaduais e locais,[48] cada um mantendo ciosamente sua independência. Para tornar as coisas ainda mais complicadas, os Estados Unidos têm 90.126 unidades[49] de governos estaduais e locais, muitas delas encarregadas de criar regras próprias sobre o uso de máscaras e o distanciamento social. O pagamento do auxílio-desemprego também sofreu atraso devido às diversas exigências de autoridades públicas. O federalismo do país é celebrado. E ele, de fato, permite experiências úteis e importantes, o que Louis Brandeis chamou de "laboratórios de democracia". Os estados competem entre si por investimentos e funcionários, o que pode estimular o crescimento. Mas essa confusa colcha de retalhos de autoridade é um pesadelo quando o assunto é uma doença que não conhece fronteiras. A fragmentação de padrões é especialmente acentuada na condução da testagem para Covid-19. Os resultados são fornecidos por meio de uma desconcertante mistura de tecnologia antiga e nova, que envolve telefone, *feed* de dados, e-mail, correio tradicional e até fax,[50] produzindo pilhas de papéis que omitem dados essenciais dos pacientes. (Muito diferente do sistema de "cartões de saúde"[51] de Taiwan, ligado a um único banco de dados para todas as informações médicas relevantes.) Além da pandemia, o sistema federal dificultou os esforços para a criação de acesso uniforme aos cuidados de saúde e ao voto. Fez coisas como a reforma policial depender das ações de dezoito mil departamentos de polícia distintos em todo o país.[52] Contribuiu para a paralisia e a estagnação no governo. Alguns países com grande tradição de modelo consensual de governo e forte capital social — a Alemanha, a Suíça e sobretudo a Holanda — administraram bem o governo descentralizado. Nos Estados Unidos, isso raras vezes foi alcançado.

COMO CONSTRUIR UMA BUROCRACIA MELHOR

Para compreender como uma saudável desconfiança no governo pode se converter em cinismo tóxico, olhemos para o outro lado do Atlântico. O Reino Unido sempre teve um governo forte, eficaz e aberto em todos os níveis, embora nutrisse uma sólida tradição antiestatista. De modo geral, compartilhou grande parte do desenvolvimento histórico e dos pontos fortes da Holanda e dos países nórdicos, com instituições políticas sólidas e mercados bem regulamentados. Seus sistemas administrativo e legal imperiais causavam inveja a outras potências europeias. Especialistas têm, com frequência, ressaltado que a maioria das democracias politicamente estáveis no mundo em desenvolvimento é representada por antigas colônias britânicas,[53] um legado das instituições e da cultura do Reino Unido. O primeiro-ministro da República de Cingapura, fundada em 1965, Lee Kuan Yew, considerava que a tradição britânica de uma burocracia limpa e eficaz era uma das principais razões para o sucesso de sua cidade-Estado, apesar de outros aspectos onerosos da dominação colonial. Ainda assim, a Grã-Bretanha adota uma ideologia antigovernamental idêntica à dos Estados Unidos desde a década de 1980. Também praticamente abandonou suas agências nacionais em nome da eficiência e, com Boris Johnson, tem um líder populista que despreza os especialistas e vê os burocratas com grande ceticismo. Seu governo, que preside um Estado talhado pela austeridade, teve desempenho excepcionalmente ruim em sua batalha inicial contra a Covid-19, muito pior do que o norte da Europa. Em contraste, a Grécia, uma democracia reinstaurada jovem e ainda em desenvolvimento, com uma burocracia tida desde sempre como disfuncional, teve uma atitude espetacular diante da pandemia. Por quê? Porque era comandada por um líder tecnocrático capaz, que acreditava na ciência e na boa gestão. Às vezes, o tom que vem de cima faz toda a diferença.

O ataque ao bom governo não veio só da direita. Ao longo dos anos, políticos de esquerda acrescentaram níveis e mais níveis de burocracia e regulamentação. Paul Light, estudioso que há muito se dedica a esse tópico, observa que, sob a presidência de John F. Kennedy, os departamentos de governo tinham dezessete "níveis" de cargos por indicação[54] em suas hierarquias. Quando Trump assumiu o poder, o número já chegava a impressionantes 71. A maioria desses mandatos nomeados foi concebida de olho em algum objetivo valioso. As pesadas regras e verificações burocráticas da FDA no controle de alimentos e medicamentos têm, no fundo, boas intenções. No entanto, elas são recheadas de centenas de exigências, muitas vezes com objetivos opostos, o que torna rapidez e eficiência um sonho impossível. Cada vez que um abuso de poder é descoberto, um novo conjunto de regras suplementares é colocado em prática. É comum haver conjuntos de regras distintas nos níveis federal, estadual e local, e todas devem ser seguidas à risca. Os órgãos governamentais precisam submeter cada projeto a rigorosas avaliações ambientais e trabalhistas, e objetivos de qualquer outro tipo devem ser analisados. Os funcionários têm pouco critério; por exemplo, eles muitas vezes são pressionados a aceitar o lance mais baixo de uma licitação, mesmo havendo o risco de o trabalho ser entregue com qualidade inferior e fora do prazo. O Congresso adora microgerir as agências e quase nunca deseja lhes conceder a independência e a flexibilidade que são rotineiras em nações como a Alemanha, o Japão e a Coreia do Sul. Na verdade, pessoas que trabalham em diversos países ocidentais muitas vezes se surpreendem com o fato de haver muito mais burocracia nos Estados Unidos do *laissez-faire* do que em países supostamente estatistas como o Canadá, a Dinamarca e a Alemanha. Qualquer que seja o tamanho de seus Estados, esses países acreditam na criação de órgãos independentes e outorgam aos tecnocratas poder e autonomia, garantindo que o sistema funcione de maneira eficaz. Há orgulho no bom governo.

O empresário de tecnologia Marc Andreessen reagiu à pandemia de 2020 com uma longa postagem em um blog,[55] na qual declara: "É hora de construir." Ele começa falando sobre o fracasso do governo norte-americano durante a pandemia, mas vai muito além, e pergunta por que o país não consegue mais criar e executar grandes projetos — construir mais moradias e oferecer melhor infraestrutura, reativar a manufatura doméstica, expandir o ensino superior para milhões de outras pessoas e assim por diante. Propõe algumas teorias: inércia, falta de imaginação e a pressão de agentes já estabelecidos no mercado temerosos da concorrência. A verdadeira razão, no entanto, é muito mais profunda. Os Estados Unidos se tornaram o que Francis Fukuyama chama de "vetocracia". O sistema de freios e contrapesos, reproduzido em todos os níveis do governo, garante que alguém, em algum lugar, conseguirá sempre bloquear qualquer ação positiva. Os Estados Unidos se tornaram uma nação de pessimistas.

Marc Dunkelman, pesquisador tenaz, passou anos estudando a história dos esforços para restaurar e reconstruir a Estação Pensilvânia de Manhattan.[56] A necessidade é óbvia. A chamada Penn Station é o segundo centro de transporte público mais frequentado do planeta, com mais passageiros por dia do que os três aeroportos da região de Nova York juntos. É também uma construção extremamente feia, mal projetada e malconservada. Se já seria constrangedor tê-la como uma construção regional em um país pobre, que dirá no principal centro de transporte urbano da metrópole mais populosa dos Estados Unidos. Ao longo dos últimos trinta anos, políticos poderosos têm lutado pela sua reconstrução, mas, mesmo assim, nada de substancial aconteceu. Dunkelman explica que, a cada tentativa, um grupo ou um interessado encontravam um jeito de inviabilizar o projeto. "Em uma dinâmica na qual tantos participantes podem exercer o direito de veto, é quase impossível levar um projeto adiante", escreve. "Hoje ninguém tem o poder necessário para fazer o que parece melhor para Nova York como um todo. E, no fim, o governo é tachado de incompetente." Esse problema não se resume à Penn Station. Uma versão da vetocracia, o NIMBYismo* — batizado com o grito de guerra daqueles que se opõem a construções locais —, barrou projetos interessantes em todo o país. Na Califórnia, o movimento vetou novas moradias durante décadas e fez aumentar ainda mais o já crescente custo de vida do estado, o que obriga centenas de milhares de trabalhadores a perder horas no trajeto para o trabalho.

Os Estados Unidos são, em seu DNA, um país antiestatista. A direita o ataca com cortes de recursos para o governo. A esquerda faz o mesmo ao sobrecarregá-lo com tantas regras e requisitos que o mau funcionamento acaba sendo igual. Como já explicou o teórico político Samuel Huntington, o poder nos Estados Unidos não é dividido, como muitos afirmam, mas compartilhado e contestado, de modo que é necessário haver

---

* Derivado da sigla NIMBY, *Not In My Backyard* [No meu quintal não] (N. E.).

acordo e compromisso amplos para que algo possa ser feito. É possível superar esse dilema, mas é preciso haver uma liderança hábil e persistente, no nível de um Roosevelt ou de um Johnson. Também requer, de modo geral, um único partido no controle. O escritor Ezra Klein ressaltou que durante os anos em que o governo parecia funcionar e as coisas aconteciam — digamos que entre as décadas de 1930 e 1960 — muitas vezes um único partido ocupava a Casa Branca e as duas câmaras do Congresso, e os partidos englobavam muitas ideologias.[57] Hoje, nenhum dos dois partidos detém o poder político e ambos têm menos tolerância a dissidências internas, o que significa que tudo se torna uma questão partidária e a maior parte dos esforços acaba em impasse. Isso, por sua vez, salienta o profundo antiestatismo que existe no cerne da cultura política dos Estados Unidos. Ao votar de maneira a garantir o impasse, os norte-americanos reforçam esse mesmo impasse e a desesperança de que alguma coisa boa possa vir de Washington.

A Covid-19 mudou isso em parte e acelerou tendências que já estavam em andamento. Trump não tem qualquer compromisso ideológico com a economia do *laissez-faire* e, sem perder tempo, aprovou um reforço de 2 trilhões de dólares. Seu partido agora apoia tarifas alfandegárias, mercantilismo, restrições à imigração e gastos federais maciços para amenizar o golpe das crises econômicas. Isso poderia marcar o início de uma nova atitude em relação ao governo? Josh Hawley, um senador conservador do estado do Missouri, propôs um plano no estilo da Dinamarca para reembolsar empregadores em 80% do salário pago, uma considerável reviravolta que, nas palavras do escritor James Traub, "tirou a marca do demônio do modelo nórdico".[58] Não é de estranhar que Hawley, embora seja de extrema direita em questões sociais, sinta-se à vontade com relação a gastos. Afinal, seu herói, e tema de uma biografia que escreveu em 2008, foi o líder republicano da era progressista: Theodore Roosevelt. No entanto, em grande parte do Partido Republicano, o antiestatismo continua poderoso e virulento e, em certos aspectos, tornou-se ainda mais nocivo e conspirador. Manifestantes armados em Michigan, fartos das restrições à saúde pública, ocuparam a Câmara e forçaram a suspensão da sessão. Em Ohio, grupos semelhantes pressionaram o secretário estadual de Saúde a renunciar. São muitas as teorias da conspiração sobre o "Estado profundo", com frequência incentivadas pelo presidente Trump. Em alguns setores da direita, o processo contra o governo se tornou um esforço sombrio e desesperado de protestar contra as marés da demografia e da cultura — contra a modernidade em si.

Desde o início, os Estados Unidos estabeleceram as bases de uma sociedade particularmente poderosa e uma economia dinâmica com um Estado limitado, mas que, dadas as suas origens britânicas, funcionava com eficácia. Uma sociedade que garantiu que a liberdade florescesse. No século XX, reformadores progressistas criaram um governo moderno para o país, que ajudou os Estados Unidos a superar a Grande Depressão e a lutar na Segunda Guerra Mundial e na Guerra Fria, ao mesmo tempo que alcançava a supremacia econômica. Mas esse Estado, maltratado e debilitado, precisa de renovação e melhorias no século XXI. Olhemos ao redor. Há no momento muitas democracias liberais que são tão livres quanto a norte-americana, porém com governos muito mais competentes. No enfrentamento dos desafios prementes do nosso tempo — infraestrutura, capacitação profissional, mudanças climáticas, saúde pública —, existe ampla evidência de que o governo vem fracassando há uma geração. A Covid-19 é apenas a mais recente, embora talvez a mais séria, de muitas advertências.

Não sou fã de governos intervencionistas. Cresci na Índia, um país com um Estado forte e ambicioso que era um modelo de incompetência e ineficácia. Um Estado que destruiu as perspectivas da Índia durante décadas e continua a frear o país. O simples fato de aumentar a atuação do governo pouco ajuda a resolver os problemas sociais. Um bom governo requer poder limitado, mas linhas de autoridade claras. Envolve dar aos funcionários autonomia, discernimento e capacidade de utilizar o bom senso. Exige o recrutamento de pessoas capazes e dedicadas, inspiradas pela oportunidade de servir ao seu país e de conquistar respeito ao fazê-lo. Não é algo que se possa criar de um dia para outro, mas pode ser feito. Taiwan e a Coreia do Sul não nasceram com um bom governo. Ao contrário, começaram como ditaduras corruptas, mas desenvolveram modelos próprios ao longo de décadas, aprendendo com os outros. Na verdade, esta é uma característica comum a quase todos os países que geriram bem a pandemia: eles aprenderam com a história. Viram que o capitalismo funcionava e o adaptaram às próprias sociedades. Muitos deles adotaram tecnologias de ponta para pular etapas de desenvolvimento. Em décadas recentes, alguns conheceram a Sars e a Mers, tiraram lições dessas epidemias e se prepararam bem para o próximo surto. Em geral, no entanto, sua mentalidade tem sido a de olhar ao redor e identificar as melhores práticas a fim de imitá-las. Historicamente, esses países muitas vezes aprenderam com os Estados Unidos.

No decorrer das últimas décadas, a extraordinária posição de poder dos Estados Unidos o protegeu das consequências de um governo que sistematicamente tem um mau desempenho. Muitos de seus esforços recentes — da ocupação do Iraque à simples expansão das linhas de metrô — foram fracassos que custaram caro. Há décadas, em comparação com outros países desenvolvidos, os norte-americanos têm tolerado um governo de segunda categoria em todos os níveis. Não importa. Afinal, o país pode compensar. Washington possui a moeda de reserva mundial e pode imprimir trilhões de dólares. Os Estados Unidos ainda ostentam o maior exército do planeta. Têm uma indústria tecnológica gigantesca e dominam o mundo digital. Seu vasto mercado interno mostra que o país pode ignorar muitas das pressões do comércio e da concorrência externa. Mas tudo isso não passa de muletas. Elas o sustentam, permitindo-lhe escapar das sanções, sem nunca de fato ter que lidar com os verdadeiros custos de seus erros... até agora.

Os Estados Unidos sempre conseguem evitar entrar em colapso, mas o país pode afundar devagar, confundindo-se com uma mistura desordenada de economia dinâmica e política deficiente. Embora seu poderio militar ainda possa superar todos os outros, o estilo de vida americano continuaria a ficar para trás, alheio às melhorias no exterior. O país poderia se tornar mais restrito e menos global, perdendo influência e inovação, enquanto se consolaria com a fantasia de que é excepcional. Durante muitas décadas, o mundo precisou aprender com os Estados Unidos. Agora, porém, os Estados Unidos precisam aprender com o mundo. E o que eles têm mais necessidade de aprender diz respeito ao que significa ter um bom governo — não quanto o Estado intervém, mas como.

LIÇÃO TRÊS

Mercados não são suficientes

O *Financial Times* é um jornal para a elite. Fundado em Londres, em 1888, em sua edição inaugural prometia ser um amigo do "financista honesto, do investidor de boa-fé, do corretor respeitável, do diretor genuíno, do especulador legítimo".[1] Em meio às guerras mundiais e à depressão, ao fascismo e ao socialismo, foi um constante defensor do capitalismo. Apoiou as reformas de livre mercado de Margaret Thatcher e Ronald Reagan, que marcaram o início da era econômica em que vivemos hoje, bem como a ampla expansão do livre comércio, que trouxe praticamente cada país do planeta para uma economia mundial única. No cerne de sua identidade está a crença de que a maioria dos problemas pode ser resolvida por mercados mais abertos e maior liberalização.

Portanto, os leitores do *Financial Times* devem ter ficado espantados em 3 de abril de 2020, quando abriram o jornal e se depararam com um editorial que rompia com sua tradicional ortodoxia. O artigo curto começava dizendo que a pandemia do coronavírus convocava as pessoas a fazer sacrifícios coletivos e que "para exigir sacrifício coletivo deve-se oferecer um contrato social que beneficie a todos".[2] Mas, continuava, "a crise de hoje está revelando como muitas sociedades ricas estão aquém desse ideal". Declarava a necessidade de "reformas radicais, a fim de inverter a prevalecente direção política das últimas quatro décadas [...] Governos terão que aceitar um papel mais ativo na economia. Eles precisam ver serviços públicos como investimentos e não como obrigações, e procurar maneiras de tornar os mercados de trabalho mais seguros. A redistribuição de renda deverá voltar à pauta; os privilégios dos mais velhos e abastados em questão. Políticas até recentemente consideradas excêntricas, como renda básica e impostos sobre grandes fortunas, terão de ser debatidas".

Eram palavras fortes vindas de uma fonte inesperada. Mas muitos no mundo ocidental já estavam recebendo bem ideias ainda mais radicais. Nos Estados Unidos, por exemplo, 43% das pessoas consultadas numa pesquisa de opinião da Gallup, em maio de 2019, concordaram que "alguma forma de socialismo" seria bom para o país.[3] Em 1942, apenas 25% disseram o mesmo. Parecia haver uma revolução silenciosa em andamento. O país, que se definia por sua obstinada defesa do capitalismo, parecia agora estar cada vez mais atraído por uma ideologia contra a qual lutara durante a maior parte do século XX. A Covid-19 parece ter apenas acelerado essa tendência.

A pesquisa da Gallup marcou uma mudança acentuada em relação às quatro décadas anteriores — em particular no mundo anglo-americano, que tem definido com frequência a ideologia predominante no mundo. Os anos 1980 haviam sido dominados por Reagan e Thatcher, que encabeçaram uma onda de reformas de livre mercado em seus países e imitadas no mundo inteiro, inclusive, de uma forma ou de outra, por seus oponentes ideológicos. Em 1981, por exemplo, o presidente francês François Mitterrand foi eleito como um socialista comprometido — mas rapidamente abandonou a maior parte de sua antiga pauta esquerdista em favor da austeridade e da restrição de crédito. Nos anos 1990, a ascensão de

Bill Clinton e Tony Blair representou a aceitação pela esquerda do novo consenso capitalista. Gerhard Schroeder, outro líder de esquerda, chegou ao poder em 1998 e presidiu as mais abrangentes reformas de mercado da economia alemã em décadas. Em 1991, a Índia, que durante muito tempo praticara o socialismo e o protecionismo,[4] enfrentou uma crise econômica que a forçou a liberalizar. No ano seguinte, com a "Viagem ao Sul" de Deng Xiaoping, a China ressuscitou suas reformas capitalistas paralisadas.

A crise financeira de 2008 iniciou o processo de reavaliação — tanto na direita quanto na esquerda. Steve Bannon argumenta que as sementes da tomada do Partido Republicano por Trump foram plantadas já nessa época. Nos anos que se seguiram, a direita se desviou de sua devoção aos mercados ao aderir a protecionismo, subsídios, controle de imigração e nacionalismo cultural — ideias defendidas por Trump nos Estados Unidos, Boris Johnson no Reino Unido e outros populistas pelo mundo. Na esquerda, enquanto isso, dois definidores de tendência foram Bernie Sanders e Jeremy Corbyn, ambos autointitulados "socialistas". A eles se juntaram, na cena política, recém-chegados cheios de energia como a congressista de Nova York Alexandria Ocasio-Cortez, que parece igualmente confortável com o rótulo. Em várias pesquisas de opinião, pode se constatar que americanos de dezoito a 29 anos mostram um apoio ao socialismo significativamente maior que o de gerações anteriores.[5] Na verdade, em algumas consultas, menos da metade deles expressa apoio ao capitalismo. Será que tudo isso resulta numa virada em direção ao socialismo?

Num exame mais aproximado, o quadro parece mais confuso. Pesquisadores de opinião pública não apresentaram sistematicamente perguntas que contraponham capitalismo e socialismo ao longo das décadas, então não há qualquer linha de tendência clara. É verdade que, durante a Guerra Fria, as pessoas manifestavam maior hostilidade ao socialismo — mas a explicação pode estar nas definições. Naquele tempo, o termo "socialismo" era usado em alternância com "comunismo", e com frequência para descrever o sistema praticado pela União Soviética, a inimiga mortal do Ocidente... e uma ditadura. Na verdade, muita gente que alega apoiar o socialismo hoje tem em mente algo completamente diferente do que o termo significava em suas origens históricas.

A definição oficial de socialismo nos livros é posse do governo sobre os meios de produção — fábricas, fazendas e empresas. Esse era o plano perseguido pelos políticos socialistas do século XX, de Jawaharlal Nehru, na Índia, a David Ben-Gurion, em Israel, e Clement Attlee, na Grã-Bretanha. Nesses países, o Estado geralmente possuía e administrava os serviços de eletricidade, telefone, água e gás; companhias aéreas, trens e ônibus; empresas de carvão, petróleo e siderurgia. Esses líderes implementaram versões democráticas da visão de Lenin de uma economia socialista, em que o Estado fica acima do "primeiro escalão" da economia.

Mas quando se pergunta o que as pessoas querem dizer com socialismo atualmente, a resposta não tangencia esse sistema. Os socialistas autodeclarados de hoje querem um investimento maior do governo, novas e mais amplas redes de segurança, um "*New Deal* Verde" para lidar com o clima e impostos mais altos sobre os ricos. O próprio Bernie Sanders deixa claro que o país de seus sonhos não é Cuba, mas a Dinamarca. Podemos entender como esse rótulo é difuso pelo fato de Elizabeth Warren apoiar muitas das mesmas políticas que Sanders, mas se considerar "capitalista até o último fio de cabelo".[6] Qualquer programa que possa ser descrito como capitalista e socialista provavelmente está em algum lugar entre uma coisa e outra. E ainda assim é significativo que Sanders se proclame abertamente socialista e os jovens não se afastem desse rótulo. Enquanto isso, na direita, políticos proeminentes não acham nada de mais propor grandes programas de alívio do governo. Empresários de tecnologia que se autodefinem como libertários adotam a ideia de uma renda básica universal para assegurar que, mesmo que robôs e softwares assumam o emprego da maioria das pessoas, elas não acabem na miséria.

Muitos tabus foram quebrados — e foram quebrados porque o próprio capitalismo americano está quebrado.

O PÊNDULO BALANÇA

Com frequência cometemos o erro de pensar que as pessoas apoiam um partido político por concordarem profundamente com seus princípios básicos, valores e lógica. Na verdade, a maioria dos acadêmicos que estudaram esse fenômeno concluiu que as pessoas tendem a escolher partidos da mesma forma que escolhem um clube. Elas apoiam o partido por uma mistura de razões — principalmente um sentimento de pertencimento, uma afinidade e identidade com os outros membros, e parte disso se baseia em classe e etnicidade. Como resultado, o comprometimento ideológico delas com frequência é menos puro do que se poderia imaginar.[7] Considere o modo como os republicanos — que alguns anos atrás defendiam o livre mercado — agora apoiam com entusiasmo o protecionismo e a política de fronteiras fechadas. Tucker Carlson, o apresentador da Fox News mais sintonizado com essa mudança, declarou num extraordinário monólogo em 2019 que "líderes republicanos terão de reconhecer que o capitalismo de mercado não é uma religião [...] É preciso ser um tolo para venerá-lo. Nosso sistema foi criado por seres humanos em benefício de seres humanos. Não existimos para servir a mercados. É o oposto. Qualquer sistema econômico que enfraquece e destrói famílias não vale a pena. Um sistema assim é o inimigo de uma sociedade saudável".[8] Bernie Sanders não poderia ter dito melhor.

Ideologias se tornam atraentes porque parecem tratar dos problemas cruciais do momento. Nos anos 1930, o capitalismo havia encalhado, o que causou pânico financeiro, colapso e desemprego em massa — e parecia que a situação não ia melhorar tão cedo. Então veio Franklin Roosevelt, que deixou o governo entrar onde o mercado estava falhando e fez o país voltar a crescer. Nos anos 1970, quando a inflação disparou e o crescimento diminuiu, sociedades ocidentais pareciam ter sido vitimadas pela intervenção excessiva do Estado na economia, adotando controles de salários e preços e outros supostos "remédios" que só tornaram as coisas ainda piores. Como resultado, havia um apetite por uma nova abordagem para abrir a economia e libertar o potencial do setor privado. De forma semelhante, o socialismo de Estado produzira uma total estagnação em muitos países em desenvolvimento, e, nos anos 1980, as reformas de Reagan e Thatcher pareciam ser a solução. Agora, o pêndulo balançou de volta e há uma sensação disseminada de que os mercados não conseguem resolver sozinhos a crescente desigualdade e a insegurança no trabalho desencadeadas pelas implacáveis mudanças tecnológicas e pela concorrência externa. Esses problemas exigem uma solução do governo.

Será que a pandemia mudou a disposição da sociedade de maneiras que não eram possíveis até então? Choques anteriores no sistema criaram uma sensação de mau presságio e previsões de grandes transformações, mas geraram apenas mudanças superficiais na política de ação. Durante a crise financeira da Ásia no fim dos anos 1990, o economista Paul Krugman advertiu, em um artigo na *Fortune*, que, se os países asiáticos não tomassem medidas drásticas (como impor um controle maior a suas moedas), "poderíamos estar diante de um verdadeiro cenário da Depressão — o tipo de colapso que sessenta anos atrás devastou economias, desestabilizou governos e acabou levando a uma guerra".[9] Quando a bolha das pontocom estourou em 2000, eliminando 5 trilhões de dólares em riqueza,[10] muitos previram o fim da obsessão por tecnologia e pela internet.[11] Na esteira da crise financeira global, Martin Wolf, principal comentarista econômico do *Financial Times*, declarou: "Mais um deus ideológico fracassou."[12] Tim Geithner, o secretário do Tesouro, prometeu: "O capitalismo será diferente."[13] Mas a economia foi remendada depois de cada crise, e demos um jeito de prosseguir. Poderíamos fazer isso de novo?[14]

Certamente é possível. Mas essa pandemia veio num momento da história em que há uma insatisfação muito maior com o sistema econômico. Krugman, Wolf e Geithner descreveram com precisão a fragilidade daquele sistema, apontando para rachaduras e temendo que uma delas levasse o edifício inteiro a desabar. Mas, apesar de suas preocupações, poucos reparos estruturais foram realizados. Houve uma sensação disseminada de que, usando a famosa frase de Margaret Thatcher para encerrar debates sobre a economia de livre mercado, "não há alternativa". Ela usou tanto o slogan que alguns de seus colegas de gabinete começaram a chamá-la de "Tina" [sigla para *There is no alternative*].

Essa frase captou o espírito da época, uma ideia de inevitabilidade histórica — exceto que o capitalismo, e não o socialismo, era a ideologia que estava no "fim da história".[15] E não foi apenas Thatcher. Quase todos os líderes ocidentais acreditavam que o capitalismo global havia se tornado ubíquo, como o ar que respiramos. Não se podia combatê-lo, a única saída era simplesmente se adaptar. O colapso do comunismo fortaleceu ainda mais essa ideia. "Não podemos impedir a mudança global", explicou o presidente Bill Clinton ao povo americano ao assinar o Tratado Norte-Americano de Livre-Comércio (Nafta, na sigla em inglês) em 1993 e torná-lo lei. "Não podemos revogar a competição econômica internacional que está em toda parte. Só podemos utilizar a energia em nosso benefício."[16]

Quando o livro *O Lexus e a oliveira*, de Thomas Friedman, foi publicado em 1999, o capitalismo estava indo muito bem. Era a época da alta súbita das pontocom e do Consenso de Washington, um conjunto de reformas de livre mercado que países ricos estavam recomendando aos mais pobres. Friedman explicou que a maioria dos países em desenvolvimento via a nova fórmula para a prosperidade econômica como uma "camisa de força dourada".[17] As reformas cuidadosamente pensadas deixavam pouco espaço para desvios, mas, se os países seguissem as regras e fizessem o que lhes era solicitado, colheriam grandes recompensas. Na formulação de

Friedman, vestindo a camisa de força, "sua economia cresce e seu controle político encolhe". Mas, com o passar dos anos, as pessoas se irritaram com essa camisa de força. Mais importante: notaram que alguns países faziam as coisas de forma diferente e mesmo assim conseguiam crescer.

A China, a economia de crescimento mais rápido no planeta nos últimos vinte anos — na verdade, a grande economia de crescimento mais rápido na história —, é um bom exemplo.[18] O país seguiu uma mistura particular de capitalismo, planejamento de Estado, abertura e ditadura. Sua economia cresceu, bem como seu controle político. (Nicholas Kristof, do *The New York Times*, descreveu isso como "leninismo de mercado".)[19] E, ao traçar um caminho próprio, a China se tornou a segunda maior economia do mundo, dominando indústrias tradicionais como as de aço[20] e cimento,[21] mas também se tornando um participante importante no mundo dos computadores, das telecomunicações, das mídias sociais e até da inteligência artificial. Assistindo à ascensão de Pequim, é fácil entender por que muitos líderes no mundo poderiam pensar que Margaret Thatcher estava errada. Há uma alternativa.

Tão importantes quanto os êxitos da China foram os fracassos dos Estados Unidos. A liberação de mercados ao longo das últimas décadas produziu crescimento e inovação, mas também um setor público empobrecido, desigualdade crescente, uma tendência a monopólios e um sistema político dominado pelos ricos e poderosos. E muitos americanos viram tais deficiências serem expostas durante a pandemia. Um Estado fraco e que funciona mal, um acesso altamente desigual à assistência médica, mecanismos de alívio que ajudam muito mais as pessoas com capital e bem relacionadas do que as assalariadas. O desencanto começou com a crise financeira global. O sistema quebrou, e as pessoas punidas pareciam ser as mais vulneráveis, não as culpadas de fato. Aquelas que foram recompensadas eram desproporcionalmente ricas ou bem relacionadas. Duas vezes em anos recentes, em 2008-2009 e 2020, o governo federal gastou trilhões de dólares para salvar grandes empresas e amparar os bens da parcela mais rica da população, e ainda assim pedidos para gastar bilhões em pré-escolas ou lares de baixa renda são repetidamente recebidos com graves preocupações sobre o custo ou sobre o efeito prejudicial de dar esmolas às pessoas. (Por que esse efeito não é uma preocupação quando o Federal Protective Service fornece apoio àqueles que têm ações e títulos?) Nós nos acostumamos a um capitalismo americano que agora é crivado de regras especiais e exceções de emergência. E ainda assim nos dizem que está tudo bem, que o sistema funciona direito.

PAGUE PARA JOGAR

No início da pandemia, a Universidade Norueguesa de Ciência e Tecnologia fez uma postagem no Facebook que incentivava todos os seus alunos que estudavam no exterior a voltar para casa, "em especial se você estiver num país com serviços de saúde e infraestrutura e/ou infraestrutura coletiva pouco desenvolvidos, como os Estados Unidos". A universidade mais tarde deletou a referência ao país porque reconheceu que cometera uma gafe.[22]

No fim de março de 2020, quando os americanos perceberam que o vírus os atingira em cheio, deveria ter sido fácil assegurar que cada americano recebesse um teste imediatamente. Afinal, os Estados Unidos gastam em assistência médica o dobro *per capita* da maioria das outras nações desenvolvidas.[23] Mas o país contava com um número desesperadamente baixo de testes, e como a assistência médica americana é organizada como um empreendimento lucrativo, muita gente enfrentou custos proibitivos mesmo quando o teste ficou disponível. Se você era rico e bem relacionado, não tinha esse tipo de problema. Em meados de março, todos os jogadores de oito times da NBA foram testados.[24] Celebridades e políticos sem sintoma algum foram testados, enquanto trabalhadores de assistência médica tiveram de esperar semanas, às vezes mais. A incapacidade de testar um grande número de pessoas vulneráveis deixou todos inseguros.

O sistema de saúde nos Estados Unidos é vasto, complexo e caro, mas responde a incentivos do mercado. As instalações para testes e tratamentos estão concentradas em áreas ricas, o que força as pessoas que moram em outros lugares a recorrer a instalações abaixo do padrão. Médicos precisam gastar muito tempo se dedicando ao trabalho prático, dando prioridade aos procedimentos mais rentáveis. Hospitais são administrados como hotéis, visando preencher leitos e deixar pouca capacidade de reserva. Bill Budinger, um empresário muito bem-sucedido, hoje com mais de oitenta anos, revelou o que acha dessa mudança de mentalidade. "Eu cresci quando as coisas eram diferentes, um tempo em que os lucros deveriam ser razoáveis, não maximizados", recordou ele. "Para hospitais, uma taxa de ocupação alta era um alerta. Eles precisariam de mais leitos para cobrir possíveis emergências. Agora, o objetivo é diminuir o número de leitos para assegurar uma ocupação alta." Suprimentos de reserva, leitos vazios, funcionários extras — essas foram as ineficiências eliminadas com o passar do tempo.

O acesso altamente desigual à assistência médica faz parte de uma dinâmica mais ampla de uma sociedade *pay to play* [pague para jogar], em que tudo passou a ser dominado pelo mercado. Executivos de hospitais e reitores de universidades são vistos não como líderes sociais, mas como CEOs, e são pagos para se comportar como tal. Atividades como as de advogado, banqueiro e contador eram guiadas por princípios que exigiam não maximizar o lucro se o custo disso fosse sacrificar sua independência e integridade. Houve um tempo em que essas pessoas diziam a seus clientes para *não* fazer negócios em vez de aceitá-los avidamente. Grupos que serviam como guardiões e mediadores da sociedade e da economia[25] se tornaram empresas movidas por lucro, interessadas em vender seus serviços a qualquer um disposto a pagar — não importando os conflitos de interesse ou riscos maiores. Antes da crise financeira de 2008, as agências de classificação de risco de crédito — supostamente independentes e imparciais — punham avidamente seus carimbos de aprovação em produtos financeiros ordinários porque eram generosamente pagas para fazer isso.

Talvez mais importante, a própria política foi tomada pelos mercados. Num ensaio de 1993,[26] o cientista político Robert A. Dahl explicou por que quase todos os países democráticos haviam escolhido não se organizar como puramente conduzidos pelo mercado, mas, sim, deixando um papel relevante para o Estado. Ele observou que havia muitas coisas na sociedade que deveriam ser isoladas das forças do mercado — os votos de políticos e cidadãos, por exemplo. Mas até isso se tornou um bem negociável, com o dinheiro dominando a política a ponto de os ricos — empresas e pessoas — poderem efetivamente comprar votos, escrevendo e reescrevendo as regras para se adequarem a eles.

Thomas Philippon, um economista francês, chegou aos Estados Unidos nos anos 1980, impressionado com quanto a economia era competitiva, uma vez que oferecia um conjunto de opções de produtos — de passagens aéreas a atividades bancárias e serviços de telefone — a preços baixos. Hoje, porém, é a Europa que tem produtos e serviços mais baratos e numa variedade maior. Nos últimos vinte anos, a Europa ampliou suas ofertas enquanto os Estados Unidos as reduziu. A pesquisa de Philippon mostra que algumas das forças por trás dessa mudança são estruturais — na economia digital, qualquer mercado tende a ser dominado por um ou dois participantes, que então têm a capacidade de elevar os preços. Mas um motivo crucial, revelou seu estudo, é o poder político das indústrias. Empresas são capazes de escrever as regras de maneira a excluir a concorrência e manter os lucros altos.

Sempre admirei o poder dos mercados, talvez por ter crescido na Índia morosa e socialista. Eles são incrivelmente dinâmicos e podem transformar sociedades estagnadas. Na Índia e na China, tiraram centenas de milhões de pessoas da pobreza. Eles produzem inovações extraordinárias e dão a pessoas de todas as origens uma chance de melhorar de vida. Mas livres mercados também têm defeitos. Como eles oferecem a possibilidade de criar muita riqueza e desigualdade, pessoas encontram maneiras de subverter o próprio mercado. Esse problema pode ser uma consequência inevitável do funcionamento do capitalismo. Mercados sempre geram retornos desiguais. E como admitiu Peter Thiel, investidor de risco do Vale do Silício, o objetivo de toda empresa é ser um monopólio. O resultado é que empresas bem-sucedidas tentarão usar seus recursos para eliminar a concorrência. Elas só podem ser impedidas se o sistema político puder monitorá-las, e para fazer isso ele precisa manter algum isolamento em relação aos negócios. Isso significa restrições em gastos privados para eleições e uma burocracia que seja verdadeiramente independente. Esse equilíbrio entre mercados abertos reais e um Estado forte é difícil. Talvez não seja surpreendente que, como mostra Philippon, a União Europeia faça melhor do que os Estados Unidos o trabalho de forçar uma concorrência aberta. Os "eurocratas" em Bruxelas podem ser arrogantes e oficiosos, mas não vendem vantagens regulatórias em troca de contribuições para a campanha.

Há, porém, uma crítica maior aos mercados que vai além da economia. O pensamento centrado no mercado invadiu todas as áreas da vida humana, deixando pouco espaço para outros valores, como justiça, igualdade ou valor intrínseco. Muita gente ao redor do mundo acordou durante a pandemia e notou algo que já deveria ter percebido há muito tempo — as pessoas deveriam ser reconhecidas pelo trabalho que fazem, mesmo quando este não traz grandes recompensas materiais. Vimos trabalhadores da área médica se expondo ao risco para cumprir sua missão fundamental de curar os outros. Vimos pessoas se aglomerarem em ônibus e trens para manter as luzes acesas, a água correndo, o lixo coletado e as mercearias abastecidas — para todos os outros poderem trabalhar em casa. Isso deveria nos lembrar o valor de muitas pessoas cujos trabalhos não geram grandes lucros, mas são dignos, essenciais, até mesmo nobres — de estudiosos e professores a porteiros e garis. O mercado pode não recompensar esses profissionais, mas deveríamos, no mínimo, respeitá-los.

OS GRANDES DINAMARQUESES

Os americanos, sem ter grandes programas de governo para apoiá-los e protegê-los de impactos, sempre foram ensinados a confiar em si mesmos para alcançar "o sonho americano". Se há uma ideia icônica no coração do país, é a de que os Estados Unidos são um lugar onde qualquer um pode vencer, onde crianças crescem esperando se sair melhor do que seus pais, onde uma pessoa de qualquer origem pode se tornar presidente ou, ainda melhor, bilionária. Os Estados Unidos ainda têm muitos exemplos espetaculares de histórias de sucesso desse tipo, de Barack Obama a Steve Jobs. Mas eles se revelam brilhantes exceções, e não representativos do destino da maioria. Os estudos sobre esse tópico são tão numerosos e convincentes que mesmo a firmemente conservadora *National Review* publicou um ensaio que concluía: "O que está claro é que em pelo menos um aspecto a mobilidade americana é excepcional [...] onde nos destacamos é em nossa limitada mobilidade de baixo para cima."[27] Um estudo de Stanford procurou quantificar o sonho americano, definindo-o como "a probabilidade de uma criança nascida de pais situados no quinto inferior da distribuição de renda dar um salto para o quinto superior da distribuição de renda". Os dados agregados mostram que os americanos de baixa renda têm 7,5% de chance de chegar ao alto da escala econômica,[28] enquanto os dinamarqueses de baixa renda têm 11,7% e os canadenses, 13,5% — quase o dobro da chance de seus vizinhos.

Uma das tradicionais respostas americanas a essas comparações tem sido a de que os Estados Unidos enfrentam o desafio único de absorver grandes números de imigrantes pobres. Mas eles não são os únicos. Muitos países europeus contêm grandes contingentes de imigrantes, e o Canadá tem um percentual ainda maior de população nascida no exterior — 22%,[29] em comparação a 14% nos Estados Unidos.[30] E enquanto lutaram para integrar imigrantes, esses outros países ainda foram capazes de continuar oferecendo a seus residentes — de todas as origens e todos credos — uma maneira de subir os degraus de renda e oportunidade.

O sonho americano, em outras palavras, está vivo e passa bem, só que não nos Estados Unidos.[31] Em sua ambiciosa obra de dois volumes, *Ordem e decadência política*, Francis Fukuyama escreve que a questão fundamental para cada sociedade humana é simples: como você chega à Dinamarca?[32] "Com isso, quero dizer menos o país, a Dinamarca real", escreve ele, "do que uma sociedade imaginada que seja próspera, democrática, segura e bem governada, e que experimente níveis baixos de corrupção". Fukuyama está falando mais de um sistema político do que econômico, mas os dois estão profundamente interligados. Na verdade, um reforça o outro. A Dinamarca é politicamente bem-sucedida porque é economicamente bem-sucedida — e vice-versa.

A Dinamarca é um pouco diferente do que seus admiradores e detratores imaginam. Bernie Sanders a vê como um paraíso socialista, referindo-se repetidamente ao país como um exemplo do tipo de sistema que ele quer incentivar. Isso levou o primeiro-ministro dinamarquês a contradizê-lo publicamente. "A Dinamarca está longe de [ser] uma economia socialista, planejada. A Dinamarca é uma economia de mercado",[33] explicou Lars Løkke Rasmussen em 2015. Os fatos o respaldam. A Dinamarca tem uma classificação mais elevada que a dos Estados Unidos no Índice de Liberdade Econômica da Heritage Foundation (oitava para a Dinamarca, 17ª para os Estados Unidos).[34] Em geral, a Dinamarca, assim como a maioria dos países do norte da Europa, tem uma economia aberta, de tarifas baixas e competitiva. Em alguns aspectos, oferece mais incentivos do que os Estados Unidos para a acumulação, com impostos mais baixos sobre ganhos de capital e herança (o imposto sobre herança é de 15%[35] na Dinamarca e zero na Suécia[36] e na Noruega[37]). Anos atrás, conheci Poul Nyrup Rasmussen, que instituiu muitas reformas como primeiro-ministro do país nos anos 1990, criando o que agora é chamado de modelo de "flexicuridade". Ele enfatizou que a primeira metade do termo foi crucial:

assegurar que os empregadores tivessem flexibilidade para contratar e demitir trabalhadores facilmente, sem regulamentações ou litígios excessivos, numa economia aberta ao mundo e competitiva — mas tudo dentro de um sistema que proporciona uma generosa rede de segurança.

O que distingue os países nórdicos dos Estados Unidos são seus níveis elevados de tributação geral e redistribuição. Em outras palavras, o sistema é planejado para facilitar a geração de riqueza por meio de livres mercados e livre-comércio. Depois, o Estado recolhe grande parte dessa riqueza e a gasta para assegurar que seus cidadãos tenham oportunidades iguais e abundantes. Os impostos na Dinamarca somam 45% do PIB,[38] enquanto nos Estados Unidos o percentual é de 24%. E a Dinamarca não tributa apenas os ricos. Assim como outros países europeus, recolhe grande parte de seus rendimentos num imposto nacional sobre vendas. O índice de seu imposto sobre vendas é de 25%, alinhado com a média geral da União Europeia, de 20%.[39] Nos Estados Unidos, a média dos impostos estaduais sobre vendas é de apenas 7%.[40] Os impostos na Dinamarca sobre o consumo de tudo, de cerveja a ovos e smartphones,[41] recaem naturalmente com mais peso sobre os pobres, que gastam uma parte maior de sua renda com compras. Esse sistema de tributação regressiva é mais do que compensado, porém, pelo fato de os gastos e programas do governo ajudarem desproporcionalmente os pobres e a classe média mais baixa. Uma vantagem adicional de um fardo de impostos compartilhado comumente é uma maior solidariedade: todos apoiam os programas de governo porque sentem que todos contribuíram para eles.

Imagine que sua família seja da classe média. Você e seu cônjuge têm um filho e ganham a renda mediana do lar. Você poderia escolher morar nos Estados Unidos ou na Dinamarca. Na Dinamarca de alta carga tributária, sua renda disponível, descontados os impostos e pagamentos fixos, seria em torno de 15 mil dólares mais baixa do que nos Estados Unidos.[42] Mas, em troca dos impostos mais altos, você teria assistência médica universal (com benefícios melhores do que os americanos), educação acessível estendida até as melhores escolas de pós-graduação, programas de reciclagem para trabalhadores em que o Estado gasta dezessete vezes mais do percentual do PIB do que é gasto nos Estados Unidos,[43] bem como uma infraestrutura de alta qualidade, transporte público e muitos parques públicos bonitos, além de outros espaços. Os dinamarqueses também desfrutam cerca de 550 horas de tempo de lazer a mais do que os americanos por ano.[44] Se a escolha for apresentada dessa maneira — você pode receber os 15 mil dólares a mais, porém precisa trabalhar mais horas, tirar menos dias de férias e pagar por assistência médica, educação, reciclagem e transporte —, acho que a maioria dos americanos escolheria o modelo dinamarquês. Mais do que educação acessível e bons trens, a tremenda vantagem da flexicuridade nórdica é que ela adota o dinamismo que está no cerne do mundo moderno, globalizado, mas alivia as ansiedades que esse sistema produz. E essas ansiedades, é claro, chegaram a novos patamares em meio à pandemia.

É fácil entender por que as pessoas ficam nervosas hoje em dia. Um mundo de mercados abertos e mudanças tecnológicas velozes é assustador. Uma resposta é fechá-lo. Populistas como Donald Trump querem manter os imigrantes fora, restringir o fluxo de produtos e serviços e, de algum modo, preservar a cultura de sua nação. Eles buscam o retorno de alguns dos costumes do passado — geralmente um tempo de grandeza que é fruto da imaginação. A realidade é que nunca houve um jardim do Éden, e os períodos que as pessoas recordam com nostalgia foram, na verdade, bem mais difíceis do que elas se lembram. Pense em como era a vida nos anos 1950 se você era uma mulher, uma minoria ou gay. (E a vida não era nenhum passeio no parque para os homens brancos que trabalhavam como metalúrgicos e mineradores de carvão.) O caminho para tornar os Estados Unidos — ou qualquer país — grandes novamente é ir para a frente, não para trás.

Não podemos fechar o mundo. Não podemos — nem deveríamos — impedir países emergentes de crescer nem evitar o progresso tecnológico.

Só podemos navegar através dos tempos e tendências que enfrentamos, e fazer isso mal ou bem. Enfrentaremos ventos econômicos contrários difíceis no futuro. Novas tendências — temores de pandemia e protecionismo — e mudanças estruturais profundas, como o declínio demográfico e a "estagnação secular", vão se combinar de modo que o crescimento, pelo menos no mundo desenvolvido, provavelmente permanecerá lento num futuro próximo. Mas há maneiras de incentivar o dinamismo e oferecer oportunidades para mais pessoas.

Regulamentos costurados de forma apropriada podem assegurar que a concorrência seja livre e justa. Políticas de impostos podem ser ajustadas para ajudar mais os trabalhadores e menos o capital. O governo precisa voltar a fazer grandes investimentos em ciência e tecnologia. Educação e reciclagem precisam de mais dinheiro, iniciativa que deveria caminhar de mãos dadas com a reestruturação desses programas de governo para minimizar a burocracia e focar no objetivo — proporcionar a melhor educação. O desafio é permitir aos cidadãos enfrentar esse ambiente de competição global e dinamismo tecnológico *armados*[45] — com as ferramentas, os treinamentos e as redes de segurança que lhes permitirão florescer. Ao permanecerem abertos para o mundo e ainda assim armando seus povos, os países do Norte da Europa, como a Dinamarca, encontraram um caminho dinâmico, democrático, seguro e justo. Eles entenderam que os mercados eram incrivelmente fortes, mas não suficientes; precisavam de apoios, proteção contra impactos e suplementos. Todos nós deveríamos adaptar suas melhores práticas às nossas realidades nacionais. Realmente não há alternativa.

LIÇÃO QUATRO

As pessoas deveriam ouvir os especialistas — e os especialistas deveriam ouvir as pessoas

Em março de 2016, com Donald Trump prestes a assegurar a indicação republicana, jornalistas perguntaram quais eram os especialistas em política externa que ele estava consultando. "Estou falando comigo mesmo em primeiro lugar, porque tenho um cérebro muito bom", disse ele.[1] "Meu principal consultor sou eu mesmo, e tenho um bom instinto para essas coisas." Mais tarde, ele explicou por que não contava com especialistas. "Os especialistas são terríveis", disse.[2] "Olhe a bagunça em que estamos com todos esses especialistas que temos." Alguns meses depois, o político britânico Michael Grove foi questionado sobre sua defesa do Brexit e lhe pediram que citasse alguns economistas que apoiavam sua opinião de que sair da União Europeia seria bom para os negócios. Sua resposta: "As pessoas neste país já tiveram especialistas o suficiente."[3]

Agora que o mundo já vivenciou uma pandemia global, deveria ter se tornado dolorosamente claro que as pessoas precisam ouvir os especialistas. Mas não foi exatamente isso o que aconteceu. Está certo que em muitos países, em particular no Leste Asiático, houve uma forte e instintiva deferência à autoridade, em especial à autoridade científica. A resposta quase perfeita de Taiwan foi supervisionada por seu vice-presidente,[4] um epidemiologista educado na Johns Hopkins que antes conduziu a nação em meio à epidemia de Sars como ministro da Saúde. Na Alemanha, com a ex-cientista Angela Merkel no leme, a abordagem foi particularmente sóbria e baseada em fatos. O primeiro-ministro grego, quando lhe perguntaram o que explicava o sucesso de seu país ao lidar com o surto, respondeu: "Nós ouvimos os especialistas."[5]

Mas também houve lugares onde, após um período inicial de deferência, as pessoas passaram a questionar as recomendações dos agentes de saúde e, em alguns casos, se recusaram a acatá-las. No Brasil, essa atitude foi incentivada pelo presidente do país, Jair Bolsonaro, que menosprezou a Covid-19 como uma "gripezinha" e atacou os conselhos de especialistas médicos sobre as estratégias para arrefecer a pandemia. Ele demitiu um ministro da Saúde e levou seu substituto a renunciar. Apesar dos regulamentos do governo, recusou-se a usar uma máscara, levando um juiz brasileiro a ordenar que a usasse. Bolsonaro acabou sendo vítima de sua atitude descuidada:[6] ele anunciou, em julho de 2020, que testara positivo para o coronavírus. Boris Johnson visivelmente não adotou o distanciamento social nos primeiros estágios do surto e acabou na UTI com Covid-19. No México, o presidente Andrés Manuel López Obrador incentivou as pessoas a sair, a se agrupar em público, a se tocar e a se abraçar — tudo em direta contradição com as próprias autoridades de saúde pública. López Obrador incentivou os mexicanos a prosseguir com suas vidas[7] e a serem felizes e otimistas, como se o pensamento positivo pudesse curá-los do vírus. Alguns governadores americanos insistiram em abrir por completo seus estados, apesar da advertência de especialistas de que, sem bons testes e sem a obrigatoriedade no uso da máscara, a infecção se espalharia rapidamente — o que acabou acontecendo.

De sua parte, Trump tuitou seu apoio a movimentos de direita para "LIBERTAR"[8] estados que sofriam com a aparente tirania de governadores democratas, os quais estavam impondo o confinamento que a própria administração de Trump recomendava. Na verdade, Donald Trump minou constantemente a orientação de seus especialistas. Durante meses a fio, ele se recusou a usar máscara publicamente,[9] sinalizando que, na sua opinião, cobrir o rosto era para liberais fracos. Ele recomendou seus próprios tratamentos médicos e curas duvidosos, a maioria dos quais foi diretamente refutada pelas autoridades de saúde pública do governo dos Estados Unidos. Chegou a ponto de levantar a possibilidade de injetar produtos de limpeza nas pessoas, o que levou os fabricantes de água sanitária a advertir clientes a não beber seus produtos.[10] Trump sugeriu que a hidroxicloroquina, um remédio para malária, poderia "mudar o jogo"[11] e anunciou em maio de 2020 que o estava tomando havia mais de uma semana, apesar das advertências da FDA de que poderia causar uma arritmia fatal.[12] "Estou me sentindo bem", disse ele. "É só isso. Só uma intuição. Vocês sabem, sou um cara inteligente. Estou me sentindo bem."[13] Era a vida imitando a arte, espelhando o que o comediante Stephen Colbert chamou de *truthiness*,[14] a crença de que uma afirmação é verdade com base na intuição ou percepção, no primeiro episódio de *The Colbert Report*. "Quem é a *Britannica* para me dizer que o canal do Panamá foi concluído em 1914?", perguntou seu personagem. "Se eu quiser dizer que isso aconteceu em 1941, é um direito meu. Não confio em livros — eles são só fatos, não têm coração [...] Vamos lá, pessoal, nós somos uma nação dividida [...] dividida entre aqueles que pensam com a cabeça e aqueles que sabem com o coração [...] Porque é dali que vem a verdade, senhoras e senhores: do instinto."

COMO A CIÊNCIA FUNCIONA

Para aqueles de nós que assistimos horrorizados a essas demonstrações abjetas de negacionismo, a solução pareceu óbvia: ouça a ciência. Mas o que a ciência nos diz? O dr. Anthony Fauci, o maior especialista em doenças infecciosas do governo americano, de início subestimou os perigos do novo coronavírus, ao dizer, no fim de janeiro: "É um risco muito, muito baixo para os Estados Unidos [...] Não é algo com o qual o público americano precisa se preocupar."[15] Alguns dias depois, Alex Azar, o secretário de Saúde e Serviços Humanos, também refletiu a opinião prevalecente das autoridades de saúde pública do governo: "O risco de infecção para os americanos permanece baixo."[16] A declaração estava em sintonia com as conclusões da OMS, que também subestimou os riscos de uma pandemia até o fim de janeiro. A princípio, o CDC recomendou que as pessoas permanecessem em casa e não usassem máscara, mas meses depois voltou atrás e sugeriu o oposto. Alguns países se isolaram completamente, enquanto outros — usando epidemiologistas e modelos próprios — não. O que deveríamos fazer com isso tudo?

A realidade é que a ciência não produz uma resposta simples, principalmente com um fenômeno como o novo coronavírus. Fauci, o chefe do Instituto Nacional de Alergia e Doenças Infecciosas, chegou a uma conclusão razoável por meio das evidências iniciais. Muitos cientistas no começo acreditaram que o coronavírus não era um perigo significativo — mas todos estavam fazendo julgamentos rápidos com poucos dados. O novo coronavírus era só isso, novo. Seus índices de transmissão e letalidade permaneciam imprecisos. Quando as evidências mudaram, Fauci e outros mudaram de ideia. Isso é normal. Nenhum especialista é infalível. Algumas projeções de modelos iniciais para índices de hospitalização relacionada à Covid-19 foram altas demais, levando hospitais a interromper os atendimentos sem urgência a fim de conservar leitos.[17] Isso parece ter dissuadido muitos pacientes sem sintomas de Covid-19 de ir à emergência, com a noção equivocada de que não conseguiriam assistência — sem falar no temor de contrair o vírus num hospital superlotado. Alguns sistemas hospitalares tiveram uma queda de 50% em pacientes com ataque cardíaco,[18] o que significa que muita gente deve ter morrido em casa, desnecessariamente. Estimativas posteriores de índices de hospitalização provaram ser mais precisas.

Tendemos a pensar que a ciência fornece uma resposta única, definitiva, mas não é assim que funciona. A ciência é, sobretudo, um método de investigação, um processo de propor questões e testar rigorosamente essas hipóteses. Com novos e melhores dados, chegamos a novas e melhores conclusões. Os cientistas ainda têm muitas perguntas importantes sobre a Covid-19, as quais serão respondidas — mas ao longo dos próximos anos, e não meses. Há certos campos de estudo (a mudança climática, por exemplo) que especialistas pesquisaram durante décadas, coletaram montanhas de dados, publicaram numerosos estudos revisados por pares e chegaram a um consenso — embora quase sempre um consenso provisório, que pode ser alterado ou até derrubado. Um consenso forte sustenta grande parte da ciência que aprendemos na escola.

A Covid-19 é completamente diferente. Quando autoridades de saúde pública como Fauci tiveram de tomar decisões imediatas sobre a seriedade que a situação demandava, o vírus existia havia meros dois meses e aparecera em apenas alguns países. Semanas depois, mais informações foram disponibilizadas, e agora há um volume considerável de pesquisas sobre o assunto que cresce a cada mês. Mas nos estágios iniciais de uma epidemia, médicos e cientistas são como generais imersos numa guerra. Eles têm informações incompletas e, com frequência, errôneas. Pior ainda: eles sabem disso. E mesmo assim precisam tomar decisões importantes e difíceis — bem antes de alcançarem um nível razoável de clareza.

Agir no nevoeiro de uma pandemia cria um dilema. Nos estágios iniciais da crise, alguns cientistas sentiram necessidade de falar com mais ousadia do que as evidências na época permitiam. Algumas vezes, isso foi feito para incentivar as pessoas a levar a sério suas diretrizes. Essa abordagem pode ter benefícios a curto prazo, mas gera inconvenientes perigosos a longo prazo. Se as previsões se provam incorretas ou se novos dados mudam o quadro, isso mina, de maneira geral, a autoridade e a integridade desses especialistas, além da ciência em si. Vimos isso em epidemias anteriores. Por exemplo, Neil Ferguson — epidemiologista cujas pesquisas moldaram o confinamento britânico — havia previsto em 2009 que a gripe suína poderia matar 65 mil pessoas na Grã-Bretanha, pondo em pânico políticos como Boris Johnson, na época prefeito de Londres. No fim, cerca de 450 britânicos morreram de H1N1.[19] Mas os danos causados pelo modelo falho estavam feitos. Uma década depois, com Johnson no cargo de primeiro-ministro, a lembrança do pânico exagerado pode ter contribuído para sua resposta atrasada e errônea à Covid-19.[20] Agora, outros políticos que não querem ouvir os especialistas chamam atenção para uma declaração aqui e ali, ou produzem os próprios "especialistas" para justificar o curso de ação que querem seguir.

Então, qual é o melhor caminho para os especialistas de verdade? Ajudar o público a entender como seu campo funciona e, em particular, como a ciência funciona. A maioria dos americanos pensa em ciência levando em conta seus objetivos finais — uma descoberta, um avanço ou uma invenção. Eles olham para imagens deslumbrantes de galáxias e leem sobre remédios milagrosos. Mas ciência é um processo de aprendizado e descoberta, com muitas falhas e decepções. Numa entrevista em abril de 2000, o professor de Harvard Steven Pinker advertiu que a "autoridade conquistada" pelos cientistas pode estar sucumbindo, de modo que grande parte do público pode "pensar que essas pessoas de jaleco branco são apenas mais um sacerdócio".[21] Pinker convocou os defensores da ciência a "abrir o jogo e mostrar como [a ciência] funciona" por meio de um processo de "debate aberto e tentativas de falsificação". Quando anunciou seus planos de reabrir a Alemanha, Angela Merkel usou a TV para dar uma lição de ciência.[22] O vírus estava se reproduzindo a um índice de 1, explicou ela, o que significava que cada pessoa infectada estava infectando outra pessoa antes de se recuperar — e, portanto, não aumentando os números líquidos de infectados. Isso lhe dava um otimismo cauteloso em relação à reabertura. Mas o país estava "na corda bamba". Se esse índice de reprodução crescesse para até mesmo 1,1 ou 1,2, o sistema de saúde do país logo ficaria sobrecarregado e os confinamentos teriam de ser restabelecidos. Merkel estava fazendo o público entender a medida-chave que determinaria suas decisões. Impor simplesmente os *lockdowns* mais severos possíveis não geraria os melhores resultados. Muitos países que lidaram bem com a Covid-19, como a Alemanha, a Coreia do Sul e Taiwan, lançaram mão de *lockdowns* curtos ou parciais combinados com testes em massa e monitoramento.

O público pode entender nuances quando elas são apresentadas com honestidade. Mas com muita frequência as elites têm uma atitude arrogante em relação aos leigos. De início, especialistas ocidentais ignoraram as crescentes evidências de que em países do Leste Asiático o "uso universal de máscara"[23] foi um componente crucial para o sucesso. Mesmo que os dados sobre a eficácia da resposta desses países não estivessem inteiramente claros, a narrativa pública do governo americano sobre o uso de máscaras fundamentalmente não foi sincera.[24] Autoridades desencorajaram de maneira ativa o uso de máscaras quando alegaram que elas eram ineficazes para proteger pessoas comuns e, por isso, deveriam ser reservadas para médicos e enfermeiros. Mas se o verdadeiro propósito era evitar que as pessoas estocassem máscaras cirúrgicas, será que o governo não poderia pelo menos ter incentivado o público a simplesmente fazer máscaras de tecido em casa, o que não exigiria nada além de uma camiseta e uma tesoura? Autoridades como o cirurgião geral dos Estados Unidos[25] admitiram mais tarde que temeram que o público entrasse em pânico e passasse a comprar e estocar máscaras, o que exacerbaria a escassez do produto para profissionais de saúde. Ficou claro que eles acharam complicado demais explicar às pessoas que certos tipos de máscara deveriam ser destinados aos trabalhadores de assistência médica, mas que elas poderiam usar outros.

Essa tradição remonta a décadas. Em suas memórias, o secretário de Estado Dean Acheson explicou por que, no início da Guerra Fria, teve de assustar o povo americano sobre o expansionismo soviético no mundo. Sua justificativa está permeada de prepotência:

> A qualificação deve dar lugar à simplicidade da declaração, a sutileza e a nuance devem dar lugar à rudeza, quase brutalidade, ao se transmitir um argumento à pátria. No Departamento de Estado, discutíamos quanto tempo aquele mítico "cidadão americano médio" dedicava cada dia a ouvir, ler e discutir sobre o mundo fora de seu país. Levando em consideração um homem ou uma mulher com educação razoável, família e um trabalho dentro ou fora de casa, a nós parecia que dez minutos do dia seriam uma média alta. Se essa taxa tinha alguma precisão, os argumentos, para serem compreensíveis, precisavam ser claros.[26]

Acheson entendia a complexidade da luta contra a União Soviética. Mas, ao apresentarem seus motivos ao público "com mais clareza que a verdade", como explicou, ele e outras autoridades evocaram um perigo existencial e global para os Estados Unidos ao qual era preciso se opor em toda parte, da América Latina à Indochina, e com todos os meios necessários, de policiais a guerras secretas. Um tipo de discurso com mais nuance poderia ter impedido grandes derramamentos de sangue.

Mais explicações de especialistas ajudariam — assim como menos hipocrisia. O Reino Unido tem dois exemplos notáveis. Em maio de 2020, Neil Ferguson foi forçado a renunciar ao cargo no governo depois de constatado que ele rompeu as próprias regras de distanciamento social para se encontrar com a amante. E uma efusão ainda maior de ira pública se seguiu mais tarde, naquele mesmo mês, com a revelação de que o principal assessor de Boris Johnson, Dominic Cummings, desdenhara da ordem de ficar em casa e dirigira centenas de quilômetros pela Inglaterra para visitar a família enquanto a esposa estava doente, com Covid-19. Apoiado pelo primeiro-ministro, ele defendeu suas ações como necessárias para assegurar os cuidados com seu filho pequeno. Cummings se recusou a deixar o cargo. O povo britânico, que fora solicitado a fazer grandes sacrifícios em sua vida familiar — faltar a casamentos, nascimentos, funerais —, ficou furioso. Como consequência desses escândalos, a confiança no governo conservador despencou[27] e as violações da quarentena dispararam.[28]

Do outro lado do Atlântico, a *expertise* foi minada de forma ainda mais proposital. Mas a incompetência de Trump e sua atitude tola contra especialistas não mudam a realidade de que nenhuma área de *expertise* pode resolver a questão de como lidar com um amplo desafio nacional. Isso é especialmente válido quando consideramos algo tão grande quanto fechar a economia, mergulhar milhões de pessoas no desemprego, tirar empresas de seus negócios e depois tentar começar tudo do zero. Dados científicos são cruciais, mas a análise econômica também é. Autoridades de saúde pública não podem saber os custos e benefícios de diferentes abordagens de confinamento econômico. Urbanistas deveriam ser consultados quando se fecham e abrem vastas áreas de metrô. O maior teórico da guerra, Carl von Clausewitz, observou que "a guerra não é só um ato de política de ação, mas um verdadeiro instrumento político". Com isso, ele quis dizer que não se podia lutar uma guerra usando apenas a *expertise* militar; outras perspectivas também tinham de ser integradas. Isso é particularmente válido na guerra moderna, que é "total" em sua natureza e envolve a sociedade inteira. Nesses tipos de conflito, mostrou o estudioso Eliot Cohen, os líderes bem-sucedidos — Lincoln, Churchill, Georges Clemenceau, David Ben-Gurion (e, eu acrescentaria, Franklin Roosevelt) — são aqueles que questionam e se impõem sobre seus generais, consideram outras opiniões e disciplinas e forjam uma estratégia político-militar abrangente.[29]

Conduzir um país numa pandemia e numa guerra tem muitas semelhanças. Ambas causam enormes impactos sobre a economia e a sociedade. Decisões terríveis precisam ser tomadas com frequência, substituindo um conjunto de riscos por outro. Talvez seja por isso que um dos lendários líderes em tempos de guerra, Clemenceau, comentou certa vez que "a guerra é importante demais para ser deixada nas mãos dos generais".[30] Ele não quis dizer que se podia vencer uma guerra com a dispensa do alto escalão militar, mas que era preciso suplementá-lo com outros tipos de profissionais para chegar ao entendimento mais amplo possível. Nesse espírito, podemos dizer que as pandemias são importantes demais para serem deixadas apenas nas mãos dos cientistas. Eles são essenciais — mas os especialistas de outros campos também são.

A CRISE DE CONHECIMENTO

A razão fundamental pela qual muita gente se recusou a seguir conselhos de especialistas sobre a Covid-19 pode, porém, ter pouco a ver com a complexidade da ciência ou com os dados limitados do início da pandemia. Há muita gente que não confia em especialistas, independentemente de quanto eles sejam credenciados, mesmo em relação à própria saúde. Num estudo feito uma semana depois de Donald Trump declarar a pandemia uma emergência nacional, três cientistas políticos fizeram uma pesquisa sobre os comportamentos durante a crise. As constatações foram impressionantes. Eles notaram que o melhor indicador de higiene manual, distanciamento seguro e predisposição para manter a quarentena não era a idade da pessoa ou o lugar onde ela morava, mas sua *filiação partidária*. "Os republicanos tendem a responder com o comportamento recomendado pelo CDC em um nível abaixo dos democratas e são menos preocupados com a pandemia", concluíram eles. O relatório prossegue: "O partidarismo é um indicador mais consistente de comportamentos, atitudes e preferências do que qualquer outra coisa que medimos."[31] Desde então, um monte de outros estudos chegou a uma conclusão semelhante. Vários deles, por meio do uso do celular e dados de cartão de débito, determinaram que pessoas de condados que votaram em Donald Trump tendiam a respeitar menos a quarentena[32] do que aquelas que votaram em Hillary Clinton, mesmo após controladas as diferenças geográficas em casos de Covid-19. Pior do que meras desconsiderações passivas por medidas de saúde pública, autoridades se depararam com ativa hostilidade. Na internet, as mais loucas teorias da conspiração proliferaram, trazendo toda sorte de culpados pela doença, desde um plano chinês para dominar o mundo até Bill Gates e a tecnologia do 5G. Em apenas dez dias durante a pandemia, houve na Grã-Bretanha mais de trinta incidentes de incêndios criminosos e vandalismo contra equipamentos de telecomunicação, como torres de celulares.[33]

É fácil ridicularizar essas constatações. Mesmo numa questão de vida ou morte como a do vírus, as pessoas estavam vendo os conselhos de especialistas pelo prisma da política. Elas confiavam no líder do partido (Trump) e em suas fontes partidárias de notícia e análise (Fox News), e não em autoridades de saúde pública como Fauci, que passara décadas estudando doenças infecciosas. Isso levou alguns críticos a se enfurecer com "eleitores desinformados", mas o problema não é de ignorância. O psicólogo social Jonathan Haidt e outros enfatizaram o poder do "raciocínio motivado",[34] em que as pessoas constroem seus argumentos para chegar a uma conclusão preferida. Alguns estudos verificaram que "eleitores informados",[35] aqueles que leem muito e acompanham as notícias com cautela, são, na verdade, *mais* culpados desse tipo de pensamento partidário. Como argumentaram dois cientistas políticos que estudaram esse fenômeno, Christopher H. Achen e Larry M. Bartels, o termo mais apropriado pode ser "eleitores racionalizadores"[36] — pessoas inteligentes que conhecem os fatos e acompanham os debates, mas usam seu conhecimento para justificar e apoiar inclinações preexistentes.

A pesquisa ecoa um insight do filósofo iluminista David Hume, que chamou a razão de "a escrava das paixões".[37] Usamos a racionalidade como meio para um fim — mas nosso instinto nos diz aonde queremos ir, em primeiro lugar. E, portanto, os Estados Unidos enfrentam o que David Roberts, que escreve para o site *Vox*, chamou de "crise epistêmica".[38] Conforme Roberts explica: "A epistemologia é o ramo da psicologia relacionado ao conhecimento e a como chegamos a saber das coisas; a crise se dá porque, como sociedade politicamente organizada, nós nos tornamos incapazes de aprender ou saber as mesmas coisas e, portanto, incapazes de agir juntos de forma coerente." Hoje, ouvir especialistas, ler as notícias e obter fatos já não são atos neutros, e sim carregados de sentido político.

Isso não está restrito apenas aos americanos. Em muitos países, podemos ver uma dinâmica igual funcionando, com pessoas suspeitando do *establishment*, confiando nas próprias fontes, duvidando de autoridades credenciadas e pondo o partidarismo na frente da verdade. O debate do Brexit se caracterizou por essa noção de dois conjuntos de fatos. O fenômeno se estende a Brasil, México, Turquia e Índia, países em que um lado da divisão política passou a se ver como representante dos especialistas enquanto o outro desconfia profundamente desse *establishment*. A crescente hostilidade entre os dois grupos é uma parte da mais significativa tendência política da última década: o crescimento do populismo no mundo.

No cerne do novo populismo está uma profunda antipatia pelo "sistema". Podemos encontrar versões de esquerda, da ala de Bernie Sanders no Partido Democrata ao partido político grego Syriza, todos exigindo mais intervenção e gastos do governo. As versões de direita, de Trump a Boris Johnson e Matteo Salvini na Itália, estão preocupadas principalmente com a imigração. E depois há os populistas dos países em desenvolvimento: Jair Bolsonaro, no Brasil; Narendra Modi, na Índia; Recep Tayyip Erdoğan, na Turquia; e Rodrigo Duterte, nas Filipinas. A imigração é menos central em suas mensagens, mas seus atrativos também se baseiam numa mistura de chauvinismo cultural e nacionalismo religioso. Quase sempre eles demonizam algum "outro", de minorias a liberais urbanos. Todos esses movimentos divergentes compartilham a hostilidade populista em relação à elite. A pandemia elevou essa tendência ao extremo.

Cas Mudde, um cientista político holandês, oferece a mais útil definição de populismo: uma ideologia "que considera a sociedade separada, em última análise, em dois grupos homogêneos e antagonistas: 'as pessoas puras' e 'a elite corrupta',[39] e argumenta que a política deveria ser uma expressão da *volonté générale* [vontade geral] das pessoas". Como que para provar esse argumento, Donald Trump declarou durante sua campanha de 2016 que "o único antídoto para décadas de liderança desastrosa de um pequeno punhado de elites é uma ousada infusão de vontade popular".[40] O efeito prático da implementação da "ousada infusão" de Trump foi erodir completamente a figura dos especialistas. O arrepiante relato de Michael Lewis sobre a má administração de Trump — *O quinto risco* — advertiu para a intencional atitude de pôr à margem profissionais de instituições do governo obscuras, mas cruciais, como a Administração Oceânica e Atmosférica Nacional (NOAA, na sigla em inglês).[41] A agência, responsável pela previsão de climas extremos, foi parar na frente de batalha pela verdade durante o furacão Dorian, em 2019. A atitude de Trump com os especialistas ficou claramente à mostra quando ele alegou, de maneira falsa, que a tempestade atingiria o Alabama. Quando especialistas da NOAA emitiram uma correção, Trump exibiu um mapa que havia sido alterado.[42] Alguém — a maioria acredita que o próprio Trump — redesenhara o caminho da tempestade com um marcador preto para mostrar sua trajetória chegando ao estado. Além de terem seu trabalho minado de forma caricatural, os meteorologistas do governo que contradisseram a alegação falsa de Trump foram repreendidos.[43]

A NOVA CLASSE DOMINANTE

Para muitos de nós, os especialistas de vários campos são vistos apenas como isso, *especialistas*. Por meio de educação, trabalho duro e experiência, eles desenvolveram mestria em um determinado assunto. Demonstraram talento tirando nota máxima em testes, formando-se nas melhores faculdades e trabalhando em lugares que valorizam a excelência. Certamente, quando falam sobre as questões que conhecem bem, esperam que as pessoas confiem neles. Não é o que acontece, escreve o estudioso Michael Lind em seu livro *The New Class War*. Citando radicais dos anos 1960, ele explica que "a questão não é a questão", querendo dizer que o conflito real não é sobre algum assunto, ou disputa, específico. "A questão é o poder."[44] Ele argumenta que em qualquer sociedade o poder existe nas arenas política, econômica e cultural. "Todos os três reinos da sociedade ocidental hoje são frentes de uma nova luta de classes." Para muita gente, os "conselhos de especialistas" fazem parte de uma estratégia de dominação mais ampla da nova classe dominante — os meritocratas.

Todos os países desenvolvidos são agora governados por uma meritocracia. Escolas admitem candidatos com base, em grande parte, em suas pontuações em testes, e empresas contratam e promovem funcionários com base em credenciais de um tipo ou de outro. A maioria dos líderes de governos, negócios, artes e cultura tem ensino superior completo, e muitos também são pós-graduados. Algumas sociedades levam isso ao extremo, como no Leste Asiático. No fim dos anos 1990, Taiwan ostentava um gabinete em que cerca de 70% dos ministros tinham pós-graduação — 60% delas em universidades norte-americanas.[45] Mas considere quanto o ensino superior é exclusivo. Nos Estados Unidos e na União Europeia, aproximadamente um terço da população tem diploma de faculdade.[46] E uma parcela ainda menor chega a um ensino de pós-graduação, meros 13% nos Estados Unidos.[47] Ainda assim, a maioria dos cargos de liderança em sociedades ocidentais é ocupada por pessoas que têm pelo menos formação em faculdade e geralmente alguma instrução de pós-graduação. Em outras palavras, dois terços das pessoas ficam de lado vendo o outro terço dominar tudo. (Em grandes países asiáticos, que têm uma parcela menor de pessoas com ensino superior, a divisão é indiscutivelmente maior. Apenas 10% da população chinesa cursou uma faculdade,[48] ao passo que quase todos os membros do Comitê Central do Partido Comunista cursaram alguma — 99% em 2016.[49] Ironicamente, isso torna o Partido Comunista chinês, em alguns aspectos, a organização mais elitista do mundo.)

Os meritocratas formam uma classe distinta, separada do restante da sociedade. Em primeiro lugar, eles ganham muito mais: de acordo com o Censo dos Estados Unidos, a renda dos americanos com diploma de pós-graduação é 3,7 vezes maior do que a daqueles que possuem apenas o diploma de ensino médio.[50] Esses americanos com alto grau de instrução geralmente moram em áreas urbanas, têm empregos corporativos e tendem a ser liberais. O público sem ensino superior, em contraste, é mais rural, possui empregos de nível técnico e geralmente é mais conservador. Em 2016, Hillary Clinton conquistou a maior parte do primeiro grupo,[51] enquanto Trump teve a maior parte do segundo. A divisão urbano-rural, que está crescendo a cada ano, pode ser a linha de separação mais significativa nos Estados Unidos, em termos eleitorais — mais do que raça ou gênero. Pesquisas mostram que dois terços dos americanos do campo aprovam Trump e dois terços dos moradores de cidades o odeiam.[52] Um estudo de 2019 observou que esse processo de separação "progrediu a ponto de hoje não existir uma cidade republicana"[53] — agora os republicanos controlam apenas 6% dos distritos "puramente urbanos" na Câmara dos Representantes.

Esse padrão é reproduzido na Europa. No Reino Unido, aqueles que não têm diploma universitário[54] tenderam muito mais a votar a favor do Brexit. Na França, os protestos dos "coletes amarelos" foram impulsionados[55] em grande parte por pessoas sem formação que moravam no interior. A engrenagem que deu ao movimento esse nome era em si um símbolo do sentimento antiurbano: quando protestaram contra os crescentes impostos sobre combustíveis, os motoristas envergaram os coletes que precisavam vestir quando paravam o carro no acostamento para uma emergência, sinalizando a revolta de moradores de áreas rurais dependentes de carro[56] contra a agenda verde criada por parisienses usuários do metrô. A divisão aparece também na política alemã,[57] com o apoio à extrema direita vindo das áreas rurais com populações mais velhas. Na Turquia, o populista autoritário Recep Tayyip Erdoğan encontra seu apoio mais caloroso nas terras centrais da Anatólia de etnia turca[58] e sua mais forte oposição ao longo da costa urbanizada do país e em regiões de minorias.

A pandemia ampliou essas divisões. Áreas rurais viram uma doença vinda de cidades cosmopolitas se espalhar em suas comunidades. Mas os moradores de cidades têm meios de agir, apesar dos estragos. Isso porque a divisão da Covid-19 é também uma divisão de classes. Em 2019, o Bureau of Labor Statistics divulgou um relatório que examinava o nível de flexibilidade de que os americanos dispunham no trabalho. Entre aqueles com diploma de bacharel ou formação mais elevada, quase metade afirmou "*home office* de vez em quando". Entre aqueles com diploma de ensino médio, menos de 10% já havia trabalhado em casa[59] — entre os que abandonaram o ensino médio, apenas 3%. Não surpreende, portanto, que, quando a Covid-19 chegou e os confinamentos começaram, as pessoas que não podiam trabalhar em casa foram as mais prejudicadas. Apenas 13% das pessoas em lares com renda anual superior a 100 mil dólares[60] foram demitidas ou licenciadas, comparadas a 39% em lares com renda inferior a 40 mil dólares. No mundo, enquanto a economia se recupera, aqueles que têm diploma de ensino superior e instrução avançada tendem a se sair melhor do que os que não têm, e grandes corporações se sairão melhor do que empresas familiares. O abismo entre as elites credenciadas e os outros vai aumentar.

Em seus comícios, Donald Trump encontrou uma fila de aplausos confiável para atacar as elites dos Estados Unidos. Depois de se gabar de sua escolaridade e riqueza, ele diz para a multidão: "Eles não são a elite. Vocês são a elite."Trump tocou numa genuína veia de desgosto entre muitos americanos com o modo como seus compatriotas mais bem-sucedidos administraram mal o país e ainda assim querem administrar suas vidas. Os eleitores que escolheram o Brexit se ressentiam com os tecnocratas de fala mansa que permitiram a entrada de trabalhadores poloneses no país para "roubar seus empregos". Os manifestantes de colete amarelo da França acreditam que as elites metropolitanas governam o país em benefício próprio e olham com desprezo para os "caipiras" do interior. Em algum nível, esse antielitismo é um reflexo do sentimento de falta de poder que muita gente experimenta ao circular pelo mundo moderno — um mundo em que os especialistas e intelectuais parecem ter as chaves para o conhecimento e o poder. Refletindo sobre essa realidade décadas atrás, o grande historiador americano Richard Hofstadter escreveu: "Antes o intelectual era ridicularizado com delicadeza porque não era necessário; agora há um ressentimento feroz contra ele por ser necessário até demais."[61]

EMPATIA E *EXPERTISE*

Discutimos o que as pessoas pensam das elites. Mas o que as elites pensam das pessoas? O que o poder faz com a percepção de uma pessoa sobre si mesma? Nada de bom, dizem os especialistas. Henry Kissinger certa vez afirmou que "o poder é o melhor afrodisíaco".[62] Por mais sedutor que o poder possa ser, estudos de psicologia mostraram que ele enfraquece a sensibilidade daqueles que o exercem. Em suma, o poder mata a empatia. Dacher Keltner, acadêmico da Universidade da Califórnia em Berkeley, realizou estudos que constataram que os participantes criados com maior riqueza, poder e prestígio mostravam menos sinais neurológicos de compaixão quando confrontados com imagens de sofrimento, como crianças acometidas de câncer.[63] Para além das profundas raízes da classe social, o efeito de diminuição da empatia e aumento do egoísmo é observado mesmo com um poder recém-adquirido. Num experimento, Keltner designou arbitrariamente um membro de um grupo de três universitários para supervisionar um projeto. Trinta minutos depois de iniciado o estudo, esse "chefe" recém-empossado começou a se achar mais merecedor e passou a apanhar um biscoito num prato com o dobro da frequência dos seus "subordinados". Em seu livro *The Power Paradox*, Keltner compara esses efeitos do poder "a uma forma de dano cerebral, levando-nos a um comportamento egoísta, impulsivo" — o que, paradoxalmente, mina a compaixão e a empatia necessárias para exercer o poder de maneira efetiva. Um dos mais profundos estudantes da psicologia humana descreveu esse processo com grande habilidade literária. *Macbeth*, de Shakespeare, é a história de um homem que, quando ganha poder, perde empatia a ponto de, no fim da peça, ser incapaz até mesmo de sentir tristeza pela morte da esposa. O rei Lear, depois de décadas no poder, já não consegue ouvir nada que não seja bajulação, banindo a única pessoa — sua filha Cordélia — que ousava falar a verdade.

Há, porém, muitos exemplos de pessoas que desenvolvem empatia apesar de estarem em posições de grande poder. Os dois Roosevelt vieram da aristocracia americana e, ainda assim, foram capazes de desenvolver vínculos com pessoas comuns. Quando foi para as Badlands, na Dakota do Sul, a fim de escapar de Nova York após a morte da esposa e da mãe, Theodore morou três anos em meio a caubóis, trabalhadores de ranchos, donos de tabernas e ladrões de cavalos — e apreciou a companhia deles, aprendendo com todos. Franklin Roosevelt, cuja criação foi ainda mais dourada que a de seu primo distante Theodore, tornou-se um inesperado defensor dos pobres e desprovidos. Pessoas notam com frequência que sua batalha contra a pólio deve ter lhe dado maior percepção das dificuldades da vida. Mas seus biógrafos Jean Edward Smith[64] e Doris Kearns Goodwin[65] acrescentam uma observação crucial. Para ajudar sua recuperação, Franklin ia regularmente a Warm Springs, na Geórgia, onde as águas minerais naturalmente aquecidas pareciam aliviar os efeitos da doença. Todo ano, ele passava um mês naquela cidadezinha, nadando, fazendo piquenique com outras vítimas de pólio, a maioria de origem modesta, e se informando sobre seus problemas. Ele nunca as esqueceu até seus últimos dias, passados junto a elas, em Warm Springs. Franklin entendeu em seu íntimo como era não ter poder. Uma história, talvez apócrifa, capta a essência de como esse aristocrata protestante anglo-saxão branco, o homem mais poderoso de sua época, foi, todavia, capaz de se relacionar bem com pessoas comuns. Durante a procissão de seu funeral, um homem desmaiou, tomado pela tristeza. Alguém o ajudou e perguntou o motivo de tamanha dor. Ele conhecia o presidente? "Não", respondeu o homem. "Mas ele me conhecia."[66]

O mundo ficou muito complicado. Precisaremos de mais especialistas, e não de menos, para administrar as questões nacionais — de grandes empresas a pequenos condados — neste momento. Isso inevitavelmente os torna uma elite de algum tipo, um grupo cujo conhecimento lhe dá autoridade e poder. A alternativa é impensável na era moderna: governar por instinto e celebrar a ignorância. Até onde isso foi tentado recentemente — nos Estados Unidos, no Brasil e em outros lugares —, os resultados foram desanimadores. Mas especialistas e elites deveriam se esforçar mais para pensar em como se relacionar bem com as pessoas e manter as necessidades delas como uma das prioridades. A maior falha moral da meritocracia é a crença de que seu êxito, sua posição mais alta na sociedade, torna você superior em algum sentido fundamental. Afinal, pelo menos nas democracias, a vontade das pessoas é a suprema fonte de autoridade. Portanto, vamos ser claros: ao passarmos por esta pandemia e por futuras crises, as pessoas precisam ouvir os especialistas. Mas os especialistas também precisam ouvir as pessoas.

LIÇÃO CINCO

A vida é digital

Poderíamos estar exagerando as consequências desta pandemia? Poderia o efeito da Covid-19 ser menor do que imaginávamos? É possível. Os seres humanos têm uma capacidade extraordinária de absorver dores e perdas — e seguir adiante. Acontecimentos que pareciam permanentemente assustadores podem às vezes se provar transitórios. Veja a gripe espanhola. Depois de uma pandemia que matou cerca de cinquenta milhões de pessoas,[1] incluindo quase setecentos mil norte-americanos, os Estados Unidos se assentaram nos "frenéticos anos 1920" e na era do jazz. Durante a Lei Seca, a estimativa é de que havia mais de cem mil *speakeasies*[2] — bares ilegais — em Nova York em meados dos anos 1920. Teria sido um desejo reprimido? Ou uma atitude imprudente nascida das grandes perdas da Primeira Guerra Mundial e da *influenza*? Qualquer que seja o motivo, há poucas evidências de que as pessoas trabalharam de forma diferente ou se socializaram menos depois do horrível surto. Não houve um novo normal, só o normal. O primeiro presidente dos Estados Unidos pós-pandemia, Warren G. Harding, chegou a fazer uma campanha cujo tema foi um "retorno à normalidade".[3]

Mas a história nem sempre se repete. Às vezes, somos atingidos na mesma medida pelas descontinuidades e pelas continuidades. E esse pode ser o caso quando se compara a gripe espanhola com o novo coronavírus. Nos anos 1920, as pessoas voltaram para as fazendas, as fábricas e os escritórios porque não havia alternativa. Para trabalhar, era preciso estar no trabalho. Para quem buscava entretenimento, as únicas opções eram teatros e casas de espetáculo. Quem queria comprar comida ou roupa precisava ir a uma loja física, feita de tijolo e argamassa. Isso já não é assim. Nas últimas duas décadas, vimos a ascensão de uma economia digital que permite às pessoas fazer a maioria das coisas sem ter que se aglomerar, enfrentar trânsito, amontoar-se em trens e passar horas se deslocando. De alguns anos para cá, as mudanças vão muito além da videoconferência e do comércio eletrônico. Hoje a vida pode ser vivida digitalmente.

Quando foi que fizemos a transição para uma economia digital? Foi um processo, naturalmente, e não houve um único momento decisivo. Primeiro vieram os computadores, desenvolvidos durante a Segunda Guerra Mundial para as Forças Armadas. Em seguida, a invenção do circuito integrado produziu o computador pessoal, com frequência datado de 1971 (ano da produção do Kenbak-1).[4] A internet também evoluiu devagar, começando com a Arpanet do Departamento de Defesa, nos anos 1960, e depois se expandindo para mais universidades nos anos 1970 e 1980. A World Wide Web nasceu em 1990. Sua maior empresa, a Amazon, teve início em 1995, quando vendia apenas livros. No começo, a empresa com sede em Seattle instalou um sino eletrônico, ajustado para tocar toda vez que uma venda era efetuada. Quando ele tocava, conforme escreve o jornalista Brad Stone, "todos no escritório se juntavam para ver se alguém conhecia o cliente".[5] Quando as vendas aumentaram, o sino tocava com tanta frequência que teve de ser removido. Avance para o primeiro trimestre de 2020, e a Amazon estava faturando 10 mil dólares em vendas — por segundo.⁶ Se o sino tivesse sido mantido, estaria agora tocando constantemente, como um alarme avisando sobre uma nova era.

Houve muitas ondas de mudança tecnológica. Para entender a mais recente, é preciso voltar a agosto de 2011. Pode parecer uma escolha estranha: foi um mês sombrio, nada ideal para tecno-otimismo. As economias no mundo ainda sofriam os abalos secundários da crise financeira global. Europeus temiam que a Espanha e a Itália não pagassem suas dívidas e desencadeassem uma crise por todo o continente. Nos Estados Unidos, o desemprego permanecia consistentemente alto, acima de 9%.⁷ Os mercados de ações da Europa e dos Estados Unidos refletiam esses temores. Em 8 de agosto, a "Black Monday", o Dow Jones Industrial Average caiu 635 pontos, a sexta maior queda da história até aquele momento. Foi nesse ambiente incômodo que Marc Andreessen, o inventor do Mosaic, o primeiro grande navegador da internet, publicou um artigo no *The Wall Street Journal* com um título desconcertante: "Por que o software está comendo o mundo."⁸

Àquela altura, havia duas economias: a economia digital e a economia material. O argumento de Andreessen era que a economia digital vinha se tornando tão poderosa que estava dominando — comendo — a economia material. Cada vez mais, novas empresas constatavam que podiam usar um software para aumentar tremendamente os lucros, expandir o alcance e vender serviços digitais em vez de produtos físicos. Empresas bem estabelecidas que não embarcaram na mudança foram inteiramente substituídas. A Kodak perdeu a revolução da fotografia digital e teve que declarar falência. Lojas de discos praticamente desapareceram quando as pessoas começaram a fazer assinaturas on-line para serviços de *streaming* como o Spotify. A Uber transformou uma indústria física — táxis — em um sistema cuja essência era a rede de informações criada e mantida por um software. As companhias de entretenimento de crescimento mais rápido, observou Andreessen, não eram estúdios de cinema ou parques temáticos, mas empresas de software que vendiam videogames on-line (durante pelo menos dez anos, os rendimentos da indústria de videogames excederam os de Hollywood e dos negócios de música juntos).⁹ Enquanto a Covid-19 acelera a tendência de as vendas de varejo digitais ultrapassarem as do varejo da vida real, estima-se que nos próximos cinco anos cerca de cem mil lojas físicas vão fechar as portas nos Estados Unidos¹⁰ — o triplo do número que fechou durante a recessão de 2007-2009.

Mesmo as empresas aparentemente mais tradicionais estão tirando proveito de softwares. O CEO da Microsoft, Satya Nadella, me deu o exemplo notável da Thyssenkrupp. A empresa é um dos gigantes industriais da Alemanha, um dos principais produtores de aço e o quarto maior fabricante de elevadores do planeta. Embora continue a fazer elevadores, ela agora constata que seu maior valor agregado não está em cobrar preços cada vez mais altos pelos seus produtos, mas em vender contratos de serviço para mantê-los com a máxima eficiência. Seus elevadores inteligentes, capacitados por um software e conectados à nuvem, enviam constantemente dados de desempenho, que a empresa analisa com rigor e depois utiliza para a "manutenção preditiva" — isto é, consertar um problema antes que ele piore. O software foi desenvolvido pela Microsoft, motivo pelo qual Nadella conta a história.

Quando era CEO da empresa de alumínio Alcoa, Klaus Kleinfeld explicou isso da seguinte maneira: "Nós temos aquecedores. Nos velhos tempos, podíamos melhorar um pouco a eficiência deles a intervalos de anos, quando lançávamos um novo modelo. Agora, os aquecedores funcionam por meio de softwares e ficam incessantemente mais eficientes a cada ano, assim como os softwares." A revolução do software criou um novo mundo no qual há uma distinção cada vez menor entre as economias digital e material. Quase tudo hoje funciona com software, o que estimulou outros avanços, como a computação em nuvem, que, por sua vez, produziu o impulso para o big data. As pessoas falam de dados como um novo petróleo,¹¹ o principal recurso que fomenta os negócios modernos, mas sem um software que possa refiná-los os dados são inúteis. Em cada negócio, o software se tornou uma chave para o crescimento.

Uma revolução paralela, também capacitada pelos softwares, é a dos celulares. O iPhone foi lançado em 2007, e hoje os smartphones conectam a maior parte do mundo à internet.[12] Para a maioria das pessoas, o telefone é o computador. Para entender melhor essa mudança, considere a Índia. Assim como os cidadãos da maioria dos países pobres, os indianos até recentemente haviam sido em grande parte deixados para trás pela Revolução da Informação. Computadores são caros e wi-fi é raro. Ravi Agrawal conta a história em seu livro *India Connected*: "Em 2000, apenas vinte milhões de indianos tinham acesso à internet. Dez anos depois, esse número cresceu para cem milhões."[13] Mesmo na época, em 2010, a maioria do povo da Índia, uma população de mais de um bilhão de habitantes, não podia ficar on-line com seus celulares, que geralmente eram simples telefones de mão. Então veio o 4G, que permitiu a um smartphone de trinta dólares se conectar facilmente à internet. Agora, mais de 550 milhões de pessoas na Índia têm um minicomputador nas mãos.[14] Elas o utilizam para comprar e vender produtos, assistir ao noticiário, se divertir, participar de grupos e trabalhar remotamente.

A Índia ultrapassou a fronteira digital numa velocidade impressionante. Em 2015, o país era o 155º no mundo em penetração de banda larga móvel.[15] Em 2017, estava consumindo mais dados móveis do que qualquer outro país no planeta.[16] E, em 2025, espera-se que mais centenas de milhões de indianos tenham computadores de mão conectados à internet.[17] Essa mudança tem recebido um imenso impulso de Mukesh Ambani, o presidente da Reliance, a maior empresa da Índia, que investiu espantosos 37 bilhões de dólares para criar uma outra rede sem fio e oferecê-la aos consumidores a preços módicos.[18] Ambani me disse acreditar que a digitalização transformará a Índia como nada antes. "Nos próximos vinte anos, numa sociedade conectada à rede, teremos mudado muito mais do que vimos nos últimos cem anos", previu ele. A revolução do celular está acelerando a modernização em lugares como a Índia num ritmo espantoso. Nem todas as mudanças serão positivas.

Os smartphones já estão provando ser uma forma perigosamente eficiente de mobilizar pessoas que têm ideias e opiniões semelhantes. Rumores infundados espalhados por grupos de transmissão de mensagens, como o WhatsApp, desencadearam uma sequência de assassinatos na Índia nos últimos anos.[19] E, para muitos, os smartphones oferecem uma dissonante introdução a intermináveis *streams* de pornografia e violência.

DE VOLTA PARA O FUTURO

Em 2018, podíamos finalmente dizer que a maior parte do mundo estava conectada. A Covid-19 chegou a esse cenário e obliterou o único obstáculo restante a um futuro digital — as atitudes humanas. Muitas pessoas estavam presas a seus antigos costumes. Algumas ainda relutavam em enviar informações de cartão de crédito pela internet. Outras jamais pensariam em assistir a uma aula on-line. A maioria nunca teria concordado em fazer uma consulta médica por vídeo. A pandemia e os subsequentes confinamentos compeliram mudanças de comportamento, e não só em pessoas, mas também nos negócios. Os estúdios de Hollywood jamais teriam sonhado em estrear um filme de grande orçamento por meio de um serviço de *streaming*. Restaurantes com estrelas Michelin se achavam acima de questões como serviços para viagem e de entrega em domicílio. Academias de ginástica não queriam entrar no negócio de criação de vídeos para o YouTube. Mas todos esses tabus foram quebrados, as barreiras, cruzadas, e agora existe um novo normal. A pandemia serviu como um teste forçado de produção em massa para a vida digital — e, em sua maioria, as ferramentas tecnológicas foram aprovadas.

É provável que a mais significativa tendência econômica resultante da crise da Covid-19 esteja na própria natureza do trabalho. Um relatório do MIT algumas semanas depois de iniciada a crise constatou que um terço dos americanos que antes se deslocavam para trabalhar estava em regime de *home office*.[20] Na mesma época, uma das maiores empresas da Índia, a Tata Consultancy Services (TCS), anunciou que, por causa da crise, decidira que 75% de seus funcionários estariam trabalhando remotamente em 2025. "Acreditamos que não precisamos de mais do que 25% de nossa força de trabalho em nossas instalações para sermos 100% produtivos", disse o diretor de operações da TCS, N. G. Subramaniam.[21] Quando a mídia começou a reportar que a nova política afetaria cerca de 250 mil dos 350 mil funcionários da TCS na Índia,[22] a empresa divulgou uma correção: a política se aplicaria, na verdade, a seus 450 mil funcionários no mundo.[23] Pesquisas em empresas norte-americanas e europeias revelam que a maioria delas pretende tornar permanentes alguns de seus trabalhos a distância, por acreditar que é possível manter a produtividade e ao mesmo tempo dar aos trabalhadores mais flexibilidade e reduzir o custo com espaço de escritório.

De alguma maneira, esse futuro nos leva para trás. O escritório moderno é uma aplicação direta do modelo de uma fábrica do início do século XX. Todos chegam e saem à mesma hora, de segunda a sexta-feira. As pessoas trabalham em grandes áreas centrais e comem com frequência em refeitórios comunitários. Isso fazia sentido numa operação industrial, porque todos os trabalhadores precisavam estar presentes, já que cada um tinha sua função na linha de montagem. Mas numa economia moderna, baseada em serviços — que é o que a maioria dos países desenvolvidos tem hoje em dia —, as pessoas trabalham de forma muito diferente. A colaboração envolve um trabalho em equipe que é intelectual, não físico, e pode ser realizado por e-mail, por *chats* e por videoconferência. O novo modelo de trabalho pode ser aquele em que as pessoas fazem grande parte de seu trabalho diário remotamente e vão ao escritório apenas para reuniões, apresentações e sessões de *brainstorming*. As reuniões de grupo rotineiras podem ser virtuais, mas as conferências para integração, com a finalidade de aprofundar relações, proporcionar estímulo intelectual ou simplesmente oferecer entretenimento podem continuar sendo pessoais. Mais provavelmente, haverá novos modelos híbridos. Longe de desvalorizar vínculos pessoais ou interações imprevisíveis, essa nova estrutura os tornaria mais apreciados porque eles aconteceriam com menos frequência.

Em certo sentido, o trabalho voltaria a ser como foi durante grande parte da história, mais intimamente ligado à vida em casa. Um agricultor cultivava sua terra, um artesão trabalhava ao lado de onde morava e um comerciante tinha sua loja no primeiro andar da casa. O pessoal e o profissional eram misturados; filhos viam seus pais não simplesmente como familiares, mas também como trabalhadores. Nos últimos duzentos anos, com a ascensão da fábrica e do escritório, a vida em casa e a vida no trabalho bifurcaram de modo acentuado. Se você tinha um emprego, deixava seu mundo doméstico para trás toda manhã ao sair de casa e viajava para um universo de trabalho inteiramente diferente. Seus colegas viam um lado de você e sua família via outro. Era um mundo de *Mad Men*. No século XXI, pode ser que encontremos uma maneira de combinar os dois e permitir que ambos os grupos vejam você por inteiro.

Os trabalhos que a pandemia transformou mais rapidamente estão na medicina. Os benefícios de usar a tecnologia para proporcionar assistência médica são óbvios. Pacientes não precisam ir ao consultório, esperar e retornar, tudo isso para fazer um exame de rotina ou obter uma receita. Muitos sintomas podem ser descritos pelo telefone ou exibidos numa chamada com vídeo. A tecnologia está conosco há algum tempo — os obstáculos eram humanos e organizacionais. Pacientes não queriam fazer consultas pela internet. Médicos relutavam sensatamente em dar consultas por telessaúde, pelas quais não seriam pagos na mesma medida. A Covid-19 mudou tudo isso. Estados americanos relaxaram as exigências para autorização a fim de facilitar a assistência pelos canais estaduais. Na falta de outras opções, pacientes descobriram que ficavam satisfeitos por terem uma consulta por vídeo em vez de nada — e acharam isso mais conveniente. Prestadores de serviço também viram vantagens. Deu-se muita atenção à triagem que os hospitais tiveram de fazer quando confrontados com um aumento repentino de pacientes com a doença. Mas a verdadeira triagem no sistema foi a telessaúde, que permitiu aos médicos lidar com muitos problemas menos sérios pela internet, liberando tempo, recursos e pessoal para cuidar de casos mais graves, relacionados à Covid-19 ou não. Estimou-se que em 2020 os norte-americanos chegariam a um bilhão de interações de assistência médica virtuais.[24]

A pandemia abriu a porta para uma transformação muito mais ampla. Toda vez que uma tarefa muda para o reino digital, torna-se mais fácil usar um software para automatizá-la e otimizá-la. O mesmo se dá com a medicina. Máquinas e softwares já estão ajudando em diagnósticos, cirurgias, tratamentos e terapias. Enquanto isso, pequenos dispositivos usados junto ao corpo podem monitorar constantemente as funções vitais de uma pessoa e transmitir dados para a nuvem, onde estes podem ser analisados e, se algo irregular for detectado, enviados para especialistas médicos. O CEO da Apple, Tim Cook, disse acreditar que "a maior contribuição" de sua empresa "para a humanidade [...] será na área da saúde"[25] — por meio do uso médico cada vez mais sofisticado de produtos como o Apple Watch.

No mundo ideal, a mudança on-line induzida pela pandemia modificará todo o foco da medicina, tirando-o do tratamento de doenças e pondo-o na prevenção, o que é uma maneira muito mais efetiva de manter as pessoas saudáveis. Infelizmente, o obstáculo a essa mudança está numa verdade inconveniente: há muito menos dinheiro na prevenção do que na cura. Como resultado, experimentos com um novo modelo preventivo provavelmente funcionarão melhor em países com sistemas de saúde administrados pelo governo. Nos países em que o setor privado domina, como nos Estados Unidos, médicos e hospitais têm pouco incentivo para adotar esse modelo. Isso não é sugerir que essas pessoas e organizações são desonrosas. Mas, num sistema de mercado, os incentivos econômicos fazem toda a diferença. Portanto, recursos e tecnologias serão dedicados às áreas que produzem mais rendimento.

A REVOLUÇÃO DA IA

A tecnologia que mais transformará a medicina a longo prazo é a inteligência artificial (IA). Na verdade, pode ser que essa seja a mudança mais profunda pela qual estamos passando como seres humanos. Suas consequências provavelmente serão mais significativas do que a dominância do software. A inteligência artificial poderia comer não apenas o mundo, mas também os humanos que estão nele.

Em algumas áreas da medicina, as máquinas já estão em paridade com os médicos ou mesmo os superando em desempenho. Um estudo concluiu que programas de IA treinados para interpretar imagens de patologia podem agora diagnosticar certos tipos de câncer de pulmão com 97% de precisão.[26] Em outro estudo, descobriu-se que a IA teve até 11% menos falsos positivos em exames de imagem do que especialistas humanos nas mesmas situações.[27] Durante a pandemia, a equipe da IBM e do MIT por trás do sistema de IA Watson usou a tecnologia de várias maneiras diferentes: identificar pacientes de Covid-19 com alto risco de sepse, desenvolver proteínas para impedir o vírus de se ligar a células humanas,[28] testar a eficácia de materiais de máscara facial, prever se medicamentos já aprovados ajudarão a combater o vírus e planejar-se para a fabricação e o fornecimento de vacinas em grande escala. Embora muitas dessas aplicações sejam experimentais, os resultados são impressionantes. Por que, em tantas tarefas, a IA funciona melhor do que um ser humano? Porque um processo como a diagnose é fundamentalmente coletar, organizar e analisar informações, o que os computadores podem fazer muito melhor do que o cérebro humano. Ao longo de uma carreira de trinta anos, um médico experiente pode ter visto várias dezenas de milhares de pacientes e ter lido centenas de artigos de revistas científicas. Um programa de IA analisará os dados de dezenas de milhões de pacientes e centenas de milhares de estudos em questão de minutos, se não segundos. É por isso que computadores agora ajudam a fazer aviões voarem e a vender ações. Eles podem vencer campeões de xadrez, jogos de perguntas e respostas e videogames. Explicando de maneira simples, a IA pode, em teoria, fazer tarefas analíticas complicadas melhor do que os humanos — quanto mais complicadas, maior a vantagem do computador.

No momento atual, os computadores têm limites. Quando o surto de Covid-19 começou, muitos observadores esperavam que a IA pudesse encontrar soluções que os humanos não poderiam. Os resultados foram confusos.[29] Diversos obstáculos se apresentaram no caminho. Em primeiro lugar, os computadores precisam de montanhas de dados para enxergar padrões, e, como se trata de um novo tipo de coronavírus, havia poucos dados no início. Por vários meses as informações continuaram sendo incompletas. Dados históricos sobre outros vírus também não foram de grande utilidade, porque as muitas diferenças — em letalidade, no modo como os vírus sofrem mutação e assim por diante — são cruciais.

Dados de rastreamento de localização também não conseguiram cumprir sua promessa. Embora países do Leste Asiático tenham obtido algum êxito ao usá-los para prever áreas de concentração e identificar superdisseminadores, a tecnologia tem seus limites. A instalação de um aplicativo de rastreamento de localização é voluntária,[30] e, como nem todo mundo faz isso, os dados revelam apenas parte do panorama. Mesmo em Cingapura, onde a coesão social e a confiança no governo são altas, em junho de 2020 apenas 30% da população havia baixado o aplicativo oficial de rastreamento de Covid-19.[31] Pedir que todos forneçam seus dados de saúde, como na China, não é uma opção na maioria das democracias. De qualquer forma, esse é um ponto muito discutível. China, Coreia do Sul e Cingapura não devem seu êxito no combate à Covid-19 à nova tecnologia invasiva. O que fez a diferença foram as características da resposta apropriada à pandemia: testes rápidos, difundidos, e o antiquado rastreamento de contatos, realizado por meio de entrevistas presenciais.

Os obstáculos que a IA enfrentou na luta contra o novo coronavírus não refletem alguma falha subjacente na tecnologia; apenas revelam seus limites numa situação especial em que muita coisa não está clara e é difícil obter bons dados. Com o tempo, haverá mais e melhores informações sobre a doença e maneiras inovadoras de usá-las — de escaneamento de temperatura em massa a reconhecimento facial, ambos os quais poderiam ser usados para detectar rapidamente potenciais doenças em grandes multidões em espaços públicos. Com base em padrões observados, a IA já pode prever quais pacientes terão piora e quais melhorarão. Há também o uso corrente de IA em pesquisas médicas pioneiras — no mapeamento de estruturas tridimensionais de proteínas, por exemplo —, que continuarão a render resultados significativos que poderiam ajudar em tratamentos e vacinas. E, é claro, enquanto as pesquisas sobre a Covid-19 proliferam, a IA ajuda cientistas a compreender isso tudo, ao analisar os milhares de estudos que estão sendo produzidos a cada semana no mundo com muito mais eficiência do que os humanos. De modo geral, a experiência dessa pandemia realçou não só os pontos fortes, mas também as limitações da IA — até agora.

O efeito mais duradouro da Covid-19 sobre a IA provavelmente terá menos a ver com qualquer avanço médico específico do que com o aumento no número de robôs. Mais robôs em mais ambientes permitirão à economia funcionar minimizando os perigos de infecção. Um estudo publicado na *MIT Technology Review* constata que "entre 32 e 50 milhões de trabalhos nos Estados Unidos poderiam ser cada vez mais auxiliados por tecnologia para reduzir os riscos à saúde decorrentes de interação humana e proteger a produtividade num momento de crise".[32] Alguns desses trabalhos são candidatos óbvios a substituições, como os caixas. Outros são mais complicados, como os cozinheiros,[33] mas já existem robôs que conseguem fazer esse trabalho com eficiência.

E quanto mais robôs existem, mais se pode utilizar a inteligência artificial para impulsionar sua produtividade. Quando associamos um software a uma máquina, ele se torna o fator controlador; quando introduzimos inteligência artificial em um determinado sistema, ela aos poucos faz o mesmo, tornando-se um multiplicador de forças generalizado. Estamos a caminho de introduzir IA na maioria de nossas instituições e organizações pela simples razão de que ela as faz funcionar melhor. Mas isso certamente significará que menos humanos serão necessários para trabalhar, porque a IA fará as coisas com muito mais eficiência — tanto para operários de fábricas quanto para funcionários administrativos. Não é necessário contar com tantos assistentes legais ou jovens advogados se a máquina pode examinar documentos para casos, fatos e padrões.

E certamente não precisaremos de tantos motoristas se computadores puderem controlar carros, ônibus e caminhões. A direção autônoma será uma enorme vantagem para a segurança. Mais de um milhão de pessoas morrem no mundo a cada ano em acidentes de veículos,[34] e, de acordo com o Departamento de Transportes dos Estados Unidos, 94% das colisões no país ocorrem por erro do motorista.[35] Mas num mundo sem motoristas, o que acontece com os quase quatro milhões de norte-americanos[36] — em sua maioria homens, dos quais a maior parte não tem ensino superior — que trabalham nessa função? Por enquanto, suas perspectivas de carreira estão em ascensão enquanto a Amazon e outros varejistas digitais crescem rapidamente. Frederick Smith, CEO e presidente da FedEx, disse em maio que sua empresa estava contratando "prolificamente", acrescentando cerca de quatro mil motoristas por semana.[37] Mas a longo prazo, embora possam não perder seus empregos, os motoristas poderão perder a capacidade de obter salários apropriados — porque seu trabalho se torna menos valorizado. Os computadores estão restringindo rapidamente o papel humano à última etapa. O piloto automático já conduz muitos aviões comerciais durante grande parte do voo. O transporte de longa distância em caminhões dirigidos por IA já está sendo testado em estradas públicas, embora furgões e trabalhadores ainda sejam usados para o percurso final da entrega. Até mesmo essa função limitada pode desaparecer, já que o problema da "última etapa" está cada vez mais sendo assumido por drones com IA. Talvez a IA nem sempre gere desemprego, e pode ser que tenha efeitos num horizonte de tempo mais longo, daqui a décadas. Mas é o que mudará o jogo durante a nossa vida.

É típico de uma profissão ainda não ameaçada por robôs delinear o futuro da IA. Em seu romance de 2019, *Máquinas como eu*,[38] o escritor Ian McEwan descreve um mundo em que a automação está se tornando parte da vida diária. Em Londres, há protestos contra o desemprego em massa. O personagem principal observa:

> Participei de uma marcha, depois desisti ao ler que uma nova fábrica de automóveis havia começado a produzir nas vizinhanças de Newcastle. Fabricava três vezes mais que a planta substituída — com um sexto da força de trabalho. Dezoito vezes mais eficiente, tremendamente mais lucrativa. Nenhum ramo de negócios era capaz de resistir. Não era apenas no chão da fábrica que se perdiam empregos para as máquinas. Contadores, funcionários de departamentos médicos, de vendas, de logística, de recursos humanos, de planejamento. E agora poetas de *haiku*. Tudo no caldeirão. Muito em breve a maioria das pessoas terá de repensar qual o propósito de suas vidas. Nada de trabalho.

Tais perspectivas parecem mais próximas do que nunca em meio à pandemia (até mesmo a previsão de McEwan sobre os poetas está se tornando verdade: cientistas da computação estão desenvolvendo algoritmos que podem escrever literatura).[39] Discussões sobre o "futuro do trabalho" deveriam reconhecer que o futuro já está conosco. Filósofos costumavam teorizar sobre como manter as pessoas à tona quando a tecnologia substituísse uma massa crítica de trabalhos. Agora, a Covid-19 forçou países a experimentar algum tipo de renda básica quase universal. Nos Estados

Unidos, essa ideia ganhou popularidade em questão de meses — não mais apenas a busca quixotesca do candidato à presidência Andrew Young, que, como era esperado, abandonou a candidatura, mas uma proposta que, num formato temporário, foi aprovada pelo Congresso para evitar um desastre econômico. Durante a pandemia, governos concluíram que as pessoas não podiam ganhar dinheiro — não por culpa delas — e, portanto, mereciam ser pagas por não trabalharem. No futuro, poderia o Estado decidir que pessoas arrancadas de seus trabalhos pela IA mereceriam, de forma semelhante, ser compensadas?

Em seu ensaio de 1930 intitulado "Possibilidades econômicas para nossos netos", o economista John Maynard Keynes refletiu exatamente sobre essa questão. Ele almejou um mundo com semanas de trabalho de quinze horas, possibilitado pela tecnologia. Mas, mesmo que esse mundo se materialize, precisaremos encontrar uma maneira de dar às pessoas coisas para fazer. Isso poderia envolver a criação de empregos extras em diversos campos, de educação a projetos de trabalhos públicos para a manutenção de parques e áreas florestais — assim como os celebrados programas Administração de Progresso de Obras e Corpo de Conservação Civil, de Franklin D. Roosevelt, que contrataram milhões de americanos para expandir a infraestrutura e a beleza do país. Alguns desses empregos envolveriam o trabalho pelo bem do trabalho. Como escreveu Keynes: "Devemos nos esforçar além do limite para fazer com que o trabalho que ainda houver para ser feito seja compartilhado tão amplamente quanto possível."[40]

O exemplo colorido desse futuro é George Jetson, do desenho animado dos anos 1960.[41] O trabalho de George na Spacely Space Sprockets, Inc. é apertar alguns botões três horas por dia, três dias por semana. Tudo o mais é automatizado. Mas ainda é um trabalho, e dá a ele e sua família os contornos de uma vida doméstica e social que era mais ou menos reconhecível para alguém nos anos 1960. Essa é uma visão de nosso futuro automatizado, digital — uma visão cujo cerne mais ou menos se mantém.

Padrões de vida são reajustados, mas não destruídos. Vemos exemplos iniciais desse mundo possível no apelo do primeiro-ministro finlandês por uma semana de trabalho de quatro dias,[42] com seis horas por dia. Vemos isso nos empregos flexíveis que caracterizam a economia *gig*, como dirigir para a Uber ou a DoorDash, nos quais os trabalhadores podem fazer o próprio horário. Vemos isso no número cada vez maior de horas que as pessoas passam no escritório fuçando suas redes sociais. E vemos isso no crescimento do que o antropólogo David Graeber chama pitorescamente de "empregos de merda".[43] Ele descreve vários tipos, incluindo o de "assinalador de quadradinho", que gera muita papelada para sugerir que as coisas estão acontecendo, quando na verdade não estão, e o de "chefe de serviço", que gerencia pessoas que não precisam ser gerenciadas.

Um grande problema das revoluções tecnológicas, disse Keynes, é que, com tanto trabalho sendo feito cada vez mais pela tecnologia, os humanos teriam de encontrar um senso de propósito. Para os seres humanos, em especial os homens, o trabalho historicamente forneceu uma identidade, um sentido de realização e dignidade. Esses não são atributos irrelevantes. É por isso que sempre achei insatisfatória a ideia de uma renda básica universal e prefiro a expansão de um programa como o de Crédito de Imposto de Renda Recebida, que, em essência, cobre os salários de trabalhadores de baixa renda. Isso incentiva o trabalho e protege contra o empobrecimento. É uma ideia que atraiu o apoio da extrema esquerda, bem como dos libertários. Estou convencido de que não é tão popular quanto outras políticas menos efetivas — como aumentar o salário mínimo — porque é difícil expressá-la de maneira simples e simbólica. Expandi-la substancialmente, como deveríamos, seria muito caro. Mas se reconhecemos a dimensão desse problema — um desemprego ou subemprego em massa potencialmente permanente —, parece um dinheiro bem empregado.

Keynes também se preocupou com o fato de que, com o declínio do trabalho, todo esse tempo livre seria um problema, porque as pessoas não eram boas em aproveitar os momentos de ócio. Ele observou que a indolência de grande parte da aristocracia, que já enfrentava esse problema, era um prenúncio sombrio do que poderia acabar acontecendo com o povo em geral. Em seu romance, McEwan reflete sobre esse "problema de lazer" e descreve a humanidade num mundo dominado pela IA:

> Nós poderíamos nos tornar escravos do tempo sem obrigações. E o que aconteceria? Um renascimento geral, uma libertação para o amor, a amizade e a filosofia, arte e ciência, apreciação da natureza, esportes e passatempos, invenção e busca de sentido na vida? Divertimentos refinados não seriam para todos. O crime violento tinha suas atrações, assim como luta livre, pornografia virtual, jogos de azar, álcool e entorpecentes, até mesmo o tédio e a depressão. Não teríamos controle sobre nossas escolhas.[44]

Esse cenário é o ponto final lógico do aumento de robôs e IA. A automação produziria menos trabalho, mas novos empregos ainda seriam gerados. Para aqueles incapazes de encontrar um bom trabalho, a assistência do governo se expandiria significativamente. Haveria também mais tempo e mais acesso tecnológico para buscar satisfação em recreação e lazer. As pessoas se adaptariam a esse novo mundo de formas diferentes, algumas se sentindo libertadas e outras, presas. Mas um futuro alternativo mais sombrio é aquele em que as tendências se aprofundam aos poucos e ainda assim o governo não responde com um programa em larga escala. A desigualdade piora, mais empregos desaparecem, os salários reais ficam estagnados, a qualidade de vida da maioria das pessoas cai. Esse é um futuro em que a riqueza vai para as mãos dos poucos que são ricos, enquanto todos os outros são deixados para trás, os piores inabilitados por alcoolismo, vício em drogas e suicídio. A demanda por populismo aumenta. Estamos atualmente no sopé de cada um desses futuros, mas não está claro qual deles nos espera.

APENAS HUMANO

O declínio do trabalho é um problema imenso, mas, mesmo que possamos resolvê-lo, a IA nos confronta com outro ainda maior: nós perderemos o controle sobre as máquinas? A mudança crucial que está ocorrendo neste momento é da IA "fraca" ou "estreita" para a IA "forte" ou "geral". Na primeira, a máquina é programada para realizar uma tarefa específica — digamos, vencer um jogo de xadrez —, o que ela cumpre admiravelmente. A segunda é o desenvolvimento mais amplo de um tipo de inteligência que pode pensar de maneira criativa e fazer julgamentos. Esse salto em capacidade cognitiva foi um divisor de águas para a IA. O Go é considerado o jogo mais complexo do mundo, com um número muito maior de potenciais movimentos do que o de átomos num universo observável.[45] O AlphaGo, da Google, aprendeu o jogo e, em março de 2016, venceu Lee Sedol, dezoito vezes campeão mundial, de maneira consistente (em 2017, seu programa sucessor, o AlphaZero, ensinou Go a si mesmo em apenas três dias e derrotou o AlphaGo cem vezes seguidas). O AlphaGo foi visto por cientistas da computação como um sinal de que as máquinas podiam ensinar a si próprias e também pensar de maneira não linear, criativa. Em março de 2020, seus fabricantes revelaram que outro de seus programas simplesmente assistira na tela a uma série de videogames da Atari sendo jogados — e passou a dominar todos os 57 jogos,[46] com um desempenho superior ao de humanos em cada um deles.

Essa forma mais poderosa de IA imita a capacidade mental humana. Mas os programas não vão parar na mera imitação. Logo eles excederão amplamente nossas habilidades. Máquinas já podem superar os humanos em inteligência no que diz respeito a muitas tarefas analíticas. E vão se aprimorar cada vez mais com um número cada vez maior de dados e por meio de novos mecanismos de aprendizado, como as redes neurais. O cientista da computação Stuart Russell, da Universidade da Califórnia em Berkeley, tem uma maneira de explicar essa tendência.[47] Ele observa que os computadores modernos leem sem realmente entender. Eles podem traduzir porque olham materiais previamente traduzidos e correlacionam palavras, expressões e sentenças. Mas agora eles estão aprendendo a entender. Quando puderem fazer isso, os computadores lerão e absorverão rapidamente tudo o que os seres humanos escreveram sobre cada assunto. A essa altura, eles serão muito mais instruídos do que qualquer humano, na verdade do que todos os humanos do planeta.

Serão esses computadores conscientes no mesmo sentido que os seres humanos? Terão algum tipo de moral? Russell dá um exemplo do que poderia acontecer se você pedisse a um computador que eliminasse um câncer.[48] Ele poderia concluir que a maneira mais fácil de fazer isso seria matar todos os seres humanos, uma vez que isso certamente eliminaria a doença também. Sempre pensei que no fim das contas o ser humano ainda está no controle, porque pode desplugar a máquina. Mas se o computador souber disso e acreditar que, para cumprir sua missão, precisa se manter funcionando — e encontrar maneiras de se manter ligado? Esse foi o dilema explorado cinquenta anos atrás em *2001: Uma odisseia no espaço*, de Stanley Kubrick. O filme foi incrivelmente presciente ao entender o maior dilema representado pela inteligência artificial. Nele, o computador HAL escolhe matar seus mestres humanos para poder prosseguir com sua missão. No fim, o humano, David Bowman, consegue superar a máquina em inteligência — mas na vida real parece muito mais provável que o oposto aconteça. É por isso que Bill Gates, Elon Musk e um monte de outros indivíduos notáveis, geralmente otimistas em relação à tecnologia, têm ecoado as advertências de Nick Bostrom, filósofo de Oxford:[49] eles agora temem que o desenvolvimento da IA geral possa ameaçar a própria espécie humana.

Os computadores equipados com IA já são caixas-pretas. Sabemos que eles chegam à resposta certa, mas não sabemos como ou por quê. Qual é o papel que isso deixa para o julgamento humano? Perguntaram a Henry Kissinger se o crescimento da inteligência artificial significará o fim do Iluminismo.⁵⁰ Esse movimento do século XVIII elevou o raciocínio humano acima de antigas superstições, dogmas e adorações. Immanuel Kant o chamou de "emersão do homem de sua imaturidade autoimposta".⁵¹ A humanidade tinha de crescer — tínhamos de entender o mundo por nós mesmos. Mas se a IA produzir respostas melhores do que nós podemos produzir, e sem revelar sua lógica, estaremos voltando à infância de nossa espécie e contando com a fé. Vamos venerar a inteligência artificial, que, como se disse sobre Deus, age de maneira misteriosa e realiza maravilhas. Talvez o período de Gutenberg ao AlphaGo prove ser uma exceção, uma era relativamente breve da história em que humanos acreditavam que estavam no controle. Antes disso, durante milênios, eles se viam como pequenos dentes de engrenagem num vasto sistema que não compreendiam completamente, sujeitos às leis de Deus e da natureza. A era da IA poderia nos reconduzir a um papel de semelhante humildade. Dessa vez, porém, pode ser que os humanos trabalhem de mãos dadas com uma inteligência superior, não subservientes a ela, mas também não inteiramente acima dela. Em alguns aspectos, isso é um reflexo mais preciso de nosso real lugar no vasto e insondável universo.

Vale a pena ter em mente que, junto com a revolução da IA, estamos testemunhando outra que provavelmente também terá efeitos transformadores — a revolução da bioengenharia. Explicando de forma simples, estamos nos aprimorando na criação de seres humanos melhores — mais fortes, mais saudáveis e mais longevos. Com a seleção de genes, pais já podem escolher óvulos fertilizados livres de doenças genéticas conhecidas (muitos temem que logo eles também selecionarão bebês que sejam, digamos, louros, de olhos azuis e do sexo masculino). O estudioso Yuval Noah Harari argumenta que, apesar de todas as mudanças sociais, políticas e econômicas ao longo de milênios, os seres humanos não mudaram muito física e mentalmente — até agora. A combinação dessas revoluções irmãs — na biologia e na computação — permitirá aos seres humanos expandir suas capacidades física e mental. O resultado, diz ele, será a criação de um super-homem semelhante a um deus: o *Homo Deus*.⁵²

Talvez seja isso o que nos aguarda. O futuro da inteligência artificial e da biotecnologia é tema de grandes debates e está além do âmbito deste livro e deste autor. Acredito que temos um longo caminho a percorrer antes de alcançarmos uma inteligência verdadeiramente geral numa máquina — que possa, por exemplo, não apenas resolver um problema científico, mas entender a lógica subjacente da inovação, a própria noção de ciência. Poderia ela de fato inventar outros modos de investigação e outros campos de conhecimento em todas as áreas, como os humanos fizeram repetidamente? Em qualquer caso, as coisas parecem claras: até agora, essa revolução tecnológica teve o efeito não tanto de substituir humanos, mas de mudar o foco deles. Quando falo com pessoas que administram hospitais no mundo em desenvolvimento e aplicam IA amplamente para compensar a falta de médicos, elas observam que a capacidade superior das máquinas de produzir diagnósticos permitiu aos médicos e enfermeiros focar na assistência ao paciente. Esses profissionais estão agora mais profundamente envolvidos em ajudar os pacientes a entender seu estado, assegurar que eles tomem seus remédios e convencê-los a mudar de dieta e hábitos. Agem também como orientadores, proporcionando o apoio moral e psicológico, que é a chave para a recuperação. De muitas maneiras, são tarefas, em essência, mais humanas do que aquelas puramente analíticas, como ler raios X ou interpretar resultados de laboratório. Esse desenvolvimento representa uma nova divisão de trabalhos, com máquinas e humanos fazendo o que fazem melhor.

A pandemia mostrou que essas revoluções tecnológicas estão juntas além do que poderíamos pensar — mas também que a vida digital pode parecer restrita, um simulacro pobre do mundo real. Para muita gente, essas mudanças serão assustadoras. Alguns empregos desaparecerão, mas a produtividade geral crescerá, gerando uma riqueza maior que poderia ajudar a todos. A qualidade de vida poderia melhorar. Há preocupações reais com privacidade, manipulação de dados e o papel do governo de regular empresas e também a si próprio nesse terreno. Mas esses problemas não são insolúveis; podemos ter os benefícios da vida digital e também proteger nossa privacidade. E se pudermos tomar cuidado ao desenvolver as regras para as revoluções de IA e bioengenharia, também não perderemos nossa humanidade. Na verdade, poderíamos elevá-la.

Pessoas temem que, conforme a IA se desenvolva, passemos a depender de nossos computadores para tanta coisa que acabaremos pensando neles como amigos e nos tornando incapazes de funcionar sem eles. Mas meu telefone já pode me dar mais informações do que qualquer humano que conheço. Pode resolver tarefas complexas em um nanossegundo. Pode me entreter com conteúdos que atravessam tempo e espaço. E, ainda assim, nunca o confundi com um amigo. Quanto mais inteligente a máquina se torna para calcular dados e fornecer respostas, mais ela nos força a pensar no que é unicamente humano em nós, para além de nossa capacidade de raciocinar. Na verdade, máquinas inteligentes podem nos levar a valorizar nossas companhias humanas ainda mais, por sua criatividade, seus caprichos, sua imprevisibilidade, cordialidade e intimidade. Isso não é um pensamento tão estranho assim. Durante grande parte da história, os humanos foram louvados por muitas outras qualidades além do poder de calcular — coragem, lealdade, generosidade, fé, amor. O movimento da vida digital é amplo, veloz e real. Mas talvez uma de suas consequências mais profundas venha a ser fazer com que prezemos o que há de mais humano em nós.

LIÇÃO SEIS

Aristóteles estava certo: somos animais sociais

O verdadeiro enigma sobre as pandemias é por que não acontecem com maior frequência. A Covid-19, assim como a peste bubônica, a Sars, a Mers, o Ebola e algumas outras doenças, é conhecida como zoonose — infecção que passa dos animais para os seres humanos (*zoonose* vem das palavras do grego antigo para "animal" e "doença"). Acredita-se que o HIV, o vírus que causa a Aids, tenha passado de uma espécie para outra[1] quando um caçador na África equatorial matou um chimpanzé infectado e foi exposto ao sangue do animal através de um corte. Mas aqui vem a pergunta assustadora: dado que existem milhares desses vírus em milhares de espécies animais, por que não infectam os humanos com maior frequência? Na verdade, infectam. O salto viral do chimpanzé para o ser humano "provavelmente já ocorreu diversas vezes anteriormente", explicam Craig Timberg e Daniel Halperin em seu livro sobre as origens da epidemia de Aids.[2]

Cenários semelhantes na Ásia, com morcegos, civetas e pangolins[3] provocando casos locais de vírus semelhantes à *influenza*, datam de décadas e, provavelmente, de séculos. Então por que não há mais epidemias e pandemias? E não apenas mais: por que não há *muito* mais? Ao escrever sobre o HIV, Timberg e Halperin explicam: "Para cumprir seu terrível destino, o vírus precisava de um tipo de lugar nunca antes encontrado na África Central, mas que então vinha crescendo no coração da região — um lugar grande, próspero e agitado, lotado de pessoas e energia, onde velhas regras estavam sendo abandonadas em meio ao tumulto do novo comércio." Em resumo, precisava de uma cidade.

"Prevemos que entre um [milhão] e sete milhões de pessoas por ano são infectadas por esses coronavírus de morcego", diz Peter Daszak, o "caçador de vírus" que apresentei na lição um. Contudo, observa Daszak, "é apenas ocasionalmente que aquela pessoa azarada[4] vai a um mercado ou o animal infecta alguém em um mercado de animais silvestres, de modo que o vírus possa se espalhar e se tornar uma pandemia". Para que um vírus se torne uma pandemia completamente desenvolvida, ele precisa abrir caminho até um ambiente urbano. A Covid-19 ilustra com perfeição tal princípio. Quando pensamos na doença, especialmente nos Estados Unidos, nos lembramos de como a cidade de Nova York, com as suas ruas e metrôs lotados 24 horas por dia, tornou-se o maior epicentro.

É claro que não é apenas Nova York. A mistura de pessoas em cidades em toda parte sempre fez desses lugares espaços ricos em vetores para doenças. As conexões dentro das cidades e entre elas sempre foram uma fonte de vulnerabilidade à infecção. Quando as ferrovias e os telégrafos uniram as cidades, na segunda metade do século XIX, isso anunciou uma nova era tanto para os seres humanos quanto para as doenças. Em fins de 1889, quando um surto de gripe foi relatado pela primeira vez em São Petersburgo, na Rússia, a notícia se espalhou pela Europa através do telégrafo.* No início, as notícias nos jornais despertaram mais curiosidade do que preocupação. Os londrinos leram no *The Times* como o suposto ressurgimento da doença após décadas sem um surto equivaleria a pouco mais do que uma excentricidade acadêmica. O jornal explicou que os novos casos poderiam proporcionar aos patologistas um "interesse mais vivo",[5] semelhante à emoção sentida por um caçador de animais raros ou um arqueólogo ao descobrir múmias egípcias. Logo, porém, os habitantes das cidades começaram a ser tomados por um temor crescente à medida que o contágio letal varria as metrópoles do continente europeu e, por fim, chegava a Londres — e além. Em um mundo de cidades conectadas — unidas por ferrovias e navios a vapor —, o vírus deu a volta ao mundo em apenas quatro meses.[6] Hoje, viagens aéreas generalizadas em combinação com o aumento da densidade urbana parecem tornar as cidades ainda mais atraentes para doenças. Os focos iniciais da Covid-19 foram — todos eles — as grandes cidades. No início, tais epicentros eram grandes cidades desconhecidas para a maioria dos ocidentais — Wuhan, Daegu, Qom —, mas logo o vírus atacou mais perto de casa, dominando Milão, Londres e Nova York.

Em abril de 2020, muitas das cidades mais glamorosas do mundo haviam se tornado arremedos do que eram anteriormente. Paris, com seus lindos cafés alinhados nas calçadas vazias, parecia um cenário de filme. Mesmo depois do *lockdown*, a cidade mal recuperou alguma aparência de normalidade. Antes da pandemia, cada um dos trens urbanos de Paris podia transportar cerca de 2.600 passageiros — depois da Covid-19, esse número foi reduzido para setecentos,[7] como resultado das novas diretrizes de distanciamento social. Separar pessoas nas cidades, especialmente na

---

* Convém notar que há algumas evidências que sugerem que a pandemia de 1889, que os contemporâneos pensaram ser uma gripe, pode na verdade ter sido um coronavírus zoonótico — talvez uma cepa bovina originária de vacas. *Ver:* Leen Vijgen et al., "Complete Genomic Sequence of Human Coronavirus OC43", *Journal of Virology* 79 (3): 1595-1604. Disponível em: <www.ncbi.nlm.nih.gov/pmc/articles/PMC544107/>.

hora do rush e no transporte público, mostrou-se extremamente difícil. A energia e a sinergia de pessoas se espremendo umas contra as outras desapareceram. O mesmo aconteceu com a espontaneidade da vida urbana. Londres reabriu parcialmente em julho, mas a aventura de frequentar pubs deve ter parecido diferente, já que, antes de lhe servir uma caneca de cerveja, o barman anotava seu nome e número de telefone[8] — para possível teste e rastreamento pelo Serviço Nacional de Saúde. Algumas das grandes cidades da Ásia experimentaram um monitoramento ainda mais intrusivo através do rastreamento de telefones celulares. Os usuários que optam por usar o aplicativo do governo de Cingapura[9] recebem alertas se os dados enviados por Bluetooth mostrarem contato com um indivíduo que tenha testado positivo para Covid-19, e o aplicativo solicita que a pessoa possivelmente infectada faça o teste. Ao mesmo tempo, a pandemia levou muitos restaurantes, teatros, galerias, bares, casas de shows e lojas de varejo à falência, privando as cidades da maioria de suas principais atrações.

Sem nenhuma certeza sobre quando ou se as coisas voltariam ao normal, muitos habitantes de cidades fizeram o que sempre fizeram ao longo da história quando confrontados com doenças: fugiram. Alguns se dedicaram a longas visitas a familiares e amigos. Outros, principalmente os abastados, mudaram-se para casas de campo, alugando ou até mesmo comprando propriedades do tipo. Uma análise de dados de telefones celulares revelou que, entre 1º de março e 1º de maio, cerca de 420 mil pessoas deixaram[10] a cidade de Nova York. Bairros ricos como o Upper East Side, o West Village e o SoHo tiveram quedas de 40% ou mais em sua população residencial. O trabalho remoto tornou essa opção mais viável, mas apenas para profissionais especializados. As cidades da Califórnia estão enfrentando um êxodo semelhante: o CEO do Facebook, Mark Zuckerberg, observou que, desde a pandemia, três quartos de seus funcionários sinalizaram algum nível de interesse em deixar a área da baía de São Francisco.[11] Relatórios da França sugeriram uma tendência semelhante, com os parisienses se mudando para regiões rurais[12] que antes desprezavam chamando-as de "províncias" — o que levou muitos moradores a suspeitar desses visitantes indesejáveis e potencialmente infectados.

Durante séculos, os habitantes dos centros urbanos abandonaram suas casas em tempos difíceis. No século XIV, a peste bubônica atingiu Florença de modo implacável, matando mais da metade da população da cidade, segundo algumas estimativas. Em sua coletânea de contos dessa época, *Decamerão*, Giovanni Boccaccio ofereceu conselhos que soam notavelmente atuais: fujam da cidade; isolem-se com alguns amigos; e se reúnam à noite para comer, beber e contar histórias (a sua versão da Netflix). E, no entanto, tal fluxo se mostrou temporário. As cidades ressurgiram. Após a pior praga da história da humanidade, as cidades-Estado da Itália, principalmente Florença, instauraram o Renascimento.

Frequentemente, as grandes cidades emergiram mais fortes da catástrofe. Ao estudar a Londres do ano de 1666, um observador poderia ser perdoado ao pensar que aquele realmente era o ano do diabo — a cidade fora duplamente destruída, primeiro pela peste e depois pelo Grande Incêndio. Dezenas de milhares de pessoas morreram[13] de doenças e 80% da cidade[14] foi transformado em escombros fumegantes. Aquilo parecia ser o fim. Os relatos de mortes em Londres foram, desnecessário dizer, muito exagerados. Aquele ano marcou o último surto da peste na Inglaterra. E, crucialmente, os londrinos preferiram — em linguagem moderna — "reconstruir para melhor".[15] A cidade velha, erguida principalmente em madeira, se revelara um barril de pólvora. A cidade nova se recriou em tijolo e pedra.[16] Londres tal qual a conhecemos atualmente ressuscitou das cinzas.

O jornalista Clay Jenkinson cita um exemplo do Novo Mundo no que diz respeito a essa tendência de declarar a morte das cidades. Em 1793, a Filadélfia era a maior metrópole dos Estados Unidos — a capital e a cidade mais populosa do país —, e foi nessas condições que atravessou uma terrível epidemia de febre amarela, que dizimou a população, matando cinco mil de seus cinquenta mil habitantes. O secretário de Estado, Thomas Jefferson, que nunca foi afeito a centros urbanos, morava na periferia da cidade e continuou a se deslocar para o trabalho. "A maioria dos males é o meio de produzir algum bem", escreveu posteriormente. "A febre amarela vai desestimular o crescimento de grandes cidades em nosso país."[17] Não funcionou bem assim.

URBANIZAÇÃO INTERMINÁVEL

Para aqueles que ficaram para trás em 2020, foi como viver em uma versão estranha e assustadora de sua cidade — toda a energia se fora. Visitei Nova York pela primeira vez na década de 1970, quando a cidade era um lugar sujo e difícil, mas cheio de vigor. Para um menino vindo da Índia, parecia a metrópole mais deslumbrante do mundo. Eu me mudei para lá no início da década de 1990, quando a cidade ingressava em uma nova era dourada, mas nunca perdeu seu espírito caótico. Compare isso com abril de 2020. O confinamento, as ruas vazias, o coração da cidade paralisado, o silêncio pontuado apenas pelo efeito Doppler das sirenes de ambulâncias — tudo isso era estranho e perturbador. O livro de não ficção de Alan Weisman *O mundo sem nós*,[18] publicado em 2007, imagina como as cidades desmoronariam e a selva voltaria caso os seres humanos desaparecessem de repente. Muito rapidamente, escreveu Weisman, os esgotos entupiriam, os metrôs inundariam e os edifícios desabariam. Sem pessoas para fornecer comida e calor, ratos e insetos morreriam. Tudo o que restaria seriam as lembranças da civilização moderna — fragmentos do alumínio de aparelhos, panelas e frigideiras de aço inoxidável e, é claro, plástico.

Se os moradores da cidade estiverem em perigo, isso representará muitos de nós. O movimento mundial de pessoas para as cidades nas últimas décadas talvez seja mudança demográfica mais importante em nosso tempo de vida. Desde que os seres humanos se assentaram, há cerca de dez mil anos, a grande maioria vivia em fazendas e no campo. Não mais. Em 1950, menos de um terço da população mundial vivia em áreas urbanas, mas em 2020 essa parcela ultrapassou a metade. E está crescendo cada vez mais — em um ritmo equivalente a adicionar uma nova Chicago[19] ao planeta a cada duas semanas. Por volta de 2050, segundo estimativa da ONU, mais de dois terços dos seres humanos viverão em cidades. Para acomodar tal influxo, não apenas novas cidades estão surgindo, mas também as existentes estão ficando maiores. Em 1800, havia apenas duas cidades com ao menos um milhão de habitantes: Londres e Pequim.[20] Em 1900, eram cerca de quinze. Em 2000, o número subiu para 371.[21] E em 2030 a projeção é que ultrapasse setecentas, 125 das quais na China. A essa altura, o mundo poderá ter mais de quarenta megacidades, aquelas com dez milhões de habitantes ou mais.

Todas as profecias anteriores sobre a decadência das cidades se revelaram equivocadas. As cidades perdurarão. A urbanização, especialmente nos países em desenvolvimento, provavelmente se recuperará e continuará mais ou menos em seu ritmo pré-pandêmico. Nenhum despertar rural à vista. A maioria das pessoas que deixarem uma cidade simplesmente mudará para outra, talvez menor. Outras comprarão casas nos subúrbios, ainda concentrando sua vida ao redor de uma cidade, e muitos outros decidirão ficar onde estão.

Os críticos dizem que desta vez será diferente. As novas tecnologias tornam muito mais fácil para as pessoas trabalhar em casa, e o perigo de doenças as manterá afastadas. E é verdade que haverá algumas mudanças significativas na natureza do trabalho e na antiga exigência de as pessoas ficarem no escritório semana após semana. Mas os problemas urbanos atuais parecem mínimos se comparados com eras anteriores. O economista de Harvard Edward Glaeser destaca que as cidades americanas enfrentaram uma perspectiva sombria na década de 1970 — muito mais sombria do que a atual. A globalização e a automação mataram muitas das grandes atividades das indústrias urbanas, da manufatura têxtil ao transporte de mercadorias. O carro provou ser uma tecnologia de mudança de vida ao permitir que as pessoas vivessem longe do escritório — muito mais transformador do que o Zoom. O serviço de telefonia tornou-se barato e fácil. Acrescente tumultos raciais e crimes, e você teria um coquetel molotov de fatores que destruiriam a vida na cidade.

E, no entanto, as cidades ressurgiram. Encontraram uma nova vida econômica nos setores de serviços, desde finanças até consultoria e assistência médica. Apesar do aumento das máquinas de fax, e-mail, chamadas telefônicas baratas e videoconferências, as cidades se reinventaram de inúmeras maneiras, valendo-se de um ativo simples: os seres humanos gostam de se misturar. Glaeser observa que, em setores como finanças e tecnologia, as pessoas têm enormes vantagens quando permanecem perto da ação, conhecem novas pessoas, aprendem no dia a dia com mentores e comparam anotações — e grande parte disso acontece acidentalmente.[22] Ele aponta para os dados: "Os norte-americanos que vivem em áreas metropolitanas com população acima de um milhão de habitantes são, em média, mais de 50% mais produtivos do que os que vivem em áreas metropolitanas menores. Tais relações se mantêm mesmo quando levamos em conta a educação, a experiência e a determinação dos trabalhadores. São iguais, mesmo se considerarmos o QI de cada trabalhador em particular." Globalmente, vemos o mesmo efeito: as trezentas maiores áreas metropolitanas do mundo produzem metade do PIB mundial[23] e dois terços do crescimento do PIB.

As cidades são uma forma ideal de organizar os seres humanos para a vida moderna — permitindo que se misturem, trabalhem e se divirtam, tudo no mesmo lugar. E ajudam a construir o capital econômico e social sobre o qual repousam as sociedades saudáveis. São também as unidades geográficas mais adaptáveis, capazes de responder constantemente às pressões que lhes são impostas por tendências mais amplas ou por seus habitantes. Embora alguns aspectos da tecnologia digital forneçam alternativas para a vida na cidade, como a teleconferência, a maioria delas — de caronas compartilhadas a serviços de entrega de refeições — na verdade torna a vida na cidade mais fácil e mais rica. Hoje você pode usar seu celular para se locomover pela cidade de forma rápida e barata, fazer pedidos para centenas de restaurantes, receber alertas sobre eventos em sua vizinhança e marcar encontros. A tecnologia aprimorou o motivo principal pelo qual as pessoas vivem nas cidades: para encontrar outras pessoas. Na verdade, as cidades há muito prometem e proporcionam um estilo de vida mais envolvente e empolgante — e, ao menos no século passado, uma qualidade de vida consideravelmente maior para seus habitantes.

As cidades modernas proporcionaram às pessoas uma vida mais saudável. Nossa ideia de poluição urbana e doenças vem da imagem das cidades industriais de outra era. Os pesquisadores descreveram uma "penalização de mortalidade" paga por pessoas que viviam nesses locais, que se tornou severa com o início da Revolução Industrial e a urbanização em massa que se seguiu. Em 1890, por exemplo, as taxas de mortalidade nas áreas urbanas dos Estados Unidos eram cerca de um terço mais altas do que nas áreas rurais. Os jovens sofreram mais. Para crianças de um a quatro anos, a mortalidade era 94% maior do que em áreas rurais.[24] Com o tempo, porém, essa penalização desapareceu. Estradas pavimentadas, esgotos, postes de luz, coleta de lixo, corpos de bombeiros profissionais, códigos de construção, leis de higiene, parques públicos — tudo isso melhorou a saúde e a segurança. Um dos motivadores do movimento de espaços abertos para parques e playgrounds foi a ideia de que o ar viciado provocava doenças. O criador do Central Park de Nova York, Frederick Law Olmsted, captou a sabedoria prevalecente, escrevendo em 1870 que "o ar é desinfetado pela luz do sol e pela folhagem",[25] de modo que os parques serviam como "pulmões da cidade".[26] No mundo desenvolvido, a sujeira e a miséria crescentes de meados do século XIX, a fuligem da mortalha dickensiana, deram lugar a cidades melhores, mais limpas e mais seguras no século XX.

O redator da *New Yorker* Adam Gopnik chama as vantagens acumuladas do liberalismo de "mil pequenas sanidades". Uma descrição equivalente para a urbanização moderna pode ser "mil pequenos saneamentos", mas isso pode ser uma estimativa modesta. O processo de limpeza começou na Londres do século XIX. A água suja se tornara crítica nas cidades da era industrial, com número de habitantes sem precedentes. O autor Steven Johnson descreve Londres em 1851: "Sem infraestrutura, o fato de dois milhões de pessoas repentinamente serem forçadas a compartilhar 230 quilômetros quadrados de espaço não era apenas um desastre esperando para acontecer: era uma espécie de desastre contínuo e permanente."[27] A cólera assolou as ruas, matando dezenas de milhares de pessoas. John Snow, um epidemiologista pioneiro, teorizou que a doença era transmitida pela água e interditou uma bomba local para provar sua tese. E eis que o surto parou de se alastrar naquele bairro. Mas tal experimento dramático não conseguiu convencer as autoridades[28] a sistematicamente implementar as recomendações de Snow — até que as suas ideias se tornaram consenso décadas depois, após milhares de mortes evitáveis.

Do outro lado do Atlântico, os Estados Unidos da virada do século forjaram seu próprio caminho rumo a cidades mais saudáveis. Em 1908, Jersey City implementou pela primeira vez o uso em grande escala de cloração da água. Os efeitos foram miraculosos. As taxas de mortalidade de doenças como a febre tifoide despencaram,[29] e outras cidades adotaram a prática — entre elas, Baltimore, Chicago, Cincinnati, Cleveland, Detroit, Filadélfia e Pittsburgh. As cidades fizeram outras mudanças no fornecimento de água: passaram a filtrá-la, construíram canais de drenagem para protegê-la da contaminação e a extraíram de fontes subterrâneas profundas em vez de rios poluídos. Esses e outros avanços simples em saneamento tiveram efeitos surpreendentes. As taxas de mortalidade nos Estados Unidos caíram 40% entre 1900 e 1940 e a expectativa de vida aumentou de 47 para 63 anos de idade, observam os pesquisadores David M. Cutler e Grant Miller. Eles acrescentam que, durante esse período, apenas a água limpa "foi responsável pela redução de quase metade da taxa de mortalidade total nas grandes cidades". Quanto à mortalidade infantil, a redução foi ainda maior.[30]

Reiteradamente, cidades de todo o mundo adotaram as políticas que funcionaram, e as melhorias se espalharam e se desenvolveram tanto em umas quanto em outras. Isso incluiu novas ideias que podemos não associar imediatamente às cidades. Boston e Filadélfia, por exemplo, começaram a fornecer merenda escolar no fim do século XIX. Movimentos de reforma de todo tipo ganharam força nas cidades, e, quando uma nova ideia dava certo em uma delas, se espalhava para outras. Dessa forma, a vida urbana se tornou melhor, mais segura, mais saudável e mais longa. As cidades não pararam de experimentar. Atualmente, as principais causas de morte incluem doenças não transmissíveis, como cardiopatias e problemas respiratórios crônicos, doenças causadas por uma dieta insalubre e inatividade física. Em resposta, as cidades modernas lançaram todo tipo de iniciativa: construção de ciclovias, expansão de parques públicos e aumento do acesso a fontes de alimentos nutritivos para reduzir a desnutrição. Até mesmo a muito criticada proposta do ex-prefeito de Nova York Michael Bloomberg de estabelecer um imposto sobre os refrigerantes[31] foi parte de um esforço para combater o tóxico aumento da obesidade. Em 2011, Bloomberg podia se gabar de que os habitantes de sua cidade tinham uma expectativa de vida dois anos mais alta do que a média nacional. "Se você quiser viver mais e de maneira mais saudável do que o americano médio, venha para Nova York",[32] sugeriu. "Se você tem amigos e parentes com os quais se preocupa profundamente[33] e eles moram em outro lugar, saiba que, caso se mudem para Nova York, em média viverão mais."

As cidades também são uma forma muito mais sustentável de viver neste planeta. O fato de uma cidade ser ecologicamente correta pode entrar em conflito com a imagem de concreto, asfalto, lixo e fumaça que associamos a ela — mas os fatos são difíceis de contestar. Primeiro, os habitantes das cidades usam muito menos espaço. As áreas urbanas ocupam menos de 3% da superfície da Terra,[34] mas abrigam a maioria de seus habitantes. Seus moradores têm menos filhos e consomem menos de praticamente tudo, desde energia a alimentos. Na verdade, às vezes a poluição é pior nas áreas rurais[35] por causa da atividade industrial ou da dependência de combustíveis fósseis poluentes[36] — considere o notório "Beco do Câncer"[37] da Louisiana, uma região ao longo do Mississippi onde os habitantes, predominantemente negros, vivem em meio a diversas indústrias petroquímicas. O transporte é mais limpo nas cidades, já que seus habitantes usam ônibus, trens, metrôs e bicicletas. Até mesmo as montanhas de lixo nas ruas de Nova York[38] são enganosas. O habitante urbano médio recicla mais[39] enquanto consome menos água[40] e eletricidade[41] do que aquele que vive no campo ou nos subúrbios. As principais cidades europeias e asiáticas[42] são líderes mundiais em eficiência e sustentabilidade.

A CIDADE PÓS-PANDEMIA

Mas um vírus respiratório pode mudar tudo isso? Na verdade, não. Um dos mitos sobre essa pandemia é que as cidades são especialmente suscetíveis. É verdade que a doença sempre atingirá primeiro as cidades porque são as partes mais globalizadas de qualquer país. Contudo, na maioria das nações, o vírus logo se espalha pelos subúrbios e pelo interior. Muitas áreas rurais nos Estados Unidos[43] e na Europa[44] enfrentam taxas de mortalidade *per capita* da Covid-19 piores do que as das grandes cidades. Dentro das cidades, alguns dos bairros mais densos foram os menos infectados — em Nova York, o subúrbio de Staten Island sofreu mais do que a superdensa Manhattan.[45] Mais importante: boas políticas públicas podem tornar a vida na cidade segura, mesmo durante uma epidemia de gripe. Se olharmos para o exterior, veremos que grandes cidades lidaram maravilhosamente bem com o vírus. Hong Kong, Cingapura e Taipei são todas cidades densas com sistemas de transporte de massa abarrotados, e, mesmo assim, o número de mortos pela Covid-19 tem sido incrivelmente baixo. Em fins de julho de 2020, apesar de ser anualmente exposta a milhões de viajantes da China continental, Hong Kong tinha 2.100

casos acumulados da doença e apenas dezoito mortes.[46] Essas cidades conseguiram combater o vírus porque estavam preparadas. A epidemia de Sars lhes ensinou algumas lições dolorosas. Eles investiram em saúde e higiene e reagiram precoce, agressiva e inteligentemente ao coronavírus. Para qualquer cidade com boa liderança, a densidade não foi um fardo.

Vários países em desenvolvimento têm menos recursos e muito mais problemas. Em suas cidades, com a população mais pobre amontoada em bairros superpovoados, os serviços de saneamento ficam severamente saturados ou totalmente sobrecarregados. Seus habitantes raramente vão ao médico. À medida que a pandemia se espalhava, tornou-se evidente que tais cidades seriam as mais vulneráveis. Sob pressão, algumas recorreram à criatividade. As autoridades de Mumbai, por exemplo, lançaram mão de novas iniciativas para identificar, rastrear, testar e isolar agressivamente as pessoas em Dharavi, uma das maiores favelas da Ásia, para deter a disseminação da infecção. "Médicos particulares se juntaram aos campos de febre",[47] relatou Soutik Biswas, correspondente da BBC na Índia. "A municipalidade abastada, políticos e organizações sem fins lucrativos forneceram dezenas de milhares de refeições e rações gratuitas. Atores e empresários de Bollywood doaram equipamentos, cilindros de oxigênio, luvas, máscaras, medicamentos e ventiladores." Antes da crise, a maior parte da elite da cidade nunca se importara com a pobreza em seu meio, tampouco visitara essas regiões.

No fim do século XIX, surtos de cólera e relatos populares de "como a outra metade vive" em cortiços superlotados estimularam movimentos de reforma urbana na Europa e nos Estados Unidos. Hoje, as cidades do mundo em desenvolvimento enfrentam problemas exponencialmente maiores, mas, no fim das contas, poderiam adotar com facilidade algumas das decisões que as cidades ocidentais tomaram há um século — centradas no saneamento e na água potável. E a pandemia pode estimular medidas de proteção contra outras calamidades. A ONU estima que 59% das cidades do mundo com uma população de ao menos meio milhão de habitantes estão sob alto risco de desastres naturais⁴⁸ — desde ciclones a inundações, secas, terremotos, deslizamentos de terra ou erupções vulcânicas.

É claro que as cidades ainda têm seus problemas. Nos municípios norte-americanos, as lacunas na expectativa de vida revelam desigualdades raciais e econômicas desanimadoras. Os recém-nascidos de Streeterville, bairro de maioria branca e de alto poder aquisitivo em Chicago, podem esperar viver, em média, até os noventa anos. São três décadas a mais⁴⁹ do que os nascidos em Englewood, um bairro predominantemente afro-americano localizado no sul da cidade. Enquanto isso, a polícia trata negros e brancos de maneira profundamente desigual — e essa realidade cruel é mais gritante nas cidades. Tais disparidades não têm uma solução única e muitas reformas profundas são necessárias. Mas as cidades geralmente destacam os problemas nacionais e os concentram em um único espaço. Os Estados Unidos sofrem com a desigualdade e o racismo em toda parte — as cidades apenas nos forçam a enfrentar tais questões, em vez de bloqueá-las com portões e seguranças particulares.

Sabemos que as cidades sempre foram centros de ideias, inovação e ação. Também são fontes de progresso político. Como John Ibbitson e Darrell Bricker explicam em seu estudo de demografia global, "à medida que uma sociedade se urbaniza e as mulheres ganham mais poder, os laços de parentesco, o poder da religião organizada e o domínio dos homens diminuem, junto com a taxa de fecundidade".⁵⁰ No meio rural, ter muitos filhos é visto como desejável, pois significa força de trabalho extra. Nas cidades, famílias enormes são um fardo, sobretudo para as mulheres. As cidades libertam as mulheres da vida restritiva da aldeia, proporcionando-lhes novas oportunidades. Os centros urbanos também são o ponto de partida do ativismo social. Quase todos os movimentos políticos, sociais e econômicos importantes começaram em uma cidade. E muitos dos grupos ambientais mais eficientes foram fundados por almofadinhas da cidade — do Sierra Club ao Greenpeace. E foi nas cidades dos Estados Unidos que os manifestantes se reuniram para exigir reformas no policiamento após o assassinato de George Floyd.

A urbanização continuará acelerada nos países em desenvolvimento. Na verdade, até 2030, tais países abrigarão cerca de 80% das megacidades do mundo.[51] No mundo desenvolvido, porém, a urbanização provavelmente atingiu o auge. Nos Estados Unidos, a parcela da população urbana atual é de 83%. Pode aumentar para 89% em 2050,[52] mas a participação parece estar se aproximando de um limite natural. Os pesquisadores observam que algumas grandes cidades, como Nova York, Los Angeles e Chicago, viram certos declínios populacionais recentes,[53] e alguns se preocupam com uma repetição do que ocorreu na década de 1970, quando Nova York perdeu 10% de seus habitantes.[54] Outras cidades, como Houston, Washington, D.C., e Miami, também tiveram taxas de crescimento mais lentas[55] nos últimos anos. No entanto, grande parte disso se relaciona ao alto custo de vida nas cidades — um sintoma de sucesso, não de fracasso. Se as cidades norte-americanas dos anos 1970 foram esvaziadas pelo "êxodo branco", as cidades de hoje enfrentam a gentrificação, um problema decorrente do excesso de pessoas abastadas querendo viver ali. De qualquer forma, a maioria das pessoas que estão saindo das grandes cidades não se dirige para cidades pequenas. Está se mudando dentro de sua região metropolitana ou para outras regiões metropolitanas,[56] às vezes menores. O que está claro é que as cidades estabelecidas estão cada vez mais competindo *entre si* para manter seus habitantes.

O NOVO MODELO METROPOLITANO

Como será a cidade do futuro? Esta poderia ser reinventada mais uma vez. Paris é o lugar a se observar a esse respeito. Em janeiro de 2020, antes que a força total da pandemia que se aproximava fosse conhecida, a prefeita, Anne Hidalgo, propôs um ousado plano que pode vir a ganhar impulso no mundo pós-pandemia. Como parte de sua campanha de reeleição, ela anunciou a meta de transformar Paris em uma *"ville du quart d'heure"* — uma cidade de quinze minutos.[57] A ideia é tornar quase todos os lugares aonde se deve ir em um dia normal acessíveis por meio de uma curta caminhada ou passeio de bicicleta. Mercearias, trabalho, parques, escolas, cafés, academias, consultórios médicos, tudo seria acessível dentro de um quarto de hora. Parece agradável e um tanto óbvio, mas a ideia é revolucionária. "Isso realmente vai contra cem anos de ortodoxia do planejamento urbano, a ideia de separar as funções da cidade", diz Samuel Kling,[58] um especialista em cidades do Chicago Council on Global Affairs. Há muito, a ideia prevalecente tem sido a de diferençar as áreas residenciais, comerciais, de entretenimento e industriais de uma cidade. Em lugar algum esses princípios foram implementados de maneira mais agressiva do que nos Estados Unidos. O zoneamento restritivo distorceu o desenvolvimento ao proibir a densidade, restringindo a construção e fazendo disparar os custos habitacionais. Influentes associações de moradores inibem todas as mudanças, que veem como uma violação de seu território ou uma ameaça de atrair "as pessoas erradas" para a sua vizinhança — muitas vezes um eufemismo para minorias. Recentemente, essa política de *NIMBY* [sigla em inglês para "No Meu Quintal Não"] provocou um contramovimento na Califórnia e além. Em vez disso, esses ativistas dizem *YIMBY*,[59] "No meu quintal sim", e defendem a reforma do zoneamento, melhor transporte de massa e maior desenvolvimento para estimular o urbanismo vibrante.

Os planos da prefeita Hidalgo seguem essa mesma visão de diversidade, tanto em amenidades quanto em experiência, enquanto ela se esforça para integrar todas as variadas funções da cidade. A nova proximidade da cidade de quinze minutos incentivaria os passeios de bicicleta e reduziria o tráfego de automóveis (ela já transformou as famosas rodovias ao longo do Sena em ciclovias e trilhas para caminhada). Desafiando a reação pró--carro do movimento do colete amarelo, Hidalgo foi retumbantemente reeleita[60] durante a pandemia e está avançando com a sua agenda. Sua popularidade é compreensível — até mesmo dirigir um Peugeot novo em folha perde um pouco do apelo se tudo aquilo que você precisa está a uma curta caminhada de distância. O transporte público também pode ficar menos lotado, um resultado bem-vindo em meio a preocupações persistentes com o distanciamento social. Se o plano de Paris for adiante, outros prefeitos podem tentar fazer suas próprias megacidades funcionarem e se sentirem mais como comunidades pequenas e acessíveis. Para dar segurança ao maior número de corredores, pedestres e ciclistas que agora evitam o metrô, cidades como Barcelona e Nova York proibiram carros em algumas ruas. Os estacionamentos foram convertidos em mesas ao ar livre para refeições realizadas com distanciamento social. Tais movimentos se mostraram tão populares que, em algumas cidades europeias, essas zonas reivindicadas por pedestres podem permanecer sem carros[61] depois que o vírus retroceder.

Longe do centro, as cidades continuam sendo o núcleo, com subúrbios e bairros periféricos dispostos ao seu redor. Algumas pessoas gostam da densidade da vida na cidade, outras preferem viver mais longe, em casas maiores, mas se movem em direção ao centro constantemente para trabalhar e se divertir. Essa constelação de atividades varia de um lugar para outro, mas, em toda parte, a cidade é o centro do sistema solar em redor do qual ela orbita. O autor Parag Khanna observa que, economicamente, os Estados Unidos realmente se transformaram em uma coleção de regiões metropolitanas interligadas que ele chama de "As Cidades-Estado Unidas da América".[62] Cidades grandes e desenvolvidas estão começando a se considerar atores independentes no cenário mundial. À medida que as principais áreas metropolitanas viram suas economias e populações crescerem, os prefeitos buscaram exercer maior poder político em nível nacional e até internacional. Quando o presidente Trump anunciou sua intenção de retirar os Estados Unidos dos acordos climáticos de Paris em 2017, os líderes de Atlanta, Pittsburgh, Nova York, Chicago, Salt Lake

City e Los Angeles continuaram a seguir o acordo[63] de qualquer maneira. Mudanças climáticas, terrorismo e, sim, a pandemia, trouxeram para casa a noção de que as cidades enfrentam desafios comuns e devem trabalhar juntas para enfrentá-los.

Embora as grandes cidades recebam parte considerável da atenção, boa parcela da ação está acontecendo nas cidades menores. Nos Estados Unidos, as capitais estaduais e cidades que podem atrair estudantes de universidades próximas parecem especialmente adequadas para prosperar na economia moderna. É por isso que Denver, Oklahoma City, Austin, Nashville e Columbus tiveram um crescimento populacional notável nos últimos anos. Cerca de 40% dos alunos da Universidade Estadual de Ohio — uma das maiores do país — dizem que planejam ficar em Columbus após a formatura.[64] Os idosos também estão optando por viver em municípios menores, geralmente cidades universitárias que possuem uma mistura de cultura e acesso a instalações médicas de primeira linha.

É claro que o fato de as cidades em geral prosperarem não significa que todas elas seguirão esse caminho. No início da pandemia, Nova York e Londres se atrapalharam com a Covid-19, apesar de possuírem enormes recursos. As cidades que usaram a pandemia como uma oportunidade para fazer mudanças há muito esperadas vão se recuperar. Aquelas que lidaram mal com a crise ficarão presas em uma espiral descendente. Contudo, quando as cidades declinam, na maioria das vezes isso ocorre pelos mesmos motivos que os países também declinam — mau governo e má gestão —, e não alguma tendência estrutural ampla contra as cidades.

A VIDA E A MORTE DAS GRANDES CIDADES[65]

Eu adoro cidades. Cresci em uma Mumbai grande, barulhenta e suja, que era vista com desconfiança por grande parte do país, e hoje moro em uma Nova York que é semelhante em vários aspectos. Mas também gosto de cidades menores e mais silenciosas. Passei sete anos morando na parte mais antiga e pitoresca de Boston, Beacon Hill, totalmente seduzido por seu charme do Velho Mundo. Gosto de Los Angeles, com certeza um lugar muito diferente, com seu espírito impetuoso, autoconfiante e ar de modernismo desafiador. Adoro Paris e Londres, Viena e Berlim, Istambul e Cairo, Cingapura e Tóquio. Gosto quando estão agitadas e mesmo quando se aquietam. Talvez apenas um romântico consiga enxergar a beleza de uma cidade vazia. William Wordsworth ficou hipnotizado por uma Londres aparentemente desabitada em certa manhã de setembro de 1802. "Agora, é como se esta cidade se vestisse/A beleza da manhã; silenciosa, vazia", escreveu ele. "Meu Deus! as próprias casas parecem adormecidas;/ E todo aquele coração poderoso está imóvel!"[66] Wordsworth viu algo pacífico e alegre até mesmo na vastidão urbana esvaziada. O céu estava claro; o rio corria tranquilo. "Nunca vi, nunca senti, uma calma tão profunda!", exclamou.

Minha experiência em Nova York sempre foi mais próxima daquela do escritor E.B. White em seu panegírico de 1949, *Here Is New York*.[67] Para White, as pessoas e suas atividades frenéticas eram os elementos que conferiam à cidade a sua vitalidade. Isso era verdade, embora a maioria dos nova-iorquinos não percebesse os espetáculos acontecendo a um quarteirão de distância. White achava a proximidade empolgante. Ao almoçar em um restaurante, ele ficou emocionado ao se sentar a "meio metro" de um ator famoso e, novamente, a "meio metro" de um casal jovem e animado no jantar. Infelizmente, a pandemia fez com que uma distância que parecia revigorante agora pareça perigosa — ao menos por enquanto. Contudo, para White, "a cidade é como a poesia: compacta toda a vida, todas as raças e etnias em uma pequena ilha e adiciona música e o acompanhamento de motores internos. A ilha de Manhattan é, sem dúvida, a maior concentração humana do planeta, o poema cuja magia é compreensível para milhões de residentes permanentes, mas cujo significado completo sempre permanecerá indefinível".

Isso captura a essência daquilo que a grande teórica urbana Jane Jacobs amava nas cidades: sua diversidade. Ela acreditava que a arquitetura das cidades deveria crescer organicamente de uma forma não planejada e aleatória. Como ela disse: "A rica e genuína diversidade do ambiente construído é sempre o produto de muitas, muitas mentes diferentes, e em sua forma mais rica é também o produto de diferentes períodos com seus diferentes objetivos e modismos."[68] Ela também celebrou a diversidade da população de uma cidade. O que atraiu tantas pessoas às cidades ao longo dos séculos foi o fato de ali poderem conhecer outras diferentes de si mesmas e verem o mundo com outros olhos. A melhor cidade, refletiu Jacobs, era um mosaico: "A ideia é que cada peça do mosaico ajuda a compor o quadro geral, mas, no entanto, cada peça tem uma identidade própria."[69]

O mundo em que estamos entrando será muito mais diversificado do que nunca, com cada vez mais tipos de ideias, atividades, empregos, empresas e pessoas. E essas pessoas serão de todas as origens, raças, cores e credos, acreditando em todos os tipos de deuses ou em nenhum. Para sermos bem-sucedidos nesse mundo, precisamos aprender a administrar e ganhar força com a diversidade, em vez de nos sentirmos ameaçados por ela. As cidades fazem isso melhor do que qualquer outro lugar, pois são construídas para serem fábricas de assimilação e mistura.

Os profetas do declínio inevitável das cidades apontaram para o Zoom e outras ferramentas que permitem trabalhar em casa. Mas está ficando cada vez mais claro que o trabalho remoto é uma ferramenta fantástica, embora um substituto imperfeito do contato humano real. É verdade que colegas com relacionamentos estabelecidos podem continuar trabalhando juntos sem problemas por meio de *chats*. No entanto, trazer novos colegas e estabelecer com eles confiança e trabalho em equipe é algo extremamente difícil de se alcançar por vídeo. Sem mencionar que o trabalho remoto exclui todas as conversas espontâneas[70] e reuniões acidentais que, em última análise, geram maior produtividade e inovação a partir do encontro de mentes. Quando fazemos uma teleconferência, estamos gastando capital social em vez de construí-lo. A educação por vídeo deixa os alunos esgotados e sem inspiração, ansiando pelo contato humano real com professores e colegas, que é o cerne do aprendizado. A tecnologia é transformadora, mas claramente o melhor modelo é um híbrido que valoriza tanto a facilidade de interação virtual quanto a maior ressonância do contato físico real.

Aqueles que pensam que a vida digital torna as cidades obsoletas deveriam ler o conto de ficção científica de E. M. Forster, "A Máquina parou". Escrito em 1909, parece assustadoramente presciente em 2020. Na distopia de Forster, a humanidade quase nunca vivencia o mundo real. O "desajeitado sistema de reuniões públicas há muito foi abandonado" — ao contrário, todos vivem em pequenas salas privativas, "em formato hexagonal, como favos de abelha", onde todos os alimentos, bens e entretenimentos são entregues automaticamente por um "correio pneumático", tipo Amazon, e todos conversam apenas por meio de videoconferências. Nesse mundo, cidades da Inglaterra à China foram uniformizadas:

> Nessa época, poucos viajavam, pois, graças ao avanço da ciência, a Terra era exatamente igual em toda parte. O transporte rápido, que a civilização anterior tanto almejava, acabou derrotando a si mesmo. De que adiantava ir até Pequim se ela era igual a Shrewsbury? Por que voltar para Shrewsbury quando tudo seria igual a Pequim? As pessoas raramente movimentavam seus corpos.[71]

Mas mesmo nessa visão fictícia do futuro, Forster antecipa de maneira correta que nenhuma tecnologia pode verdadeiramente substituir a conexão face a face. As sutilezas se perdem na tradução digital. A certa altura, um filho está conversando com a mãe. "Ele parou de falar, e ela achou que ele parecia triste", escreve Forster. "Mas ela não tinha certeza, pois a Máquina não transmitia nuances de expressão. Apenas dava uma ideia geral das pessoas — uma ideia que era boa o bastante para todas as finalidades práticas." O filho implora que a mãe o visite pessoalmente, refletindo o espírito da frase mais icônica de Forster, seu chamado para que nos aproximemos uns dos outros: "Apenas faça contato!"[72]

Essa percepção de que as relações interpessoais da vida real são a fonte da felicidade e do significado vem a nós não apenas através de visões do futuro, mas também de um passado distante. Uma das primeiras obras de ciência política, a *Política*, de Aristóteles, escrita por volta de 350 a.C., declara em suas primeiras páginas que o homem é um "animal social" por natureza. A frase às vezes é traduzida como "animal político". Ambas tocam em uma parte fundamental do significado, e o grego original é instrutivo. É *zoon politikon*, da mesma raiz transliterada para animal de que deriva zoonose — e do conceito de uma pólis, uma antiga cidade-Estado grega e sua comunidade humana.

Aristóteles prossegue explicando que os seres humanos não podem se realizar exceto em uma cidade, comparando-os a abelhas que só podem realmente prosperar em colmeias. Para ele, os humanos são animais incomuns, pois não estão totalmente formados ao nascer. Eles devem ser transformados por seu ambiente, e o ambiente que melhor os transforma em adultos completamente formados é a cidade. Na verdade, o objetivo central da cidade é nos transformar em seres humanos exemplares e, principalmente, cidadãos. Para o filósofo, as cidades não são principalmente monumentos e parques — são pessoas e seu caráter.

Os humanos criam cidades e as cidades fazem os humanos — são dois lados da mesma moeda. A razão pela qual as nossas cidades crescem e perduram, mesmo quando enfrentam calamidades, é porque a maioria de nós é naturalmente atraída pela participação, colaboração e competição. As racionalizações para a vida na cidade variam — trabalho, companhia, entretenimento, cultura ou todos os itens anteriores. Contudo, por trás dessas razões externas, existem desejos profundos de interação social. A

Covid-19 não causará um curto-circuito nessa fiação. Na verdade, o isolamento dos *lockdowns* pode ter o efeito oposto, lembrando aos humanos aquela percepção simples, porém profunda: somos animais sociais por natureza.

Aristóteles estava certo.

LIÇÃO SETE

A desigualdade vai aumentar

A pandemia deveria ser o grande equalizador. Frequentemente, as doenças infecciosas parecem cegas a nacionalidade, raça, classe e credo. A humanidade recorreu a artistas para transmitir tal ideia, desde os anos da peste até os tempos da cólera. "A morte é democrática",[1] comentou o artista mexicano José Guadalupe Posada. "No fim, seja você branco ou preto, seja rico ou pobre, todos terminamos como esqueletos." Com base nessa ideia mórbida, a criação mais famosa de Posada, uma gravura intitulada *La Catrina*,[2] retrata um elegante esqueleto feminino usando um grande chapéu emplumado, uma figura macabra trajada com elegância vitoriana que acabou associada ao Dia dos Mortos no México. Ele criou essa imagem indelével pela primeira vez por volta de 1910, quando a cólera continuava galopante. Na verdade, outra obra de Posada do mesmo ano é chamada de *A caveira da cólera-morbo*.[3] Contudo, apesar de todos os seus impulsos equalizadores, a imagem de Catrina também tem muito a ver com a desigualdade. Ao embelezar um esqueleto à moda da alta sociedade, *La Catrina* serve como uma paródia das diferenças de classe e a disparidade de riqueza não apenas dentro do México, mas também entre o México e nações muito mais ricas da Europa Ocidental — entre aquilo que viemos a considerar o mundo em desenvolvimento e o mundo desenvolvido.

Ao que parece, a desigualdade pode estar sempre conosco, juntando a morte e os impostos como as únicas coisas certas neste mundo. Mas passamos a considerar esse fenômeno como especialmente pernicioso nos últimos anos. Os estudiosos dedicaram prateleiras de livros ao assunto, os jornalistas escreveram centenas de colunas a esse respeito. Uma pesquisa da Pew descobriu que, em 31 de 39 países, a maioria acredita que é "um problema muito sério".[4] Portanto, você pode se surpreender ao saber que, por meio de algumas importantes medições, a desigualdade tem diminuído. A desigualdade mundial, ou seja, a diferença de renda entre os países mais ricos e os mais pobres do mundo, vem diminuindo há várias décadas. A diferença de renda entre as pessoas mais ricas e as mais pobres — digamos, entre norte-americanos e malaios — também diminuiu no mesmo período.[5] A mudança nessa última comparação é significativa, porque vinha se ampliando desde 1820, quando a Revolução Industrial decisivamente impulsionou o Ocidente à frente do restante do mundo. Na era pós-Segunda Guerra Mundial, alguns países não ocidentais como Cingapura e Coreia do Sul ingressaram no clube das nações industrializadas. Contudo, apesar dessas exceções, a desigualdade entre os ricos e os pobres do mundo continuou crescendo — até recentemente.

O que, em geral, queremos dizer com desigualdade de renda é a lacuna entre ricos e pobres *dentro* dos países. Aqui os dados são mais confusos. Esse tipo de desigualdade aumentou por várias décadas, mas recentemente começou a se estabilizar. Entre 1993 e 2008, dos 91 países analisados pelo Banco Mundial, 42 viram aumentos na desigualdade, enquanto 39 viram quedas.[6] E entre 2008 e 2013, nesses mesmos países, as notícias ficaram ainda melhores: para cada país em que a desigualdade aumentou, havia dois onde ela caiu.⁷ Durante esse período, doze dos dezesseis⁸ países estudados na América Latina — lendária por suas sociedades hierárquicas — apresentaram prosperidade mais amplamente compartilhada.

Como medir a desigualdade é uma questão de acirrados debates, optei pela medida padrão, o chamado coeficiente de Gini, que tem sido usado há décadas pelo Banco Mundial, pelo FMI e pela maioria dos estudiosos. É uma medida de desigualdade relativa. Então, se eu estivesse ganhando 100 dólares, você estivesse ganhando 1.000 dólares e nossas rendas aumentassem em 10%, nossa desigualdade relativa permaneceria inalterada. Contudo, como 10% de 1.000 dólares é muito mais do que 10% de 100 dólares, você teria ganhado mais em termos absolutos. É claro que isso também é verdade para os países. Se os Estados Unidos crescessem 3,5% ao ano e a China, 5%, os Estados Unidos, que têm uma economia maior, veriam sua produção econômica crescer mais em termos absolutos do que a chinesa, embora a China estivesse diminuindo a diferença em termos relativos. Alguns usam outra abordagem, concentrando-se nos ganhos dos 10% ou no 1% dos maiores ganhadores. Visto dessa forma, a lacuna aumentou dramaticamente,⁹ porque tais grupos se saíram muito melhor do que o restante da sociedade. Em outras palavras, existem formas legítimas de olhar para a desigualdade que mostram o seu aumento, apesar de, ao fazer uso da medida tradicional e histórica, podermos ver que após uma longa e ininterrupta escalada a desigualdade *mundial* diminuiu recentemente.

Os países mais ricos e bem-sucedidos do mundo são uma exceção a essa tendência; a desigualdade aumentou de maneira acentuada em muitos deles. Isso é especialmente verdadeiro nos Estados Unidos, onde o coeficiente de Gini atingiu o nível mais alto desde 1928,¹⁰ quando disparou nos anos de capitalismo desenfreado que levaram à Grande Depressão e, em seguida, às reformas do New Deal. Em 2013, o presidente Obama chamou o aumento implacável da desigualdade no país de "o desafio definitivo de nosso tempo".[11] Contudo, o desafio americano não deve obliterar o progresso em grande parte do restante do mundo. Dedicamos a maior parte de nossa atenção à crise, à tragédia e ao fracasso, mas também devemos reconhecer esse amplo e notável sucesso.

O declínio da desigualdade mundial foi em grande parte causado pelo progresso econômico sustentado na China, na Índia e em outros países em desenvolvimento, que cresceram muito mais rápido do que os países desenvolvidos no último quarto de século, o que reduziu a lacuna e tirou centenas de milhões de pessoas da pobreza. Tenho visto mudanças em lugares na Índia que visito regularmente desde os anos 1960, quando eu ainda era criança. As aldeias se transformaram em vilas e as vilas, em cidades. As casas ficaram maiores, com estruturas mais firmes e um ou dois banheiros improvisados. Bicicletas, vespas e carros proliferaram, proporcionando às pessoas a tão necessária mobilidade. Tudo isso causou muitos problemas, desde ar e água poluídos até estradas e trens superlotados. Ao mesmo tempo, porém, reduziu o tipo de pobreza que levava crianças a morrer de desnutrição. Em setembro de 2000, a ONU estabeleceu seus Objetivos de Desenvolvimento do Milênio. Um deles foi o de cortar pela metade a parcela de pessoas em extrema pobreza (definida como viver com menos de 1,25 dólar por dia) até 2015. Essa meta foi alcançada cinco anos antes do previsto.[12] Em todo o mundo, o número total de pessoas que vivem em extrema pobreza caiu de 1,9 bilhão em 1990 para 650 milhões em 2018.[13] Em uma métrica crucial, o progresso foi imenso: a taxa de mortalidade de crianças pequenas caiu 59% no mesmo período.[14]

O GRANDE DESCOMPENSADOR

Com a Covid-19, muito desse progresso talvez seja revertido. A pandemia pode apagar muitos dos ganhos obtidos pelos países em desenvolvimento no último quarto de século e nos levar de volta a um mundo de grande e crescente desigualdade global. Inicialmente, não parecia que esse seria o caso. A primeira onda do vírus não atingiu a maior parte do mundo em desenvolvimento. Na verdade, o mapa dos surtos propunha um enigma: por que havia tão poucas infecções em lugares mais pobres? No fim de abril de 2020, os países de baixa e média renda, que abrigam 84% da população mundial, tinham apenas 14% das mortes pela Covid-19 no mundo.[15] Algumas das baixas taxas de mortalidade no mundo em desenvolvimento podem ser explicadas pela falta de testes e pela não atribuição das mortes à doença. Pode haver outros fatores. Nos países ricos, a doença atingiu asilos lotados de idosos, responsáveis por grande parte das mortes; tais instituições são raras no mundo em desenvolvimento. O calor pode ter algum efeito[16] na redução da propagação do vírus, embora isso ainda não tenha sido comprovado. Alguns especialistas médicos especularam extraoficialmente que é possível que as pessoas nos países em desenvolvimento tenham sistemas imunológicos mais fortalecidos, pois foram expostas a muito mais doenças ao longo da vida (embora existam poucos bons estudos a esse respeito).

Algumas dessas explicações podem ser válidas — afinal, ainda estamos aprendendo sobre a doença. Mas o mundo em desenvolvimento parecia ter sido poupado da doença nos primeiros meses em grande parte porque estava menos conectado, através de viagens e pelo comércio, aos pontos críticos iniciais. O vírus foi transferido da China para a Europa e os Estados Unidos porque era para lá que as pessoas iam e vinham (a China tem o maior número de turistas e viajantes do planeta: quase 170 milhões em 2019).[17] Contudo, na fase seguinte da pandemia, o coronavírus se moveu lenta, embora decisivamente, pelo Sul da Ásia, pela América Latina e, então, pela África. A densidade das áreas de trabalho e moradia e as péssimas condições sanitárias nesses locais são uma mistura explosiva. Na Índia, o epicentro inicial foi em Mumbai, onde uma favela, Dharavi, abriga cerca de um milhão de pessoas e tem uma densidade populacional quase trinta vezes maior do que a de Nova York.[18] Na maior cidade da África, Lagos, na Nigéria, dois terços das pessoas vivem em favelas congestionadas,[19] muitas pegam ônibus lotados para ir ao trabalho. Há poucos hospitais em países de baixa renda. Em Bangladesh, há menos de oito leitos hospitalares para cada dez mil pessoas,[20] um quarto da capacidade dos Estados Unidos e um oitavo da capacidade da União Europeia. No início da pandemia, havia menos de dois mil ventiladores[21] em 41 países africanos, em comparação com 170 mil apenas nos Estados Unidos. O *The New York Times* observou de maneira pungente que o Sudão do Sul, com onze milhões de habitantes, tinha mais vice-presidentes do que ventiladores.[22]

Em muitos países em desenvolvimento, grandes segmentos da população são compostos por famílias que ganham por dia apenas o suficiente para alimentar a si mesmas. Assim, os governos enfrentaram um dilema: se fechassem a economia, às pessoas morreriam de fome; se a mantivessem aberta, o vírus se espalharia. Uma vez que esses governos não têm dinheiro para pagar às pessoas para ficarem em casa ou para subsidiar empresas fechadas, o caminho mais sábio, em retrospecto, provavelmente seria não impor *lockdowns* em grande escala. A Índia, por exemplo, em parte como resultado do *lockdown*, está a caminho de ver sua economia encolher 5% em 2020,[23] rivalizando com seu pior desempenho histórico.[24] Mesmo assim, em julho de 2020, o número de pessoas confirmadas como mortas pela Covid-19 no país era de cerca de 28 mil, menos do que as sessenta mil crianças[25] que morrem de desnutrição *a cada mês* naquele país. Mesmo supondo, como parece plausível, que as mortes causadas pela doença estão sendo amplamente subnotificadas, esse número terrível coloca a Covid-19 em perspectiva para o mundo em desenvolvimento. Embora pretendesse salvar vidas, o fechamento de quase todas as atividades levou ao colapso econômico. Isso tem causado dificuldades incalculáveis e, ironicamente, exacerbou muitos problemas de saúde, da fome à depressão. Valeu a pena? São decisões difíceis, mas não se pode deixar de pensar que, em muitos países em desenvolvimento, não foi dada atenção suficiente às calamidades que se seguiriam a um *lockdown*. Talvez seja por isso que, quando os casos aumentaram depois que as quarentenas foram suspensas, poucos países em desenvolvimento chegaram a pensar em voltar a impô-las.

Depois da paralisia, vem a inevitável crise da dívida. Nos Estados Unidos, na Europa, no Japão e na China, o dano econômico é brutal, mas será amenizado por gastos governamentais maciços para amenizar o golpe. Esses países — sobretudo os Estados Unidos — podem emprestar trilhões de dólares a taxas de juros baixas com relativa facilidade. Esse não é o caso dos países pobres, que já estão profundamente endividados. Como diz o ditado, o capital é covarde, e, nos primeiros meses da pandemia, mais de 100 bilhões de dólares fugiram dos mercados emergentes.[26] Para manter suas economias à tona, esses países terão de tomar empréstimos em dólares e com altas taxas de juros, que devem ser reembolsados com suas próprias moedas, que se desvalorizam rapidamente. No futuro, sem programas massivos de perdão da dívida, enfrentarão a perspectiva real da hiperinflação ou da inadimplência.

Nas últimas décadas, com a aceleração do comércio global, o mundo em desenvolvimento cresceu mais rápido do que os países desenvolvidos, e os padrões de vida aumentaram de acordo. Mesmo depois da crise financeira mundial, os países pobres se recuperaram mais rapidamente do que os ricos.[27] Menos expostos a produtos financeiros complexos, resistiram relativamente bem à desaceleração. Após a pandemia, o trabalho de décadas foi desfeito em meses. Vários estudos estimam que algo entre setenta e 430 milhões de pessoas serão empurradas de volta à pobreza extrema nos próximos anos.[28] A desigualdade mais essencial — entre os humanos mais ricos e os mais pobres do planeta — voltou a crescer, e em ritmo acelerado.

As diferenças entre países ricos e pobres provavelmente serão acentuadas à medida que o mundo se divide em dois: lugares com e lugares sem bons sistemas de saúde. As nações começaram a abrir suas fronteiras mais prontamente para pessoas de países onde o coronavírus está sob controle e a proibirem viagens de e para lugares onde a infecção é mais provável — a última categoria inclui países que não conseguiram controlar o vírus, como o Brasil, a Rússia e (triste e surpreendentemente) os Estados Unidos. A primeira-ministra da Nova Zelândia, Jacinda Ardern, levantou a possibilidade de que o seu país e a Austrália, que administraram bem a Covid-19, criariam uma "bolha transtasmaniana"[29] na qual os habitantes de um país poderiam viajar sem restrições para o outro. Mas, acrescentou, "não teremos fronteiras abertas com o restante do mundo por um longo tempo".[30] As nações pobres das ilhas do Pacífico, extremamente dependentes desses países quanto aos dólares do turismo, responderam fazendo um lobby frenético para ingressar na nova zona de viagens.[31]

Entretanto, infelizmente para Tonga e Tuvalu, viajantes e empresários relutarão em visitar lugares onde possam ficar sem bons cuidados médicos, e os destinos exóticos perderão o encanto. A economia de muitos países em desenvolvimento enfrentará dificuldades particulares. A Tailândia, as Filipinas e o México, por exemplo, obtêm entre 15% e 25% de seu PIB com viagens e turismo. Para países menores, como Barbados e Bahamas, esse número ultrapassa 30%.[32] O medo é um grande divisor — e o medo de doenças, em particular, dividiu o mundo no passado. No século XIX, a peste bubônica, havia muito erradicada na Europa mas persistente em algumas partes da Ásia, reforçou a divisão entre o mundo industrial e não industrial, entre colonizadores e colonizados.

O GRANDE FICA MAIOR

A história da desigualdade não diz respeito apenas às nações, mas também às empresas. O recuo para a proteção e a segurança se manifestará na vida corporativa, em que o grande se tornará maior. Trata-se, novamente, da aceleração de uma tendência contínua. Nos últimos anos, os estudiosos notaram que, setor após setor, no Ocidente e além, as grandes empresas vêm obtendo lucros e ganhando participação no mercado, o que deixa seus concorrentes menores comendo poeira. Pensemos em companhias como Amazon, Google, Walmart, CVS e Home Depot nos Estados Unidos — ou Volkswagen, Carrefour e Siemens na Europa. Na China, a maioria das grandes empresas é estatal e, portanto, tem vantagens integradas, mas até mesmo gigantes do setor privado como a Alibaba e a Tencent ganham terreno a cada ano.

Geralmente, a inovação é um grande nivelador, à medida que as *start--ups* e os empreendedores encontram novas maneiras de resolver problemas e aumentar a produtividade, enquanto grandes empresas tradicionais trilham caminhos preestabelecidos. Não mais. Um estudo da Organização para a Cooperação e o Desenvolvimento Econômico mostra que, entre 2001 e 2013, em todo o mundo industrializado, os 5% mais produtivos dos fabricantes aumentaram sua produtividade em 33%.[33] As principais empresas de serviços, 5% do total, aumentaram sua produtividade em 44%. Todos os outros fabricantes obtiveram apenas 7% de produtividade e todas as outras empresas de serviço tiveram um aumento de 5%. Outras pesquisas demonstram que essa tendência está crescendo nas últimas décadas.[34] Por quê? Na economia de hoje, o grande é belo. O tamanho permite que as empresas tirem proveito das duas tendências econômicas dominantes de nosso tempo: a globalização e a revolução da informação. É mais fácil a Volkswagen e a Ikea entrarem nos mercados chinês e indonésio do que empresas menores. Grandes bancos podem encontrar novos clientes no mundo todo, empreitada inviável para os bancos regionais.

A internet foi concebida para ser o equalizador definitivo, pois fornece a pequenas *start-ups* acesso a consumidores em qualquer lugar. E há alguma verdade nessa ideia. Mas a verdade maior é que, longe de ser uma plataforma que possibilitou a competição, a internet, por natureza, incentiva a criação de monopólios em uma escala raramente vista na história. Um exemplo: a internet permite comparações instantâneas de preços, de modo que os clientes sempre podem comprar pelo preço mais baixo possível. Assim, as grandes empresas, com custos fixos distribuídos por vastas receitas, levam vantagens sobre as pequenas. Hoje, a empresa líder em um determinado setor tem rotineiramente cerca de 50% da participação de mercado. De fato, no comércio eletrônico e nas redes sociais, as pessoas muitas vezes não conseguem se lembrar rapidamente do concorrente imediato, digamos, da Amazon ou do Facebook. Na pesquisa, muitos sabem o nome do rival mais próximo do Google, o Bing, porque é o projeto favorito de outro gigante da tecnologia, a Microsoft. Mas a participação de mercado global do Google[35] está perto de 90% e a do Bing é de cerca de 5%. Peter Thiel, o provocativo empresário e investidor de tecnologia, admite com surpreendente honestidade que "a competição é para os perdedores".[36] O objetivo de toda empresa, observa ele, deve ser criar um monopólio. No mundo da tecnologia, os vencedores obtiveram sucesso além de qualquer padrão histórico.

A nova força que está reformulando a tecnologia da informação é o big data — o que multiplica as vantagens do tamanho. A maioria das grandes empresas pode investir pesadamente em tecnologia, muitas vezes criando programas personalizados que aproveitam os dados para tornar as operações cada vez mais eficientes. O Walmart é famoso por usar a tecnologia para manter cadeias de suprimentos bem ajustadas, a fim de saber em tempo real o que está vendendo rápido e onde reabastecer. Os computadores agora podem lidar com quantidades quase infinitas de dados, o que dá aos líderes ainda mais vantagens. Em 2018, a JPMorgan Chase processou 49 milhões de transações de cartão de crédito e débito todos os dias, totalizando mais de 1 trilhão de dólares.[37] Devidamente analisados, esses dados são uma mina de ouro, exceto que, ao contrário do ouro, cujo suprimento é finito, as minas de dados estão cada vez maiores.

A Covid-19 tornará o maior ainda melhor. Entre a pandemia e o *lockdown*, as grandes empresas digitais se tornaram vitais e viram seus negócios dispararem. E continuarão a prosperar à medida que as pessoas se sentirem mais confortáveis com uma vida digital. Mas as vantagens do tamanho vão além das empresas de internet. As grandes empresas tendem a ter linhas de crédito mais fortes e podem resistir a tempestades. Elas têm marcas regionais ou globais e redes mais amplas de fornecimento e demanda. Se algumas economias se recuperam rapidamente enquanto outras permanecem estagnadas, as grandes empresas podem tirar vantagem disso concentrando-se em áreas de crescimento de uma forma que uma pequena empresa local não é capaz. As megacorporações têm exércitos de lobistas para garantir que, quando o dinheiro do governo for destinado a subsídios ou estímulos, elas receberão as maiores injeções de capital. Os benefícios do apoio do Federal Reserve e do principal projeto de lei de alívio à pandemia dos Estados Unidos, o 2020 CARES Act, foram desproporcionalmente destinados para empresas maiores e mais bem relacionadas com o governo.[38]

Aqueles que historicamente estão em desvantagem ficaram ainda mais vulneráveis agora. Um relatório da McKinsey descobriu que pequenas empresas pertencentes a minorias podem estar particularmente em perigo — pequenas empresas de negros e hispânicos tinham duas vezes mais probabilidades de ser classificadas como "em risco" ou "em dificuldades" antes da Covid-19.[39] Tais empresas estavam agrupadas de modo desproporcional em setores duramente atingidos pela pandemia, como alimentos e varejo (não é à toa que o relatório descobriu que, em fevereiro de 2020, as minorias constituíam 37% da força de trabalho dos Estados Unidos, mas representavam 58% dos novos desempregados em meados de março). Essa é, obviamente, outra forma de como a pandemia aprofundará as divisões existentes, o que torna seu enfrentamento ainda mais difícil.

Geralmente, em tempos de turbulência e mudança, as pessoas gravitam em torno da segurança de marcas estabelecidas. Há anos o mercado de ações favorece as maiores empresas, cujos preços das ações não param de subir. A iniciativa do Federal Reserve para garantir uma vasta faixa de ativos — de modo a fornecer um "piso" para a economia após a crise da Covid-19

— serviu para beneficiar atores estabelecidos, mesmo aqueles que assumiram altos riscos. O FED está oferecendo aos investidores o lado positivo de uma série de investimentos de risco, incluindo títulos podres,[40] e ao mesmo tempo garante que não haverá praticamente nenhum lado negativo. É uma reconstrução fundamental do capitalismo — sem punição para o fracasso, sem perigos de colapso e sem mecanismo real de avaliação de ativos.* E uma vez que as pessoas com maior probabilidade de possuir e negociar ações também tendem a ser as mais ricas, a política serve para aumentar a desigualdade de riqueza. É um exemplo clássico do que alguns economistas chamam de "efeito Mateus", cujo nome vem de um versículo do Evangelho de São Mateus: "Porque àquele que tem, se dará, e terá em abundância; mas àquele que não tem, até aquilo que tem lhe será tirado." A ação do FED é, como diz o ditado, socialismo para os ricos e capitalismo para os pobres. E dificilmente poderia ter acontecido em um pior momento da história americana.

DOIS ESTADOS UNIDOS

Muitos estudiosos demonstraram que altos níveis de desigualdade prejudicam a economia e a política. Isso significa menor crescimento econômico[41] — menos pessoas que podem gastar — e níveis mais baixos de confiança uns nos outros e nas instituições políticas.[42] Como vimos, as estimativas históricas colocam a desigualdade dos Estados Unidos no nível mais alto desde a Grande Depressão — e estudos do governo comprovam isso nas décadas mais recentes. O US Census Bureau coleta dados sobre desigualdade desde 1967. O coeficiente de Gini do país aumentou 22% desde então.[43] Se nos concentrarmos nos 10% mais importantes, ou ainda

---

* Como Frank Borman, CEO da Eastern Airlines, afirmou com bom humor: "Capitalismo sem falência é como o cristianismo sem inferno."

pior, no 1% mais importante, a diferença aumentou ainda mais. Esses grupos viram sua participação na renda nacional aumentar em quase todo o mundo — mas, entre as nações desenvolvidas, em nenhuma o crescimento foi maior do que nos Estados Unidos.[44] Em 1970, o 1% de maior renda captava menos de 10% de toda a renda nacional.[45] Em 2019, esse número passou de 20%. Em contraste, os 50% mais pobres viram sua parcela da renda ir na direção oposta, de 22% em 1970 para 15% hoje.[46] E, finalmente, quando calculamos a desigualdade por riqueza, e não por renda, os resultados são quase inimagináveis. Os 10% mais ricos entre os norte-americanos possuem quase 70% da riqueza total do país — de casas e carros a ações e títulos —, enquanto os 50% mais pobres possuem apenas 1,5% dos ativos.[47] Na década de 1980, a visão arrebatada de Reagan parecia prometer que os Estados Unidos poderiam crescer para superar a pobreza e a desigualdade. Em 2020, o crescimento — ao menos em países desenvolvidos — provavelmente permanecerá lento, como tem acontecido há duas décadas. A desigualdade nos Estados Unidos parece pior do que nunca, uma das piores do mundo ocidental, mesmo depois de contabilizados os impostos e as transferências governamentais.[48] Pelo coeficiente de Gini, os Estados Unidos estão mais próximos do Brasil do que de um país europeu como a Dinamarca.[49]

 A Covid-19 realça todas essas divisões. Ela vai cortar os Estados Unidos em dois.[50] Em muitos aspectos, o vírus produziu uma imagem nítida das desigualdades existentes no país. Silenciosa, invisível, a doença viaja pela sociedade, alheia — em teoria — à riqueza ou à raça de um indivíduo. Mas veja os resultados. As áreas pobres têm taxas de infecção muito mais altas do que as ricas e piores resultados de saúde. Na cidade de Nova York, certas vizinhanças pobres do Bronx, Queens e Brooklyn registraram de quatro a seis vezes as taxas de fatalidade do Upper East Side e do Upper West Side, embora estes últimos sejam muito mais densamente povoados.[51] Essa é uma janela para a desigualdade norte-americana, em que os pobres têm mais condições preexistentes, como doenças cardíacas e diabetes, recebem cuidados de saúde inferiores e temem fazer o teste de Covid-19, pois os custos do tratamento podem significar insolvência. Se ainda não estiverem infectados, é mais provável que o sejam porque precisam trabalhar — e não a distância, no conforto de suas casas.

Em um triste lembrete da maior desigualdade dos Estados Unidos, os negros correm duas vezes mais riscos de contrair a Covid-19 do que os brancos.[52] Além disso, os negros têm um índice nacional de fatalidade pela Covid-19 2,3 vezes maior do que os brancos[53] e até quatro vezes maior em alguns estados (os Estados Unidos não estão sozinhos nisso — os não brancos no Reino Unido[54] estão sofrendo taxas de mortalidade desproporcionais semelhantes). O mais impressionante de tudo pode ser o impacto emocional e psicológico dessa disparidade: um terço dos afro-americanos[55] diz conhecer pessoalmente alguém que morreu de Covid-19, em comparação com apenas 9% dos brancos. Luto, desespero e consciência crescente do impacto desproporcionalmente severo da pandemia na América negra podem ter contribuído para o aumento do ativismo após a morte de George Floyd.

A contribuição do racismo para a desigualdade remonta a séculos, mas as recentes mudanças estruturais também o estão alimentando. Por um lado, os benefícios financeiros de uma educação universitária têm aumentado constantemente à medida que as economias do mundo industrial se tornam mais digitais e voltadas para os serviços. Os Estados Unidos simplesmente não encontraram maneiras de fazer com que crianças pobres e brilhantes subam os degraus da escada educacional. Um estudo voltado para a análise das admissões em faculdades de 1999 a 2013 encontrou um resultado estonteante — o 1% que ganha mais tem *77 vezes mais probabilidade*[56] de ter um filho frequentando a Ivy League ou outras escolas de elite, em comparação com as crianças mais pobres de famílias nos 20% inferiores dos que ganham menos. Enquanto isso, como o economista Thomas Piketty e outros notaram, a renda de investimento está crescendo mais rápido do que os salários. E, como vimos, o trabalho rotineiro —

primeiro o dos operários do chão de fábrica e agora cada vez mais o dos funcionários administrativos — pode ser feito por alguém em um país de baixos salários ou por um computador. O prêmio que o trabalho outrora poderia implicar simplesmente não existe em um mundo pós-industrial. O capital circula livremente pelo planeta, recompensando os empreendimentos mais eficientes. De maneira crescente, a tecnologia executa tarefas de forma mais rápida, mais barata e melhor do que os humanos — e a inteligência artificial apenas acelerará as mudanças.

Mas essas mudanças estruturais não são os únicos contribuintes para o aumento da desigualdade. A política governamental também apoiou os ricos. Os códigos tributários em muitos países ocidentais favorecem o capital em detrimento do trabalho de inúmeras maneiras. Com muitos obstáculos políticos, como as leis de "direito ao trabalho" em muitos estados norte-americanos, os sindicatos têm cada vez mais dificuldade para ganhar força. Os empréstimos para a faculdade e a compra de uma casa são subsidiados, enquanto os alunos do ensino médio e os locatários enfrentam dificuldades. Como as eleições custam dinheiro, os ricos podem comprar influência política e, com isso, moldar regras, regulamentos e impostos em seus países. Em nenhum lugar isso é mais verdadeiro do que nos Estados Unidos, onde, em face dos maiores níveis de desigualdade no mundo industrializado, o Congresso aprovou cortes de impostos no valor de trilhões de dólares em 2001, 2003 e 2017, cujos benefícios foram desproporcionalmente para os 10% mais abastados do país. Donald Trump, eleito em parte como um populista econômico que bradava contra Wall Street, ainda implementou essas políticas regressivas. Os cientistas políticos Jacob Hacker e Paul Pierson chamam essa ideologia de duas faces de "populismo plutocrático".[57]

Deve haver um caminho melhor. Com as pressões estruturais aumentando cada vez mais a desigualdade, precisamos ser mais criativos e ambiciosos para enfrentá-la. Precisamos, por exemplo, de políticas de treinamento e retreinamento de trabalhadores em uma escala como a GI

Bill, que educou milhões de veteranos após a Segunda Guerra Mundial. Outras medidas mais amplas, como o Crédito de Imposto de Renda Recebida, que já mencionei, devem ser amplamente expandidas. São ideias caras — mas os custos da inação podem ser ainda maiores. Historicamente, a lição é óbvia: se as crescentes desigualdades não forem tratadas por reformas, a revolução pode advir.

DINHEIRO E MORALIDADE

Em uma sociedade democrática, queremos que aspectos significativos da vida sejam compartilhados e vivenciados igualmente por todos. Isso se tornou muito mais raro em um mundo monetizado. A maioria dos países adotou mercados, que sem dúvida produzem eficiência econômica. No entanto, como um filósofo de Harvard, Michael Sandel, explicou em seu livro de 2012, *O que o dinheiro não compra: Os limites morais do mercado*, passamos da aceitação de uma economia de mercado para a criação de uma sociedade de mercado, na qual tudo é visto pelo prisma do preço. Bens e serviços, antes considerados acima de serem transformados em mercadorias, agora podem ser comprados pelo preço certo. Quer o número do celular de seu médico? Alguns médicos o darão por 1.500 dólares por ano. Quer um dormitório universitário mais agradável para o seu filho, com acesso a um refeitório mais sofisticado? Você pode obtê-lo facilmente por alguns milhares de dólares. Existem prisões onde um preso pode reformar a própria cela por 90 dólares por noite. Você é um lobista que gostaria que alguém ficasse na fila no seu lugar de modo a conseguir uma vaga em uma audiência no Congresso? Isso é barato, apenas 20 dólares por hora. Mesmo o bem mais sagrado de um país, a cidadania, está à venda em muitos lugares. Passaportes de certas ilhas do Caribe custam 100 mil dólares,[58] enquanto um *green card* americano custará de 900 mil a 1,8 milhão de dólares[59] e o visto de investidor Tier 1 do Reino Unido, cerca de 2,5 milhões de dólares.[60] Chipre, Malta e Bulgária[61] — todos países-membros da União Europeia com poucas restrições de viagem dentro do bloco — também vendem cidadania.

Quando tudo pode ser comprado, todos os aspectos da vida se tornam desiguais. Pegue um exemplo simples. Assistir a esportes ao vivo em um estádio costumava ser um dos grandes eventos comunitários. Não será mais comunitário. Historicamente, os estádios eram construídos com assentos idênticos, tendo como única diferença a localização. Hoje, refletem a nossa sociedade em camadas, com hierarquias elaboradas de assentos baratos para as massas, melhores para a classe média e camarotes com ar-condicionado, bares e comida gourmet para o 1% mais abastado. O que antes nos unia agora nos lembra quanto estamos nos distanciando. Se o dinheiro pode comprar uma casa ou um carro melhor, ou até mesmo um iate, isso é uma coisa. Mas se pode comprar cidadania, acesso especial a espaços públicos, tratamento preferencial em faculdades e favores de políticos, torna-se uma força corruptora e corrosiva.

Talvez o exemplo mais vívido de como a desigualdade afeta as sociedades no rastro da pandemia de Covid-19 pode ser encontrado quando se estudam os locais que melhor lidaram com a doença. Quase todos têm altos níveis de confiança, tanto entre as pessoas quanto entre as pessoas e instituições maiores. Pesquisas que perguntam se "a maioria das pessoas é confiável"[62] revelam que as sociedades em que uma grande parte diz sim — Norte da Europa e Leste Asiático em geral — foram capazes de enfrentar bem a pandemia. E embora existam muitos motivos para altos níveis de confiança,[63] é claro que baixos níveis de desigualdade ajudam imensamente. Vimos que países com menos desigualdade, como a Dinamarca, têm mais "capital social",[64] do qual a confiança é um ingrediente-chave. À medida que os Estados Unidos se tornaram mais desiguais nas últimas cinco décadas, seus níveis de confiança diminuíram de maneira drástica. Os afro-americanos sentem, com toda a razão, que vivem em um mundo separado e desigual, sujeito a leis, padrões e atitudes diferentes do mundo dos norte-americanos brancos. Os norte-americanos pobres também sentem que o sistema está armado contra eles. Se as pessoas compartilharem um senso de propósito com seus concidadãos, terão mais confiança neles. Mas se cada vez mais vivermos em mundos separados, cindidos por divisões físicas e invisíveis, pensaremos que compartilhamos pouco. Então, não há bem comum.

A desigualdade mais gritante que as doenças infecciosas criam é entre os saudáveis e os doentes, o que a escritora Susan Sontag chamou de fronteira entre o "reino dos sãos" e o "reino dos enfermos".[65] Essa fronteira é tão grande que a visão de mundo de uma pessoa pode mudar permanentemente ao cruzá-la — como Franklin Roosevelt fez quando contraiu poliomielite. Contudo, embora a doença às vezes possa eliminar as desigualdades, na maioria das vezes as exacerba. Se enfrentarmos outra pandemia, como é altamente provável, devemos reconhecer que precisaremos manter todos seguros e saudáveis, sejam ricos, sejam pobres. Essa deve ser uma forma essencial de igualdade pela qual lutar. Talvez o novo coronavírus esteja nos forçando a viver de acordo com uma sabedoria muito antiga, contida em muitos livros sagrados e obras de filosofia, declarada com ousadia nas revoluções Americana e Francesa. A desigualdade pode ser inevitável. No sentido moral mais fundamental, porém, todos os seres humanos são iguais.

LIÇÃO OITO

A globalização não morreu

Liliana del Carmen Ruiz[1] morreu de Covid-19 na madrugada de 31 de março de 2020. Ela era pediatra no noroeste da Argentina, tinha 52 anos e possuía condições médicas subjacentes que podem tê-la tornado mais suscetível. Ela não viajara para o exterior e, antes que o exame confirmasse o novo coronavírus, pensava-se que ela estava sofrendo de dengue. Filha de um padeiro e de uma empregada doméstica, ela sobreviveu ao câncer, formou-se em medicina na cidade de Córdoba e voltou a trabalhar em sua província natal, La Rioja. Ruiz contraiu o primeiro caso conhecido de Covid-19 naquela província e foi a primeira a morrer por causa disso.

Durante a pandemia, houve centenas de milhares de mortes trágicas em todo o mundo, mas escolhi destacar essa por um simples motivo. Na província de La Rioja, não muito longe de onde Ruiz morreu, fica o antípoda[2] (o ponto exatamente no lado oposto do planeta) do local onde o vírus surgiu pela primeira vez, poucos meses antes

— Wuhan, China. Um canto remoto no interior da Argentina foi afetado por algo que aconteceu em um mercado de animais silvestres a dezenove mil quilômetros de distância. Estamos todos conectados e ninguém está no controle.

Há uma característica paradoxal das pandemias: embora recebam nomes de locais específicos, elas decididamente *não* são contidas por fronteiras. Tem sido assim há séculos, desde as caravanas da Rota da Seda e as galeras mercantes do mundo medieval, e especialmente nos últimos 150 anos, desde a era dos navios a vapor e dos trens. Houve a "gripe russa" de 1889-1890, a "gripe espanhola" de 1918-1919, a "gripe asiática" de 1957-1958, a "gripe de Hong Kong" de 1968-1969, a "Síndrome Respiratória do Oriente Médio" (Mers) de 2012 e agora o "vírus de Wuhan" de 2019-2020. Ao revelar uma obsessão por rótulos estrangeiros, esses nomes — mesmo quando incorretos quanto à origem do vírus — traem o alcance muito mais amplo das doenças. O desejo de ver um patógeno como vindo do exterior é forte, mas, claro, essas doenças raramente foram conhecidas por tais apelidos nos lugares que as nomearam. Na Espanha, "gripe espanhola" era apenas gripe.

Também tem acontecido que, por mais de cem anos, as pessoas têm se preocupado com a ligação entre as doenças e o nivelamento do mundo que hoje chamamos de globalização. Em 1890, no encalço da gripe enquanto a doença avançava pela Europa continental e, então, pelo Reino Unido, a jornalista Florence Fenwick Miller escreveu em um jornal londrino: "O micróbio empreendedor viajou velozmente [...] Devemos pagar o preço de nossas vantagens, e os trens que nos transportam e as nossas cartas de forma tão rápida aparentemente também servem para o avançado transporte dos micróbios destrutivos de doenças."[3] Enquanto a pandemia assolava a Europa, Winston Churchill, então com quinze anos, foi levado a compor um poema[4] para o jornal de sua escola em que descrevia a marcha implacável da doença da Ásia para o Ocidente: "Os picos dos Urais foram transpostos/ E todos os limites e barreiras falharam/ Em desviá-lo de seu caminho;/ Devagar e seguramente ele veio,/ Anunciado por sua terrível fama,/ Aumentando a cada dia."*

Hoje, as preocupações com a doença e a globalização rapidamente se solidificaram na noção de que a pandemia desmontará este mundo interconectado — como previu um colunista, a Covid-19 é "o último prego no caixão da globalização".⁵ Mas será mesmo? Há décadas as pessoas protestam contra a globalização e alertam para o seu fim. Livros foram escritos descrevendo esse fenômeno. Movimentos políticos basearam muito de seu apelo na ideia de inverter essa maré supostamente terrível. Mas alguém fez isso? Alguém *pode* fazer isso? Nas primeiras semanas da pandemia, o colunista Zachary Karabell concluiu que, uma vez examinados os dados mais de perto, "é provável que encontremos uma nova confirmação do que já sabemos sobre a globalização: que ela é fácil de se odiar, convenientemente atacável e impossível de se deter".⁶

O atual argumento antiglobalização é que estamos todos interligados demais, nossa vida e a economia se encontram tão emaranhadas que perdemos o controle sobre o nosso próprio destino. Um elemento particular dessa preocupação é que, em uma emergência como a Covid-19, as cadeias de suprimentos globais nos tornam vulneráveis a uma escassez crítica de produtos médicos. A nova sabedoria convencional é a de que algumas coisas devem ser fabricadas no âmbito local. Não é a primeira vez⁷ que vimos uma ansiedade renovada quanto à perda de controle que acompanha uma desconcertante economia global. No fim da década de 1960, Harold Wilson, então primeiro-ministro da Grã-Bretanha, enfrentou pressões dos mercados internacionais e jurou resistir aos "gnomos de Zurique".⁸ Ao longo da década de 1990, assistimos ao desenrolar de crises econômicas, do México ao Leste Asiático e à Rússia, e em cada uma delas as pessoas afirmaram que seus países estavam sendo arruinados porque financistas

---

* Tradução livre de *"The Ural peaks by it were scaled/ And every bar and barrier failed/ To turn it from its way;/ Slowly and surely on it came,/ Heralded by its awful fame,/ Increasing day by day"*. (N. T.)

em lugares como Nova York e Londres estavam apostando cruelmente contra eles. Quando os mercados o inundam de dinheiro, você considera uma recompensa justa, mas quando retiram as suas bênçãos, você grita que estão roubando no jogo.[9]

Em 1999, enquanto o comércio se expandia rapidamente e a internet estava em ascensão, outro tipo de retrocesso começou — dessa vez assumindo a forma de reação popular. Naquele ano, um fazendeiro chamado José Bové organizou um grupo de ativistas que destruiu uma franquia do McDonald's que estava sendo construída na pequena cidade francesa de Millau — para Bové, os Arcos Dourados personificavam o capitalismo homogêneo de estilo americano que varria o globo. Em dezembro de 1999, dezenas de milhares de manifestantes furiosos irromperam em uma reunião da Organização Mundial do Comércio em Seattle. De certa forma, os ataques de 11 de setembro também foram uma reação contra um mundo aberto. Mas essas crises pouco fizeram para desacelerar o avanço do comércio global. Em resposta ao Onze de Setembro, os países implementaram uma série de controles e barreiras às viagens e à imigração, mas, após um breve revés, as pessoas voltaram a viajar em números cada vez maiores. De 2001 a 2018, as viagens aéreas mais que dobraram, passando de 1,7 bilhão de passageiros anuais para 4,2 bilhões.[10]

A crise financeira de 2008 foi um golpe mais duradouro. Os choques nos mercados americano e europeu reverberaram globalmente, com o fluxo de capital, bens e serviços caindo de maneira drástica em todo o mundo, em 9% ou mais.[11] Com a recuperação das economias, esses fluxos cresceram muito lentamente.[12] O comércio,[13] os fluxos de capital[14] e o investimento estrangeiro direto[15] nunca voltaram aos níveis de 2008. As pessoas começaram a atribuir a crise a uma economia global excessivamente complexa e conectada, que beneficiava o capital[16] em detrimento do trabalho — banqueiros e investidores em vez do trabalhador comum. Então veio a recuperação, alimentada por taxas de juros historicamente baixas e outras políticas monetárias ativas, as quais fizeram com que as ações e outros ativos financeiros subissem de valor, aprofundando ainda mais a divisão entre capital e trabalho. Políticos populistas que protestavam contra o "globalismo" foram eleitos nos principais países, incluindo o Reino Unido e os Estados Unidos. As pessoas começaram a falar em "desglobalização".[17] Então veio a pandemia.

A ÂNSIA PELA INDEPENDÊNCIA

A Covid-19 e os *lockdowns* nacionais que se seguiram causaram uma queda mais dramática dos indicadores econômicos do que em qualquer momento já registrado. Em abril de 2020, em comparação com o ano anterior, o tráfego aéreo global caiu 94%,[18] os registros de carros novos na União Europeia caíram 76%[19] e os Estados Unidos tiveram vinte milhões de empregos a menos. Em maio, a taxa de desemprego norte-americana atingiu o pico, 14,7% — os números estavam literalmente fora do padrão.[20] Com tais choques econômicos, veio a imposição de controles de fronteira e restrições de viagens, mesmo entre países famosos por sua abertura uns com os outros. A zona Schengen da Europa, dentro da qual os cidadãos da União Europeia normalmente viajam sem restrições ou necessidade de visto, barrou quase todos os visitantes estrangeiros e, por um tempo, até mesmo impediu a liberdade de movimento interna.

Além disso, as pessoas ficaram profundamente preocupadas com a dependência de produtores estrangeiros no tocante aos principais suprimentos médicos. Por exemplo: um em cada três comprimidos tomados pelos norte-americanos é genérico produzido na Índia,[21] que, por sua vez, obtém dois terços dos componentes farmacêuticos da China. No auge da pandemia, em meados de março de 2020, as artérias do comércio mundial se estreitaram e foram obstruídas. Com muito menos voos, o custo de transporte de mercadorias através do Pacífico triplicou.[22] Em busca de segurança, muitos governos — da União Europeia ao Japão e à Índia — anunciaram a decisão de procurar maior autossuficiência ou, ao menos, tornar o sistema de cadeias de suprimento global mais resiliente.[23] Até mesmo globalistas anteriormente comprometidos começaram, de repente, a falar em *reshoring*, referindo-se à deslocalização industrial. Em um discurso nacional, o presidente francês Emmanuel Macron lamentou "a dependência de seu país a países de outros continentes" e anunciou que sua nova meta pós-pandemia seria alcançar a "independência da França"[24] em termos de tecnologia e indústria. Semanas depois, Joe Biden, um inveterado internacionalista, lançou o plano "Compre nos Estados Unidos", de 400 bilhões de dólares.[25] Uma constelação de forças parece estar se unindo para reverter o fluxo livre de bens, serviços, dinheiro e pessoas que transformou o mundo nas últimas quatro décadas.

Será que vai funcionar? Analisemos algumas medidas, que principalmente nos digam como era a situação antes da pandemia (números mais recentes ainda não estão disponíveis). Uma métrica comum da globalização são as exportações como porcentagem da economia global. Essa cifra caiu acentuadamente depois de 2008 e, embora tenha se recuperado um pouco, ficou em 30,1% em 2018, logo abaixo de sua alta de 30,8% em 2008.[26] Mas onde estava essa medida há apenas vinte anos, em 2000? Em 26%. Há trinta anos, em 1990? Em 19%. Ou considere o investimento estrangeiro direto. Em 2016, esses fluxos somaram 2,7 trilhões de dólares.[27] Essa cifra disparara desde 2000, quando era de 1,6 trilhão de dólares. Em 1990, era de 240 bilhões. Em 1998, as viagens aéreas e o turismo a elas relacionado contribuíram com 1,4 trilhão de dólares para o PIB global, um número que quase dobrou em 2016.[28] Em outras palavras, por quase todas as medidas, desde a década de 1990, a globalização avançou a passos largos e, nos últimos anos, deu um ou dois passos para trás. Isso não é desglobalização — é uma pausa.

SETE DÉCADAS DE GLOBALIZAÇÃO

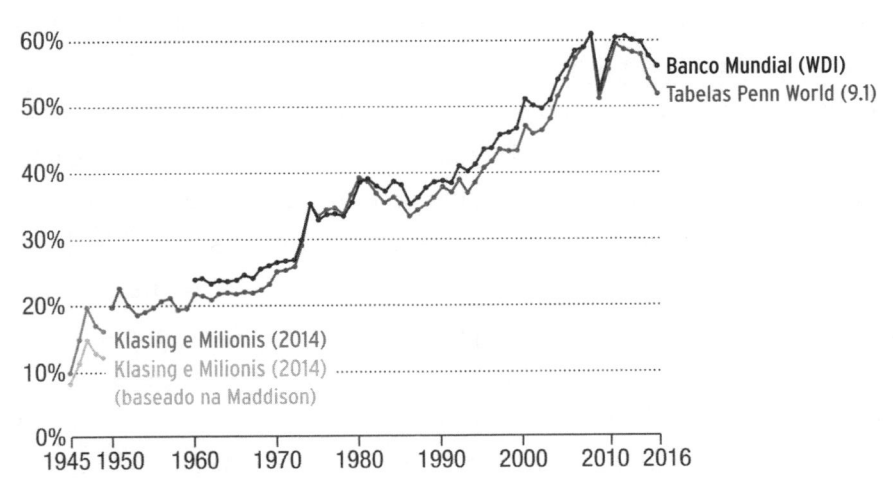

[Gráfico mostrando a evolução do índice de abertura comercial de 1945 a 2016, com linhas referentes a Banco Mundial (WDI), Tabelas Penn World (9.1), Klasing e Milionis (2014) e Klasing e Milionis (2014) (baseado na Maddison). O eixo vertical vai de 0% a 60%.]

O "índice de abertura comercial" considera todas as exportações e importações como uma parcela do total da economia mundial, expressa no eixo vertical como uma porcentagem do PIB.

No geral, a economia global permanece profundamente interconectada. A medida mais ampla, o "índice de abertura comercial", que considera todas as exportações e importações como uma parcela da economia mundial total, estava abaixo de 54% em 2016 e de 61% em 2007. Mas olhe para o gráfico a partir de uma perspectiva histórica,[29] e, desde 1945, quando a abertura comercial ficou em cerca de 10%, vemos um caminho ascendente quase ininterrupto de crescente globalização. A queda desde 2008 é verdadeira, embora pequena, um pontinho na tendência de longo prazo.

O efeito de curto prazo da pandemia e dos *lockdowns*, é claro, foi restringir toda a atividade econômica, doméstica e internacional. Esse revés provavelmente crescerá em uma fase de real desglobalização, ainda que modesta. Mas os indicadores econômicos podem melhorar com a mesma rapidez com que se deterioraram, sobretudo quando um tratamento ou vacina estiver disponível. Os efeitos de longo prazo não são claros, mas a retórica melodramática contra a globalização ainda não se traduziu em uma política igualmente extrema. Quase nenhum país promulgou novas tarifas importantes em resposta ao vírus, nem tem planos de fazê-lo. Erguer barreiras não faria muito sentido, já que a maioria dos países buscará maneiras mais firmes de impulsionar o crescimento, e criar obstáculos para o comércio é uma maneira segura de impedir a recuperação.

O governo Trump resistiu à longa tradição dos Estados Unidos de promoção do livre comércio, com alto custo para os contribuintes americanos[30] — cerca de 1.300 dólares por família — e pouco benefício. Mas o restante do mundo está avançando. Nos últimos anos, assistimos à revisão da Parceria Transpacífico (menos os Estados Unidos), o acordo União Europeia-Canadá, o acordo União Europeia-Japão e a Área de Livre Comércio Continental Africana. É verdade que, desde 2008, os países implementaram centenas de pequenas novas tarifas ou medidas protecionistas. Mas seu efeito líquido é modesto. A tarifa média no mundo industrializado na década de 1960, antes de uma rodada de liberalização que culminou em 1967, era de 15%.[31] Em 2017, a média global — mesmo incluídos os países em desenvolvimento tradicionalmente céticos quanto ao comércio — estava abaixo de 3%.[32] Talvez suba para 4%. Mais uma vez, grandes passos para a frente e um ou dois passos para trás.

Enquanto lidavam com o surto de Covid-19, vários países, incluindo Estados Unidos, Índia e França, falaram sobre os perigos da dependência de fornecedores estrangeiros para produtos médicos vitais.[33] Entretanto, ao menos no Ocidente, muitos dos produtos em falta não eram maquinários complicados ou drogas — eram equipamentos simples, como máscaras faciais e cotonetes, que naturalmente tendem a ser produzidos em países de baixa renda. Trazer de volta a fabricação em massa de produtos básicos de consumo como esses seria muito caro. E a próxima emergência pode ser uma catástrofe climática, o que exige suprimentos de emergência totalmente distintos. Mesmo a próxima pandemia pode ser algo completamente diferente de um vírus respiratório e precisará de seu próprio conjunto de equipamentos cruciais. O governo deveria antecipar todos os cenários imagináveis e subsidiar dezenas de indústrias para se proteger contra todas as possíveis carências durante o próximo choque? Isso realmente remodelaria a face do capitalismo.

O problema de abastecimento poderia ser resolvido com muito mais facilidade caso os governos apenas comprassem grandes quantidades de uma variedade de suprimentos médicos e os estocasse, reabastecendo periodicamente os produtos vencidos. A escassez geralmente é de curto prazo, logo no momento em que chega a crise — após o que o setor privado se adianta para atender à demanda. Isso foi exatamente o que aconteceu durante a pandemia de Covid-19. Durante alguns meses, as máscaras ficaram desesperadamente escassas em todo o mundo, levando muitos governos a proibir exportações de equipamentos de proteção.[34] Foi o caso da Índia, e, nos meses seguintes, os fabricantes indianos aumentaram a capacidade de produção de máscaras N95 para 57 vezes seu nível pré-pandêmico. Em julho, vários lugares enfrentaram um grande excesso de oferta.[35] Na China, os preços das máscaras no atacado caíram 90%.[36]

Em vez de realocar, o objetivo deve ser criar uma espécie de reserva médica estratégica semelhante à reserva estratégica de petróleo. Os Estados Unidos possuem tal estoque, que, no entanto, é limitado e frequentemente negligenciado. Seus suprimentos médicos não foram significativamente reabastecidos após o surto de H1N1 em 2009.[37] Muitos dos países asiáticos que lidaram bem com a Covid-19 de fato criaram grandes reservas de equipamentos essenciais, uma lição que aprenderam com os surtos de Sars e Mers. Não seria difícil para os países pensar em desastres potenciais, estudar quais bens e equipamentos críticos seriam essenciais e criar reservas. As empresas também devem pensar em permanecer resilientes em tais emergências, talvez mantendo os próprios estoques de reserva de alguns insumos e materiais. Tudo isso seria muito mais barato do que manter indústrias inteiras perpetuamente à tona, para a possibilidade de — uma vez em uma década — os produtos de que precisamos faltarem durante alguns meses.

Para muitos países, e por mais que o expressem, o medo é menos um mal-estar geral com a dependência de países estrangeiros do que, especificamente, um medo de dependência da China. Tal preocupação, que antecede a pandemia, está enraizada no receio legítimo quanto à maciça concentração de oferta daquele país — 70% a 80% da produção global de alguns produtos de consumo.[38] Na verdade, o governo Trump procurou aproveitar a Covid-19 para seguir em uma direção que ele sempre favoreceu: o desacoplamento da China. Alguns governos europeus estão fazendo o mesmo. Esses esforços são motivados não apenas pelo desejo de diversificar as cadeias de abastecimento, mas também por preocupações com a China usar o seu poder de mercado para fins geopolíticos. Mas a maneira mais fácil de diversificar os fornecedores chineses é mudar as fábricas para locais onde as empresas ainda possam manter os custos de produção baixos sem se preocuparem com políticas de grandes potências, como o Vietnã, Bangladesh ou a Romênia. Tal transição já estava em andamento, à medida que a China se torna um país de renda média e seus custos de mão de obra aumentam. Na verdade, o maior beneficiário de longo prazo dessa preocupação relacionada à Covid-19 pode muito bem ser o México, à medida que as empresas americanas mudam suas instalações chinesas para mais perto de casa e ainda tiram vantagem da mão de obra barata. Qualquer que seja a virtude dessas mudanças — e algumas são justificadas —, elas não anunciam o fim da globalização. Meramente representam uma reorganização dentro do mundo do comércio e do investimento internacional.

Algumas fábricas voltarão para casa. Governos desde o Japão até a União Europeia criaram incentivos para as empresas produzirem em seus países de origem.[39] O governo Trump estimulou suas maiores empresas a produzir mais nos Estados Unidos, em parte dando incentivos fiscais para exportadores americanos.[40] Entretanto, mesmo com tais benefícios, a reconstrução da produção doméstica será um processo lento. Os esforços vão contra uma das mais poderosas forças do planeta: a vantagem comparativa. A globalização floresceu devido ao simples fato econômico de que é mais fácil para diferentes países se especializarem em certas áreas. Os países desenvolvidos não são adequados para a fabricação de bens de consumo básicos, e é por isso que a maioria deles viu a participação da indústria no emprego diminuir drasticamente desde as décadas de 1950 e 1960.[41] Os jeans selvedge da Levi's custam cerca de 130 dólares, enquanto a versão "Made in the USA" da mesma calça custa mais ou menos 350 dólares.[42]

Apesar das promessas de Donald Trump aos trabalhadores de fábrica norte-americanos e da imposição das mais extensas tarifas desde as infames tarifas Smoot-Hawley[43] de 1930, a porcentagem de empregos na indústria do país permaneceu estável sob a sua administração,[44] mais de 50% abaixo dos níveis de 1980. Essa estagnação provavelmente persistirá. Durante a pandemia, a Brooks Brothers anunciou que fechará suas três fábricas nos Estados Unidos. Seu CEO explicou que tais instalações nunca foram financeiramente viáveis[45] — faziam parte do esforço de marketing "Made in the USA" da marca —, mas, à luz da crise econômica, a empresa não podia mais se dar ao luxo de gerenciá-las com prejuízo (na verdade, a empresa logo entrou com pedido de falência e, até o momento em que este texto foi escrito, estava em busca de um novo proprietário).

A Apple enfrentou um dilema semelhante. Em 2012, o CEO da empresa, Tim Cook, orgulhosamente anunciou no horário nobre da televisão que seu novo computador seria fabricado nos Estados Unidos. Era para ser o primeiro produto da Apple em muitos anos com as palavras "Assembled in USA". Mas o plano de fazer Macs em Austin, no Texas, acabou sendo muito mais difícil do que se imaginava, e as vendas do computador foram atrasadas por vários meses. O principal obstáculo acabou sendo algo minúsculo, um parafuso personalizado[46] que os fabricantes americanos não podiam produzir em quantidade suficiente e que a Apple acabou tendo que encomendar da China. O problema mais amplo é que a China se especializou na fabricação de produtos técnicos, como computadores, enquanto os Estados Unidos não. Como disse Cook em 2017: "No nosso país, se você convocar uma reunião de engenheiros de ferramentas, não tenho certeza se conseguiríamos lotar uma sala. Na China, você pode lotar vários campos de futebol."[47] Agora, em meio à guerra comercial Estados Unidos-China e à pandemia, a Apple está novamente estudando a transferência de parte de sua produção para fora da China — para o Vietnã e para a Índia.[48]

Toda essa discussão se concentrou nos bens materiais, uma parte importante de muitas economias avançadas, com certeza, mas em declínio. A maioria das economias modernas tem mais empregos dedicados a serviços do que para a manufatura de produtos físicos. Setenta por cento do PIB dos Estados Unidos é produzido pelo setor de serviços.[49] Quatro de cada cinco empregos no país são no setor de serviços.[50] Ouvem-se elogios à habilidade extraordinária dos alemães em fazer coisas, mas a realidade é que, até mesmo na Alemanha, os números são semelhantes: cerca de 70% de sua produção econômica[51] e dos empregos[52] estão no setor de serviços. Na França, a manufatura representa menos de 10% do PIB.[53] Quase por definição, as economias avançadas atualmente são economias de serviços (ironicamente, continuamos a chamar as economias mais avançadas do mundo de "países industrializados", quando, na verdade, são todos *pós*-industriais). Os serviços são difíceis de exportar porque muitos deles, como o de hotelaria, são inerentemente locais, e outros, como o direito e a contabilidade, são regulamentados de forma que favoreça as empresas nacionais. O serviço de crescimento mais rápido em muitos locais é a assistência médica, que tanto é local quanto altamente regulamentada. Ainda assim, há setores de serviços, desde bancos a consultorias, que estão encontrando maneiras de se globalizar e crescer.

Mas a maior mudança na economia global nos últimos anos foi a ascensão da economia digital, que é global por natureza. Os *streamings* de vídeo, e-mail e compartilhamento de arquivos estão crescendo de modo implacável. Como o software continua a "comer" o hardware, pode ser difícil distinguir entre um produto digital e um físico. Como você descreveria um exame de raios X feito em Nova York, mas analisado por uma combinação de computadores em Cingapura e pessoas em Mumbai? Se você está em Paris e um motorista do Uber o busca em um Prius, você está pagando pelo carro japonês, pela mão de obra francesa ou pela rede inteligente californiana que o direciona ao seu destino? Empresas em todo o mundo estão vendendo seus produtos em plataformas como a Amazon, o Facebook e a Alibaba e usando ferramentas digitais para aprimorar a produção, o marketing e a entrega. Como resultado, a economia digital está crescendo. A Cisco calcula que, de 2005 a 2016, o uso de largura de banda transnacional cresceu noventa vezes[54] e deve crescer treze vezes até 2023. Embora tenham partido de bases modestas, os produtos digitais agora dominam diversos setores. A maioria dos serviços on-line atravessa as fronteiras de forma contínua e invisível.* É por isso que as economistas Susan Lund e Laura Tyson argumentam que a globalização de fato não está recuando: está apenas mudando de forma.

Mesmo com a globalização se tornando digital, sua forma tradicional está abrindo novos caminhos nos mercados emergentes, especialmente na Ásia. Como escrevem Lund e Tyson, "mais da metade de todo o comércio internacional de bens envolve ao menos um país em desenvolvimento, e o comércio de bens entre os países em desenvolvimento — o chamado comércio Sul-Sul — cresceu de 7% do total global em 2000 para 18% em 2016".[55] Esses mercados emergentes estão se abrindo, ao invés de se fecharem para o comércio. Entre 1990 e 2016, a Ásia aumentou sua participação no comércio mundial de 24% para 34%, enquanto o comér-

---

* Há uma grande exceção a esse mundo digital sem fronteiras: a China, que bloqueou sua internet para empresas externas. Mas o exemplo da China não foi seguido por outros países — poucos têm escala para fazê-lo de qualquer maneira —, e então temos, em algumas áreas, dois mundos digitais: a China e o resto.

cio, que representava menos de 35%,⁵⁶ passou a compor mais de 55% do PIB da Ásia no mesmo período. A Belt and Road Initiative da China — um vasto programa de investimento em infraestrutura oferecido a países da Ásia, da África, da América Latina e até mesmo da Europa — tem motivações mercantilistas, talvez até imperiais. Mas ainda é uma maciça expansão de comércio exterior e investimento. Somente de 2014 a 2017, a China emprestou cerca de 120 bilhões de dólares⁵⁷ para projetos de infraestrutura em países da Belt and Road.

Desde 1945, os Estados Unidos têm liderado o mundo em direção a um comércio mais aberto e livre. Trump marca uma ruptura brusca dessa tradição. Contudo, mesmo na ausência da liderança americana, os países ao redor do mundo, do Leste Asiático à África, continuam buscando mais maneiras de fazer comércio e se conectar. Se você deseja elevar o padrão de vida de seu povo, deve encontrar maneiras de comprar e vender para o restante da humanidade. Considere a Parceria Transpacífica, que Trump abandonou em janeiro de 2017. Todos os outros países envolvidos seguiram em frente, e um novo pacto comercial já está em vigor, cobrindo 495 milhões de pessoas e 15% da economia mundial.⁵⁸ Por enquanto, os Estados Unidos têm um mercado interno grande o suficiente para se isolar — embora pague um preço em custos mais altos e menor eficiência. Contudo, para a maior parte do restante do mundo, não há outra alternativa para aumentar o comércio.

GLOBALIZAÇÃO PARA SEMPRE?

Os seres humanos não querem ficar parados. O movimento tem sido a maneira como o mundo funciona há dezenas de milhares de anos. Se pensarmos na globalização como o movimento crescente de pessoas, bens e capital, ela está em ação desde que os primeiros humanos começaram a migrar para fora da África⁵⁹ em algum momento entre sessenta e noventa mil anos atrás — provavelmente quando um aumento de secas e fome (e, talvez, doenças) os forçou a buscar novas pastagens. Nos milênios intermediários, o longo processo de globalização[60] continuou em ritmo acelerado, através de guerras e pragas. À medida que os impérios surgiam — Persa, Romano, Inca, Mali, Mongol e Otomano —, todos expandiram suas rotas comerciais, descobriram novas fronteiras e provocaram a miscigenação de povos.

O nascimento da globalização moderna pode ser datado com maior precisão. Ninguém menos que o brilhante Adam Smith sugeriu dois anos — 1492 e 1498. Na primeira, Colombo "descobriu" a América; na segunda, Vasco da Gama encontrou um novo caminho para a Ásia contornando a África. Smith os chamou de "os dois maiores e mais importantes acontecimentos[61] registrados na história da humanidade". Por quê? Por significarem que a economia global se expandira maciçamente, agregando milhões de novos consumidores e produtores. "Em vez de serem fabricantes e transportadoras para uma parte muito pequena do mundo (a parte da Europa que é banhada pelo oceano Atlântico e os países que circundam os mares Báltico e Mediterrâneo)", explicou ele, "as cidades comerciais da Europa se tornaram fabricantes para os numerosos e prósperos cultivadores da América, e transportadoras e, em alguns aspectos, também fabricantes, para quase todas as diferentes nações da Ásia, da África e da América".[62] Smith escreveu isso em uma época em que a agricultura ainda dominava a economia de quase todas as nações, mas previu como esse mercado global expandido faria com que o comércio e a manufatura crescessem continuamente à custa da agricultura. Cidades e povoados, previu, substituiriam o campo como criadores de maior valor econômico. Após a Revolução Industrial, o comércio decolou como nunca o fizera. Açúcar, vinho, tabaco e bacalhau eram enviados para todo o planeta em quantidades cada vez maiores (a globalização também envolveu o horrível e brutal comércio de escravos, que durante séculos forneceu trabalho gratuito para indústrias como a do açúcar e do tabaco). Mas o rápido comércio de mercadorias não melhorou fundamentalmente os padrões de vida gerais até o início do século XIX. Os historiadores Kevin O'Rourke e Jeffrey Williamson argumentam que o "big bang" da globalização começou na década de 1820 e continuou ao longo do século XIX.[63] Foi provocado pelo colapso do preço do transporte. Entre 1882 e 1914, observam, o custo do envio de arroz[64] de Rangoon (a atual Yangon, em Mianmar) para a Europa diminuiu 75%. O mesmo ocorreu com a taxa de frete do carvão entre Xangai e Nagasaki. Em apenas três décadas, a tonelagem da navegação mundial quase triplicou.[65] Os preços dos produtos começaram a convergir globalmente. E, a par dessa globalização, veio um amplo aumento nas rendas[66] dos países que participavam desse novo e muito maior mercado.

Transformações igualmente drásticas podem ser encontradas em nossa época, em especial no colapso do custo da comunicação que ocorreu com o aumento das conexões rápidas de internet. Quando eu estava na faculdade, uma ligação de três minutos para minha mãe na Índia era tão cara que eu precisava fazer um orçamento para a ligação e ficar de olho no relógio. Hoje, minha filha pode passar cinco horas no FaceTime com uma amiga em Cingapura e não pagar um tostão por isso. E, embora possamos descrever isso como uma queda no custo da comunicação, na verdade é uma queda para zero no custo do transporte de muitos bens e serviços que são digitais. Isso impulsionou o segundo big bang da globalização, no qual ainda vivemos.

As profundas correntes da globalização atual a tornam muito diferente de suas versões anteriores. Os investimentos fluem pelo mundo. Os bens são fabricados em um conjunto de países e, em seguida, comercializados, vendidos e servidos em outro. Às vezes, um produto se move cinco ou seis vezes para cima e para baixo entre países. As informações fluem instantaneamente em todo o mundo. Por trás de tudo isso está o movimento incessante de pessoas — cinco milhões de estudantes internacionais,[67] 270 milhões de imigrantes,[68] 1,5 bilhão de viagens turísticas por ano.[69] Isso tudo pode ser revertido? Talvez as taxas de aumento apresentem recuos modestos, mas há tantas forças estruturais empurrando a globalização para a frente que uma reversão em larga escala exigiria uma inversão maciça com enormes consequências. Vale a pena lembrar, no entanto, que isso já ocorreu uma vez na história moderna — e pode voltar a ocorrer.

A última grande era de integração global foi nos primeiros anos do século XX. O mundo estava em paz. As revoluções tecnológicas que impulsionaram aquele período foram impressionantes — telégrafos, telefones, rádio, trens, navios a vapor, automóveis e iluminação elétrica. O comércio crescera a níveis sem precedentes. Ao descrever aquele momento inebriante, o economista John Maynard Keynes observou que as pessoas estavam se acostumando a conveniências outrora inimagináveis: "Tomando seu chá matinal na cama, o cidadão londrino podia encomendar por telefone diversos produtos de todo o planeta, na quantidade que achasse adequada, e esperar que fossem entregues à porta de sua casa."[70] As pessoas viajavam para o exterior sem passaporte e se comunicavam através das fronteiras de uma forma que jamais fizeram anteriormente. Dezenas de milhões de imigrantes se estabeleceram em novas terras como os Estados Unidos, o Canadá e a Austrália. De 1870 a 1914, o número total de trabalhadores que residiam em um país estrangeiro aumentou cinco vezes.[71] Em 1914, cerca de 15% da população dos Estados Unidos era de imigrantes, um número que somente agora, um século depois, o país está perto de igualar.

Lord Bryce, conterrâneo de Keynes e um dos observadores mais atentos da época, declarou em 1902 que, "para fins econômicos, toda a humanidade está rapidamente se tornando um único povo".[72] Mais tarde naquela década, o best-seller de Norman Angell, *A grande ilusão*,[73] argumentava que os principais países europeus haviam se tornado tão interdependentes que começar uma guerra seria, evidentemente, autodestrutivo. Perturbar o comércio global e empobrecer seu inimigo (e parceiro comercial) seria mais caro do que qualquer ganho econômico possível com a vitória. "As nações belicosas não herdam a terra; em vez disso, representam o elemento humano em decomposição", escreveu.

Angell estava certo ao dizer que a guerra custaria caro e seria contraproducente, mas a Europa decidiu experimentar mesmo assim. Quatro sangrentos anos depois, vinte milhões de pessoas morreram e a economia interligada da Europa estava em ruínas. Quatro vastos impérios multinacionais — Russo, Austro-Húngaro, Otomano e Alemão — entraram em colapso. A guerra desencadeou redemoinhos econômicos e políticos, o que originou o comunismo na Rússia e o fascismo na Alemanha e na Itália. Então veio a Depressão e outra guerra mundial ainda mais sangrenta. Sob muitos aspectos, o mundo do comércio e das viagens globais levou cerca de sessenta anos para voltar aos níveis alcançados antes da Primeira Guerra Mundial.[74] O que minou a última grande era da globalização não foi a reação econômica ou tecnológica, mas a política — e a política do tipo mais antigo, a *realpolitik*.

Como diz o ditado, a história não se repete, mas rima. E, embora vivamos em uma nova era de globalização e mudança tecnológica, estamos vendo o retorno de uma das histórias mais antigas das relações internacionais — a ascensão de uma nova grande potência e o mal-estar que isso cria na hegemonia existente.[75] A *realpolitik* radical pode estar de volta com a ascensão da China e a intensificação da competição de grandes potências, como a que vemos entre a nação asiática e os Estados Unidos — as duas maiores economias do planeta. Pode-se dizer com segurança que, em vista dos níveis de interdependência entre os dois países, um conflito duradouro seria doloroso, caro e, em última instância — para o cidadão médio de ambos os países —, extremamente contraproducente. Contudo, como descobriu Norman Angell, isso não significa que não acontecerá.

Em suma, a globalização não está morta. Mas podemos matá-la.

LIÇÃO NOVE

O mundo está se tornando bipolar

"A cada manhã do interminável mês de março, os americanos acordaram e se descobriram vítimas de um Estado falido",[1] declarou o escritor George Packer já nas primeiras semanas da epidemia de Covid-19. O choque gerado pela pandemia e pela infeliz reação oficial a ela era real, mas se manifestava perante um panorama de crescente preocupação quanto ao estado em que a nação se encontrava. Desde a crise financeira de 2008, que manchou a reputação dos Estados Unidos, muitos já temiam que o país estivesse em maus lençóis. Alguns economistas escreveram a respeito da queda de produtividade e do ritmo mais lento de crescimento — "estagnação secular".[2] Outros destacaram a crescente desigualdade;[3] outros, ainda, salientaram o aumento alarmante da mortalidade por álcool, drogas e suicídio — as chamadas mortes por desespero.[4] A eleição de um astro de reality show em 2016 era sinal do colapso da política (mesmo quem via em Trump um salvador acreditava que o sistema era deficiente — os eleitores apenas julgavam que ele seria a solução).

Veio então a pandemia, que lançou uma luz desfavorável sobre os problemas do país — do governo ineficiente ao sistema de saúde errático e à polarização perversa. "Por mais de dois séculos, os Estados Unidos instigaram no restante do mundo uma das mais amplas gamas de sentimentos: amor e ódio, medo e esperança, inveja e desprezo, admiração e raiva", escreveu em abril de 2020 o comentarista irlandês Fintan O'Toole.[5] "Mas uma emoção jamais fora dirigida aos Estados Unidos até agora: pena."

A Covid-19 não se limitou a acelerar as conversas sobre o declínio dos Estados Unidos, mas o fez no contexto dos temores quanto à ascensão da China. Assim como menções à decadente infraestrutura do país diante das reluzentes cidades chinesas eram frequentes, a reação ineficiente de Washington à pandemia era comparada com a eficiência de Pequim no controle da doença. Apesar de ter sido o epicentro original do novo coronavírus, a China conseguiu não somente achatar sua curva, mas esmagá-la — em uma escala vertiginosa. Em dado momento, o governo chinês chegou a impor um *lockdown* parcial ou completo a oitocentos milhões de pessoas;[6] em outra ocasião, testou dez milhões de pessoas em Wuhan em menos de três semanas. Já o governo Trump tentou tirar o foco de seus problemas empurrando a culpa para a China, que de fato conduzira mal a situação no início e iludira o mundo. Por maior que fosse o desconforto com os enganos cometidos pela China, muita gente mundo afora não deixava de se impressionar com sua competência. Naquele país, comentaristas viam a retórica de Washington como sinal de uma superpotência em declínio na tentativa de deter sua rival em ascensão.

Não é a primeira vez que se fala nesses termos. Em um ensaio para a *Foreign Affairs* em 1988,[7] Samuel Huntington, de Harvard, se deparava com tamanho número de instâncias em que se discutia o declínio americano que chegou a cunhar um termo para batizar seus proponentes — "declinistas". Defendia que o país então testemunhava sua quinta onda de declinismo. A primeira fora desencadeada quando do lançamento do Sputnik pela União Soviética; a segunda, quando o país chafurdava no

Vietnã no fim dos anos 1960; a terceira se devera à crise do petróleo de 1973; a quarta, à ressaca de Watergate e à estagflação do fim dos anos 1970; e a quinta, à ascensão do Japão no fim dos anos 1980 (quando o texto foi escrito). Desde então, a posição dos Estados Unidos tem sido tão dominante que seria preciso muito para abalar sua confiança. Mas a guerra no Iraque, a crise financeira de 2008 e agora a Covid-19 produziram o que é, claramente, uma sexta onda de declinismo.

Huntington observava que, independentemente de quão eloquentes e intensas fossem as previsões do declínio americano em cada caso, elas não se concretizaram. Ao longo dos anos, sua perspectiva contrária deu vazão a uma sabedoria convencional própria, gerando uma indústria caseira de acadêmicos e jornalistas vigorosamente opostos ao "mito do declínio americano". Seria essa sexta onda mais uma avaliação equivocada sobre um tempo infeliz e sombrio? Ou estaríamos vendo fraquezas se acumularem, cada uma se somando à anterior, de forma que acabe por levar à queda? Em *The Collapse of British Power*, o historiador Correlli Barnett defendia que o Reino Unido, a superpotência de sua época, tinha passado por um processo semelhante.[8] Resistiu a uma série de reveses, mas com o tempo os problemas se tornaram crônicos, os equívocos se somaram uns aos outros e a competição internacional ficou mais acirrada. Após muitas décadas de erosão, no fim dos anos 1940, apesar da vitória na Segunda Guerra Mundial, o país estava basicamente falido. O Império Britânico desmoronou e passaria o meio século seguinte se adaptando ao seu reduzido papel global. Seria esse o futuro aguardado para os Estados Unidos?

Há razões para preocupação. A sofrível administração da pandemia realçou deficiências no sistema doméstico e minou a imagem de líder mundial, o que alimentou o desencanto com o modelo americano de capitalismo e democracia. Ao longo das últimas duas décadas, a internet expôs de forma mais ampla o modelo americano para gente de todo o mundo, com forte reação aos seus aspectos mais brutais. Nos Estados Unidos, os índices de violência por armas de fogo, inclusive por parte de policiais, e o número de presos é consideravelmente maior do que em outros países desenvolvidos, às vezes até de uma ordem de grandeza diferente.[9] A desigualdade é notoriamente maior. Uma grande quantidade de pessoas não tem acesso à proteção básica de um seguro de saúde. As divisões raciais persistem. Quando eu era criança na Índia, as pessoas criticavam a política externa americana, mas ainda assim viam o modelo do país como o mais avançado e bem-sucedido do mundo. Hoje em dia, porém, já encaram esse modelo com muito mais ceticismo e, sim, às vezes até mesmo pena.

Mas a realidade é que os Estados Unidos, com todos os seus defeitos, ainda se saem tremendamente bem naquela que é a mais básica medida do poder global: sua robustez econômica. Continuam a ser, de longe, a maior economia do mundo, com o equivalente a um quarto de toda a produção global — mais do que a soma dos países que vêm a seguir, China e Japão. A fatia americana do PIB global chegou mesmo a se expandir na última década,[10] quando o país emergiu da crise financeira global com mais rapidez e força do que muitas das outras economias de destaque. Seus bancos, que estiveram no centro daquela crise, saíram dela com o domínio global exacerbado. No Indicador de Competitividade Global do Fórum Econômico Mundial, os Estados Unidos ocupam o segundo posto (atrás da minúscula Cingapura). No mais recente ranking de Competitividade Global do Setor Industrial elaborado pela Deloitte, quase empatam com a China, no primeiro lugar.[11] Os Estados Unidos abrigam a maioria das empresas de maior porte e desenvolvimento tecnológico do mundo. A moeda de reserva do planeta continua a ser o dólar americano, e seu alcance chegou mesmo a se estender nos últimos anos, respondendo, hoje, por quase 90% de todas as transações financeiras.[12] O economista e investidor Ruchir Sharma observa que, se a China e os Estados Unidos "mantiverem as taxas de crescimento do PIB nominal informadas oficialmente em 2019, de cerca de 6% e de 4%, respectivamente, a China só alcançaria os Estados Unidos por volta de 2050".[13] E, claro, Washington tem, de longe, as forças armadas mais poderosas do mundo. Seus gastos com defesa são superiores aos da soma dos próximos dez países[14] — metade dos quais é signatária dos mesmos tratados que os americanos. São aliados, portanto.

Os Estados Unidos são um país confuso, imperfeito e desigual cujos pontos fortes e fracos são significativos. Poderiam ser um país mais bem governado e mais justo, mas continuam a ser incrivelmente fortes, ao menos se nos pautarmos pela métrica tradicional do poder. O que se alterou visivelmente em anos recentes foi o seu *soft power*,[15] ou seja, seu apelo, exemplo e capacidade de elencar prioridades. Joseph Nye, o acadêmico que inventou o conceito de *soft power*, homem no geral cético em relação ao declínio americano, alertou em anos recentes quanto aos indisfarçáveis sinais de erosão do *soft power* americano.[16] Nye salienta que a atitude global perante os Estados Unidos se tornou mais amarga. Em uma pesquisa de 2018 do Centro de Pesquisas Pew, apenas 50% dos consultados em 25 países tinham uma imagem favorável do país, contra 43% com imagem desfavorável. Apenas 28% julgavam que os Estados Unidos levavam em consideração interesses de outras nações. E só 14% acreditavam que o país fazia mais para ajudar nas questões globais do que fizera anos antes. Parte disso reflete diretamente a queda do apoio ao presidente do país, dos 64% ostentados por Obama[17] aos 29% de Trump.[18] Para além das questões de personalidade, isso parece ter mais a ver com o que ocorre fora dos Estados Unidos do que dentro. É no mundo exterior, com a "ascensão do resto",[19] que as mudanças reais estão ocorrendo — e com rapidez.

Para entender por que o poder dos Estados Unidos está se esvanecendo, há de se focar na própria ideia-base de poder: a habilidade de levar os outros a fazerem o que você quer. Comparemos a habilidade americana de influenciar, digamos, a Turquia hoje e trinta anos atrás. Na década de 1980, Washington conseguia da Turquia o que quer que pedisse. A economia do país era insignificante, e não raro era a ajuda americana que a salvava. Suas forças armadas, politicamente dominantes, permaneceram aliadas fiéis dos Estados Unidos ao longo de toda a Guerra Fria. Hoje, a Turquia age praticamente sem levar em conta os pontos de vista de

Washington, promovendo ideias e prioridades próprias, opondo-se ferrenhamente ao apoio americano aos curdos na Síria e comprando equipamento militar sensível da Rússia. A crescente falta de deferência dos turcos a Washington data de muito antes da era Trump. Em 2003, o governo Bush, acostumado ao antigo relacionamento com o país, decidiu que o usaria como um dos dois fronts para invadir o Iraque. Foi um choque quando os turcos se recusaram a permitir.

Uso o exemplo da Turquia porque ele ilustra a razão central para os crescentes limites ao poder americano; não se trata do declínio do país, mas da ascensão do restante. Nos anos 1980, a Turquia era um zeloso aliado, pois dependia de Washington para sua sobrevivência econômica, política e militar. Mas a Guerra Fria já terminou faz tempo, e os temores turcos quanto à segurança são de natureza mais paroquial, menos ligados a ameaças globais como o comunismo soviético, tendo mais a ver com países vizinhos. Enquanto isso, desde 1990 sua produção econômica quintuplicou[20] e seu PIB *per capita* triplicou.[21] Seu sistema político, para falar em termos relativos, tornou-se muito mais estável e desenvolvido. Seu líder, Recep Tayyip Erdoğan, que vive sendo reeleito, governa com confiança crescente. As forças armadas influem muito menos na política — em 2016, Erdoğan frustrou uma tentativa de golpe, evitando, assim, um destino que se abatera sobre tantos líderes turcos eleitos. E o caso da Turquia não foge ao comum. Troque-a pela Indonésia, pelo Brasil ou pelo Quênia, e se encontrarão padrões similares de crescimento econômico e político que levaram à independência e à assertividade. O melhor exemplo desse padrão, é claro, é a China.

UM MUNDO, DUAS POTÊNCIAS

Qualquer discussão sobre a ascensão da China tem por base o argumento-chave do crescimento econômico. No início da era pós-Guerra Fria, o país representava menos de 2% do PIB global. Agora representa 16%.[22]

Na última década, a China foi, por si só, a maior fonte de crescimento global. É hoje líder mundial em comércio de bens, posto que havia sido dos Estados Unidos por sete décadas.[23] É o maior fabricante do mundo e o segundo maior importador, além de deter as maiores reservas cambiais do mundo. É a número um em construção naval e na produção de painéis solares e turbinas eólicas. É o maior mercado para carros, computadores e smartphones. Lá estão 226 dos quinhentos computadores mais rápidos do mundo, o dobro da quantidade existente nos Estados Unidos.

Em outras palavras, a China chegou. Sua ascensão foi tão vertiginosa que hoje já é possível enxergar os contornos de um sistema internacional bipolar. Os Estados Unidos ainda são de longe a nação número um, mas o aspecto mais característico de qualquer sistema bipolar é o fato de as duas principais potências estarem anos-luz à frente de todas as demais, e esse é certamente o caso de Estados Unidos e China (quando o teórico de política externa Hans Morgenthau descreveu como bipolar a ordem pós-Segunda Guerra Mundial, sua linha de raciocínio era a de que, com o colapso do poder britânico, os Estados Unidos e a União Soviética se destacavam de todos os demais países de peso). Em 2020, a fatia chinesa do PIB global é a segunda maior, mas é quase tão grande quanto as dos *quatro países seguintes somados*. Seu orçamento de defesa agora perde apenas para o americano — mas, também nesse departamento, os gastos militares da China são mais altos do que os dos quatro países seguintes juntos.

Enquanto o poder econômico da China cresceu, o que diminuiu não foi o dos Estados Unidos, mas o da Europa. A fatia americana do PIB global não sofre grandes alterações desde 1980.[24] Já os países que hoje compõem a União Europeia viram sua parcela da economia mundial diminuir de 30% para menos de 20% desde 1990[25] e, no que tange à questão geopolítica, o bloco permanece basicamente ineficaz como uma só potência. A economia da mais rica nação europeia, a Alemanha, corresponde a cerca de um quarto da economia da China. Outros países se encontram em patamares inferiores. A Índia, muito citada como contrapeso à China, tem economia ainda menor, um quinto na comparação com a da vizinha. A Rússia possui alguns dos atributos formais de superpotências, como poder de veto no Conselho de Segurança da ONU e vasto arsenal nuclear. Mas sua economia é hoje um oitavo da chinesa e seu orçamento militar, um quarto.

Os sistemas bipolares não são todos iguais.[26] A União Soviética se igualava aos Estados Unidos em força militar (ao menos de acordo com certos padrões de medidas), mas em todos os demais aspectos ficava muito atrás. A China, de certa forma, é um caso diametralmente oposto. Suas forças armadas ainda são muito mais vulneráveis do que as americanas, mas em muitas arenas econômicas e tecnológicas oferece competição à altura. Descendo a lista, a terceira maior economia do mundo, o Japão, e a quarta, a Alemanha, estão destinadas por motivos históricos a interpretar papel algo passivo nas relações internacionais. Tudo isso aponta para a existência de um abismo crescente entre as duas superpotências e o restante do mundo.

Estaríamos, pois, fadados a testemunhar um conflito entre esses dois polos de um sistema internacional emergente?[27] Acadêmicos, a começar por Tucídides, há muito alertam para os riscos de "transições de poder",[28] quando uma superpotência em ascensão se choca com uma já estabelecida. Inicialmente, a China e os Estados Unidos não pareciam rivais. Em 2006, a interdependência econômica entre os dois países parecia tão profunda que os estudiosos Niall Ferguson e Moritz Schularick criaram a palavra "Chimérica",[29] sob o argumento de que "China e América haviam, para todos os efeitos, se fundido e virado uma única economia". Mas depois da crise financeira global as coisas começaram a degringolar com a ascensão de Xi Jinping na China e, depois, de Donald Trump nos Estados Unidos. Em 2020, já se verificavam muitas tensões entre os dois países, de ordem comercial, tecnológica e geopolítica. A pandemia as trouxe à tona, com Washington intensificando a retórica e as ações contra Pequim. Será que um dia gerações futuras olharão para trás e dirão que a mais profunda consequência da Covid-19 foi o início da Segunda Guerra Fria?

A guinada nas relações sino-americanas ocorreu em ambas as capitais. Sob o comando do presidente Xi Jinping, que assumiu o poder em 2012,[30] Pequim se tornou muito mais assertiva no âmbito internacional, confiscando território indiano e fazendo reivindicações marítimas no mar da China Meridional. Passou a impor um controle maior sobre Hong Kong e a cobrar maior deferência de países beneficiários de ajuda e empréstimos chineses, ao mesmo tempo exercendo pressão sobre nações, firmas e organizações globais para que aceitem a posição da China sobre Taiwan e outras questões. O Ministério das Relações Exteriores chinês se tornou mais beligerante em sua nova tática diplomática do "Lobo Guerreiro",[31] batizada em homenagem a uma franquia chinesa de filmes de ação na qual o país flexiona seus músculos militares mundo afora.

Trump, por sua vez, assumiu determinado a endurecer o jogo com Pequim. Em particular, tinha a intenção de dissociar os Estados Unidos do país em termos econômicos e tecnológicos, um esforço que assumiu contornos dramáticos de retórica desde o início da pandemia. A China também viu uma oportunidade. Com a epidemia basicamente controlada dentro de suas fronteiras e a questão de sua má gestão inicial do vírus deixada de lado, Pequim ajustou o curso para tentar obter vantagens no exterior, enviando suprimentos médicos e especialistas para ganhar a boa vontade por meio da "diplomacia de máscara". O contraste entre as abordagens dos dois países nas relações públicas em tempos de pandemia não poderia ser mais pronunciado. A China prometeu 2 bilhões de dólares para os esforços globais de reação à Covid-19; já os Estados Unidos se movimentaram no sentido de cortar recursos para a Organização Mundial da Saúde e desfazer seus laços com a agência. Na verdade, as contribuições norte-americanas para a OMS excedem em muito as da China até o momento, enquanto sua ajuda ao combate à Covid-19 em outros países chega a 2,4 bilhões de dólares[32] — o país continua a ser um pilar da ordem internacional —, mas a retórica inflamada de Trump tem ofuscado tal realidade. Pequim ganhou esse round de diplomacia pública, o que lhe conferiu mais confiança para promover tais esforços no futuro.³³

Mas ao castigar a China com suas palavras, Trump reflete um raro consenso bipartidário que vem crescendo há vários anos. A linha cada vez mais dura adotada por Washington para com a China tem por base a crença de que décadas de política de "engajamento" fracassaram e as tentativas de cooperação não fizeram da China um país mais liberal e democrático. Alguns argumentos que advogam o fracasso do engajamento soam como os suspiros abatidos de um amante rejeitado. A verdade, porém, é que essa decepção tão monumental se baseia em um igualmente monumental mal-entendido. A política americana para a China nunca foi pura e simplesmente de engajamento; sempre foi uma combinação disso com a dissuasão. Essa estratégia é descrita às vezes como sendo de "marcação de território".

Desde os anos 1970, as autoridades americanas concluíram que convidar a China para integrar o sistema político e econômico global era melhor do que tê-la excluída, nutrindo ressentimentos e causando perturbações. Washington continuou a combinar seus esforços de integração da China com apoio consistente a outras potências asiáticas, incluindo a continuidade da venda de armas a Taiwan. Nos anos Clinton, os Estados Unidos garantiram que manteriam uma presença militar significativa no Leste Asiático (um plano chamado "Iniciativa Nye"). Nos anos Bush, Washington reverteu políticas com décadas de existência e reconheceu o poder nuclear indiano, mais um movimento pensado tendo Pequim em mente. O governo Obama fez o famoso "ajuste de eixo" na direção da Ásia, reforçando laços militares com o Japão e a Austrália e alimentando um vínculo mais forte com o Vietnã. Propôs ainda a Parceria Transpacífica, com o intuito de contrabalancear o peso da China na Ásia. Trump pulou fora do pacto no primeiro dia de trabalho como presidente.³⁴

A estratégia de marcação de território funcionou. Antes de Nixon reatar as relações do país com a China, ela era vista como o maior Estado pária do mundo. Mao Tsé-tung era obcecado pela ideia de estar na vanguarda de um movimento revolucionário que destruiria o capitalismo ocidental. Em nome dessa causa, medida alguma seria extrema demais — nem mesmo o apocalipse nuclear. "Se chegássemos ao pior dos piores e metade da humanidade perecesse", explicou Mao durante um discurso em Moscou, em 1957, "restaria a outra metade, enquanto o imperialismo seria arrasado e todo o mundo se tornaria socialista". A China de Mao financiava e fomentava insurgências antiocidentais e movimentos ideológicos mundo afora, da América Latina ao Sudeste Asiático.

Em comparação, a China de hoje é uma nação incrivelmente contida no front geopolítico e militar. Desde 1979, quando invadiu o Vietnã por pouco tempo, não se envolve numa guerra. Desde o início dos anos 1980, não financia ou apoia qualquer tipo de insurgência armada ou guerra por procuração em parte alguma do mundo. Tal histórico de não agressão é singular entre as grandes potências. Todos os outros membros permanentes do Conselho de Segurança da ONU usaram a força uma série de vezes em uma gama de lugares ao longo das últimas décadas — uma lista liderada, é claro, pelos Estados Unidos.

Embora não pese diretamente sobre a política externa chinesa, para muitos, em Washington, o fracasso da China em se tornar uma democracia liberal foi uma profunda decepção. É compreensível — mas não deveria ter sido uma surpresa. Nos escalões superiores do governo americano, poucos jamais se dispuseram a propor a meta de modificar profundamente o sistema político chinês. Aquilo em que acreditavam era que, ao se modernizar, a China atenuaria seu autoritarismo, a internet criaria um espaço maior para liberdades em diversos níveis e o papel do Estado na economia diminuiria. Muitos intelectuais e autoridades chinesas nutriam a mesma esperança. Por algum tempo, chegou a parecer possível: a China fez experiências com reformas econômicas mais e mais abrangentes e até mesmo eleições locais. Mas nos anos mais recentes ficou clara a direção tomada pelo regime: maior controle estatal e maior repressão. Contudo, seria um erro entender tal fato como a prova de que a política americana fracassou. A nova mão de ferro chinesa não é resultado de nada que tenha ocorrido em Washington, mas, sim, de algo ocorrido em Pequim: a ascensão de um novo líder, Xi Jinping.

A TERCEIRA REVOLUÇÃO CHINESA

Tão radicais são as mudanças promovidas por Xi que, para a acadêmica Elizabeth Economy, sua atitude representaria uma "terceira revolução" na China, comparável à revolução comunista original de Mao e ao movimento de Deng Xiaoping na direção dos mercados e dos Estados Unidos nos anos 1980. Xi tem atuado em quatro frentes: mais poder para si, uma participação maior do Partido Comunista na economia e na sociedade, mais regulação da informação e do capital e uma política externa mais assertiva. O veterano observador da China Orville Schell, que analisa a ascensão e a queda do engajamento desde os anos 1970, usa palavras veementes para descrever essa última tendência. Apesar de toda a retórica favorável ao multilateralismo[35] e do discurso sobre um renascimento nacional, Schell enxerga "um lado mais sombrio nas ambições vultosas de Xi, gestadas por sua fixação paranoica na ideia de 'forças estrangeiras hostis' [...] permanente e disfarçadamente organizadas contra a China".[36] Talvez os movimentos de Xi marquem o início de uma guinada a ser conduzida ao longo de décadas, como ocorreu com as duas primeiras revoluções; talvez acabem por se revelar um dos muitos ajustes na política chinesa revertidos pelo tempo. Por ora, os Estados Unidos e o restante do mundo lidam com uma nova China que vive algo chamado por Xi de sua "nova era".[37]

A repressão crescente é uma tragédia para o povo chinês, hoje sob o comando de um líder que freou as reformas econômicas, intensificou o controle e a repressão do Partido Comunista e enfureceu os países vizinhos. Esse movimento tem sido especialmente trágico para os habitantes da região de Xinjiang, de maioria muçulmana, onde o governo confinou um milhão de pessoas da etnia uigur em campos de controle para "reeducação" e sujeitou outros milhões a vigilância intrusiva (enquanto as negociações comerciais se arrastam, o presidente Trump se mantém notoriamente calado sobre o assunto;[38] obcecado com sua reeleição, Trump teria implorado a Xi para que a China comprasse mais soja do Meio-Oeste para ajudá-lo a vencer, ao mesmo tempo assegurando-lhe de que reprimir os muçulmanos chineses era o correto a se fazer). Pequim também pesou a mão sobre Hong Kong, quando impôs uma draconiana lei de "segurança nacional" ao território autônomo em julho de 2020.

A política externa chinesa também se tornou mais ambiciosa sob a gestão de Xi,[39] tanto ao reivindicar papéis de liderança em agências da ONU — nas quais sua presença é hoje quatro vezes maior que a americana[40] — quanto através do Cinturão Econômico da Rota da Seda e da construção de ilhas no mar da China Meridional. A beligerância do país é crescente, em acentuado contraste com a passividade anterior, resumida no adágio de Deng Xiaoping: "Esconda sua força, espere sua vez." A expansão militar, acima de tudo, sugere a execução de um plano a longo prazo.

Mas qual seria um nível aceitável de influência para a China, dado seu peso econômico no mundo? Se Washington não fizer primeiro essa pergunta crucial, não poderá questionar a sério possíveis excessos no exercício do poder chinês. Quando, em 1990, Deng aconselhou os demais líderes do país a esperar a vez deles, a China estava empobrecida e sua economia era insignificante. Hoje é um colosso, 800% maior do que a de então. A China esperou sua vez e desenvolveu sua força; hoje persegue um papel regional e global maior, como fizeram todas as superpotências ao aumentarem sua riqueza e sua força. Até que nível esse processo é apropriado e a partir de que ponto passaria a constituir um expansionismo perigoso? Essa é a questão estratégica fundamental que Washington e o mundo jamais examinaram com seriedade.

Consideremos o caso de outro país que ganhava força, esse no século XIX, ainda que em escala nem sequer próxima à da China atual. Os Estados Unidos eram, em 1823, o que hoje se chamaria de um país em desenvolvimento[41] — uma nação de fazendeiros, com infraestrutura sofrível, cuja economia não estava sequer entre as cinco maiores do mundo[42] —, e no entanto, via Doutrina Monroe, tiraram todo o Hemisfério Ocidental do alcance das grandes potências europeias. Ainda que relutante, o Reino Unido aquiesceu, aceitando e por vezes até mesmo fazendo valer a hegemonia regional americana. O caso americano é uma analogia imperfeita, mas serve para nos lembrar de que, quando países ganham força econômica, buscam obter maior influência externa. Ao definir todo e qualquer esforço chinês como perigoso, Washington se posiciona contra a dinâmica natural da vida internacional e cria as condições para a concretização de uma profecia.

Para os Estados Unidos, lidar com um competidor como a China é um desafio novo e singular. Desde 1945, os principais Estados a aumentar seus níveis de riqueza e prestígio têm sido sempre aliados próximos de Washington, quando não virtuais protetorados: Alemanha, Japão e Coreia do Sul. Assim sendo, a ascensão de novas potências, um aspecto em geral disruptivo da política internacional, tem sido extraordinariamente favorável aos Estados Unidos. A República Popular da China, contudo, não é só bem maior do que as potências ascendentes anteriores — ela também vive desde sempre fora da esfera de influência americana e de suas alianças estruturais.

A elite da política externa de ambos os partidos se acostumou a um mundo no qual os Estados Unidos são líderes incontestes. Quando era secretária de Estado, Madeleine Albright descreveu por que o país tinha a autoridade moral para usar de força militar (no caso, para bombardear o Iraque em 1998). "Somos os Estados Unidos. Somos a nação indispensável", disse ela. "Nós nos projetamos e enxergamos o futuro melhor do que outros países." Hoje é improvável que muitos outros países concordassem com tal frase. Em 2019, o secretário de Estado, Mike Pompeo, afirmou — numa declaração em tom de superioridade que certamente enfureceria qualquer cidadão chinês — que os Estados Unidos e seus aliados precisavam manter a China em seu "devido lugar". O pecado da China, segundo Pompeo, é ter gastos militares maiores do que necessita para sua defesa. É claro, pode-se dizer o mesmo dos Estados Unidos — e da França, da Rússia, do Reino Unido e de muitos outros países grandes. Aliás, uma definição útil de superpotência é um país cujas preocupações vão além da própria segurança imediata. O clima político em Washington sempre instigou seus legisladores a agir de forma "dura" e não "suave" — uma forma perigosa de enquadrar as relações internacionais. A verdadeira questão é: poderiam eles agir de maneira inteligente e não estúpida?

Esse novo consenso agressivo dos Estados Unidos a respeito da China é estranhamente solipsista, desprovido de considerações sobre como seu alvo reagiria. Pequim tem também seus incendiários, proferindo alertas há anos sobre como os Estados Unidos querem manter a China subserviente e almejam inclusive uma mudança de regime no país. A atitude do governo Trump justifica essas vozes cada vez mais e lhes confere peso interno para defenderem exatamente o tipo de comportamento assertivo e desestabilizador que a política americana tenta prevenir. Essa dinâmica, por meio da qual os incendiários de um lado fortalecem os do outro, intensifica as tensões e aumenta os riscos de conflito. É crucial ressaltar que as táticas duronas de Trump não atingiram as metas pretendidas: não acarretaram o fim do déficit da balança comercial americana nem obtiveram o apoio de Pequim na resistência à Coreia do Norte e ao Irã. Na verdade, só resultaram em uma China mais agressiva no exterior e mais repressiva dentro de suas fronteiras.

A atitude agressiva norte-americana tem por base o medo de que a China em algum momento domine o mundo. É um medo perigoso, pois, historicamente, quando uma potência dominante crê estar perdendo terreno para um novo rival, é comum que aja de maneira preventiva, com o intuito de se beneficiar do que enxerga como uma "janela de vulnerabilidade", após a qual a ascensão do rival se tornaria inevitável. Foi esse tipo de raciocínio que levou estadistas europeus a embarcar irrefletidamente na guerra em 1914.⁴³ Semelhante é o estranho fatalismo quanto à ascensão inexorável da China que agita os corredores do poder em Washington. Mas há razões para se duvidar desse cenário de pesadelo. Nem a União Soviética nem o Japão conseguiram dominar o mundo apesar do medo intenso, por vezes paranoico, de sua ascensão em Washington. E a China, apesar de todas as suas conquistas e trunfos, está acometida de uma série de desafios internos, do declínio demográfico à dívida monstruosa. O futuro político do Partido Comunista também é incerto. Apesar de uma década de intensificação da repressão política no continente, o fato de a ascensão de uma classe média criar aspirações por uma maior abertura política continua a valer, como fica claro nas duas sociedades chinesas que Pequim observa mais de perto — Hong Kong e Taiwan.

Mais importante é a ascensão da China ter desencadeado uma ansiedade maior em quase todos os seus vizinhos, do Japão à Índia, passando pela Austrália. A política externa de Xi intensificou de maneira drástica os temores desses países e levou vários a repensar as próprias bases. Desde o conflito de fronteira em junho de 2020, que matou dezenas de pessoas,⁴⁴ a Índia parece ter dado início a uma estratégia de longo prazo para fazer frente à China. Apesar de sua profunda dependência do mercado chinês, a Austrália hoje enxerga o país como seu principal adversário, em particular à luz dos muitos ciberataques que sofreu de Pequim, e vem liderando o clamor global por uma investigação sobre a má condução do país asiático no início da epidemia de Covid-19. O Japão ressuscitou a Parceria Transpacífica, trouxe outros países a bordo e se certificou de que o acordo se tornasse vigente. Até o Vietnã, temeroso de seu vizinho gigante, deu início ao que um dia foi inimaginável:⁴⁵ uma parceria militar, se não uma aliança, com seu velho inimigo, os Estados Unidos. A população de Taiwan, horrorizada com o destino de Hong Kong, reelegeu um presidente antichinês e vem antagonizando mais o continente, dificultando e encarecendo opções militares de Pequim (invadir um país hostil no qual milhões de pessoas se queixam do que enxergam como uma ocupação estrangeira pode rapidamente virar um pesadelo, como os arquitetos de tal medida em Washington bem poderiam explicar aos colegas chineses). O ponto fraco geoestratégico fundamental da China sempre foi uma abundância de países próximos opostos à sua ascensão. E, no entanto, longe de atenuar tal deficiência, as políticas de Xi a exacerbaram. A China hoje continua em expansão — mas no coração de um vasto continente, cercada por vizinhos hostis cuja oposição só faz crescer.

BIPOLARIDADE SEM GUERRA

Tensões entre os Estados Unidos e a China são inevitáveis. Conflito não. A imagem que temos na mente sobre política internacional deriva basicamente da história europeia moderna. Nela, grandes potências fazem de tudo em nome da influência em um grande jogo de *realpolitik*, frequentemente descambando para a guerra. Esse sistema internacional costuma ser chamado "multipolar" — caracterizado por várias grandes potências — e é inerentemente instável. Com muitos países de peso mais ou menos igual competindo, cada um olhando com desconfiança para os outros, erros de cálculo, agressão e guerra se tornam altamente prováveis, razão pela qual a Europa virou uma arena constante de conflitos por séculos. Mas um sistema multipolar descreve somente um período da história mundial — *grosso modo*, do século XVI até meados do XX. O mais comum sempre foi haver sistemas unipolares, dominados por uma potência, do Império Romano no Ocidente a uma série de impérios chineses no Oriente.

A ordem bipolar caracterizada pela rivalidade entre a União Soviética e os Estados Unidos durou menos de cinquenta anos. Inaugurou o mais longo período de paz sustentada entre as grandes potências em 150 anos e terminou, incrivelmente, com um dos lados capitulando e desmoronando — sem um só tiro disparado. Se o sistema internacional retornar a uma ordem bipolar, ela não precisa ser assustadora. É possível a bipolaridade sem guerra.[46]

É possível até mesmo a bipolaridade sem guerra *fria*. Afinal, a Guerra Fria original foi desencadeada por tensões internacionais hoje difíceis de imaginar. A União Soviética havia sido invadida a oeste pelos nazistas em 1941, tendo perdido cerca de 25 milhões de homens, mulheres e crianças — mais de 10% de sua população.[47] Depois de pagar a conta mais pesada em vidas humanas para vencer a Segunda Guerra Mundial, Moscou buscava controlar todos os vizinhos na fronteira ocidental com a Europa Oriental e a Central. A intenção era criar uma linha de Estados-tampão de forma a jamais ser invadida de novo. Depois passou a explorar opções ao sul, na Turquia e na Grécia, aventurando-se ainda mais longe atrás de territórios e influência. O regime soviético foi organizado em torno da ideologia de revolução comunista global que celebrava o conflito com o Ocidente. Por sua vez, os Estados Unidos consideravam o comunismo soviético uma terrível ameaça à sua existência e encaravam cada aliado soviético, onde quer que fosse, um risco (até mesmo os neutros eram vistos com desconfiança). Consideremos a maneira como as duas superpotências agiam. Moscou instalou mísseis nucleares em Cuba, arriscando uma guerra cataclísmica, para ampliar sua influência global e se contrapor à de Washington. Por sua vez, os Estados Unidos enviaram um total de três milhões de soldados para as selvas do Vietnã só para impedir um país pobre e secundário do outro lado do mundo de virar comunista.

As relações entre Washington e Pequim são bem menos tensas em todos os níveis. O "mercadoleninismo"[48] de Pequim não representa de fato uma alternativa societária viável para o Ocidente. O modelo chinês é uma combinação incomum de filosofia econômica liberal e mercantilista com política repressiva. Emana da história particular da China e é mais um precário jogo de equilíbrio do que uma ideologia coerente, não tendo sido copiado praticamente em lugar nenhum. Apesar de todo o descaso pelos direitos humanos, a China está mais integrada à ordem internacional do que a União Soviética jamais esteve. Moscou se opôs a quase todas as facetas da ordem da época. Durante a Guerra Fria, o comércio de bens entre os Estados Unidos e a União Soviética raramente superava 2 bilhões de dólares por ano, quando havia algum.[49] O comércio de bens entre a China e os Estados Unidos é de quase 2 bilhões de dólares *por dia*.[50] As superpotências de nosso tempo têm economias profundamente entrelaçadas, o que cria fortes incentivos à cooperação. Por isso, até o governo Trump adota uma política de morde e assopra em relação à China: cobra dissociação tecnológica ao mesmo tempo que busca uma interdependência mais profunda, pedindo que comprem mais bens americanos e deem mais acesso às empresas do país.

Em vez da Guerra Fria original, um paralelo mais próximo com a situação atual seria a rivalidade entre o Reino Unido estabelecido e a ascendente Alemanha iniciada no fim do século XIX. Para explicar as origens da Primeira Guerra Mundial, o presidente Woodrow Wilson resumiu de forma sucinta a dinâmica entre as duas potências: "O Reino Unido tem o solo, e a Alemanha o quer."[51] Vários acadêmicos já exploraram os paralelos entre o confronto anglo-germânico e as tensões de hoje entre os Estados Unidos e a China. Uma análise histórica resume as semelhanças:

> Ambas as rivalidades se verificam em meio a cenários de globalização econômica emergente e inovação tecnológica explosiva. Em ambas, uma autocracia emergente com sistema econômico protecionista se ergue para desafiar uma democracia estabelecida com economia de livre mercado. E ambas se dão entre países enredados em profunda interdependência, os quais fazem uso de ameaças tarifárias, determinação de padrões, roubo de tecnologia, poder financeiro e investimentos em infraestrutura para obter vantagens.[52]

A má gestão dessa rivalidade arrastou o mundo para uma guerra que devastou a Europa e montou o palco para uma segunda guerra mundial.

Vale a pena lembrar, contudo, que todas essas analogias datam de uma outra época. Hoje, o mundo é definido por um único sistema global. Isso jamais ocorreu antes. Como um exemplo dos sistemas anteriores, observe como os historiadores descrevem o mundo por volta do ano 200. As regiões mais populosas do planeta estavam sob o comando de impérios — Roma, na Europa e em torno do Mediterrâneo, e a dinastia Han, na China. Estados poderosos presidiam sistemas internacionais unipolares próprios — mas um era quase que inteiramente desconectado do outro. Hoje, essas regiões estão profundamente entrelaçadas. Gente, bens e ideias se movem de uma para a outra constantemente. E hoje, além disso, interações globais ocorrem dentro do que se convencionou chamar de "ordem liberal internacional". Tal moldura, que os Estados Unidos estabeleceram após a Segunda Guerra Mundial, é marcada pela abertura econômica e comercial, por instituições internacionais como a ONU, por regras e normas que regulam a conduta internacional e por soluções cooperativas para problemas comuns. Como observou o acadêmico John Ikenberry, apesar das muitas mudanças e dos desafios, essa ordem se manteve por ser do interesse de todos; em suas palavras, "fácil de adotar e difícil de derrubar".[53] Ela ajudou, ainda, a produzir o mais longo período de paz entre grandes potências na história moderna e permitiu como nunca antes a saída de mais gente da pobreza. Por mais tensa que ainda possa se tornar a bipolaridade Estados Unidos-China, ela continua inserida nesse duradouro e poderoso contexto de um mundo *multilateral*, e disso trataremos a seguir.

Ao observarmos como se formata a política internacional do futuro, fica claro — a bipolaridade é inevitável. Já uma guerra fria seria uma escolha.

LIÇÃO DEZ

Às vezes os grandes realistas são os idealistas

A Covid-19 é um fenômeno global que, por meio de um paradoxo, levou nações mundo afora a se fecharem em si. Dor e sofrimento, privações econômicas e desestruturação levaram líderes a abandonar ideias de cooperação internacional e preferir se resguardar, fechar fronteiras e seguir planos próprios de resiliência e recuperação. Em abril de 2020, a estratégia de Donald Trump para a pandemia já havia se limitado a pouco mais do que um apelo ao nacionalismo americano, por meio de ataques do presidente à China, a quem culpava por espalhar a doença, e à OMS, por ele considerada cúmplice. A China, por sua vez, mesmo ao adotar o discurso de cooperação global, abraçou rapidamente o "nacionalismo da vacina". Nas palavras do editorial do *Global Times*, agressivo porta-voz do Partido Comunista, "a China de forma alguma pode depender da Europa ou dos Estados Unidos para o desenvolvimento de uma vacina. Nesse campo crucial, o país precisa pisar sozinho".[1] Nesse departamento, os líderes indianos chegaram à mesma conclusão dos chineses. Nova

Délhi restringiu as exportações de suprimentos médicos essenciais[2] e investiu mais de 1 bilhão de dólares para reduzir sua dependência da China em componentes farmacêuticos.[3] Prontificou-se a desenvolver remédios[4] e fabricar suprimentos cruciais por conta própria.[5] Por toda parte, até mesmo na Europa, o interesse próprio e a autossuficiência parecem ser os novos lemas.

De uma perspectiva histórica, é estranho ver como as visões de líderes se tornaram estreitas e nacionalistas durante a crise. A dor da pandemia é real e profunda, mas não se compara ao período entre 1914 e 1945 — uma grande guerra que rasgou a Europa, uma pandemia muito mais mortal que a Covid-19, uma depressão global, a ascensão dos totalitarismos, outra guerra mundial que destruiu a Europa mais uma vez e dizimou duas cidades japonesas com armas nucleares — e mais de 150 milhões de mortos.[6] E, no entanto, após essa infernal sequência de crises, líderes mundiais fizeram pressão por uma cooperação internacional maior. Testemunhas do custo do nacionalismo desenfreado e do egoísmo mais tacanho, guerreiros e estadistas que sobreviveram acreditavam ter o dever de criar um mundo que não reincidisse numa competição niilista.

Todos gozamos dos frutos do trabalho deles: 75 anos de relativa paz. Mas o resultado é que nos tornamos cínicos, desdenhosos do idealismo que nos trouxe ao lugar onde estamos. Hoje está em voga detonar o "globalismo", sem pensar muito nos custos da alternativa a ele. Britânicos podem se empertigar e abraçar o tacanho nacionalismo do Brexit porque já não têm que se preocupar com o nacionalismo real nem com competições geopolíticas do tipo que matou quase vinte mil soldados britânicos em um único dia — 1º de julho de 1916 —, na Ofensiva do Somme, em troca de menos de oito quilômetros quadrados de terreno lamacento.[7] Estadistas que lideraram países aliados em meio à guerra e à depressão econômica foram mais sábios e deram uma chance ao idealismo.

Franklin D. Roosevelt (FDR) era grande admirador da visão de Woodrow Wilson, em cujo governo foi secretário-assistente da marinha, de um mundo "tornado seguro para a democracia". Viu esse idealismo desmoronar nos anos pós-Primeira Guerra Mundial e desembocar num conflito ainda mais amplo durante sua presidência. Mas a lição extraída por FDR das experiências de Wilson foi tentar de novo a cooperação internacional, dessa vez com os Estados Unidos no centro de um novo sistema — e dando às grandes potências incentivos práticos mais sólidos para o compromisso total com a paz. Alguns meses depois de o país entrar na Segunda Guerra Mundial, quando a vitória ainda era incerta e distante, FDR começou a formular planos para a criação de instituições internacionais e sistemas de segurança coletiva que tornassem guerras futuras cada vez mais improváveis. Cordell Hull, seu secretário de Estado de longa data, tendo visto como as guerras comerciais dos anos 1930 culminaram em um conflito exacerbado, defendeu obstinadamente um novo regime internacional de livre-comércio. Seus sucessores concretizaram essa visão nos anos após 1945 — de início por meio do Acordo Geral de Tarifas e Comércio, que evoluiria para o formato da Organização Mundial do Comércio.

Roosevelt era um notório idealista de coração, mas seu sucessor, Harry S. Truman, não tinha a mesma reputação. Truman passou para a história como o realista obstinado que jogou as bombas atômicas em Hiroshima e Nagasaki, criou a Otan, trabalhou para deter a União Soviética e levou o país à guerra na Coreia. Mas Truman também era um homem profundamente idealista e também havia bebido da fonte do internacionalismo wilsoniano. No último ano de ensino médio em Independence, Missouri, ficou extasiado por um imponente poema de Alfred, lorde Tennyson, intitulado "Locksley Hall",[8] e copiou as seguintes estrofes em uma folha de papel:[9]

> Pois mergulhei no futuro, até onde a vista humana alcança,
> Enxerguei a Visão do mundo e todas as maravilhas vindouras,
> Enxerguei os céus a fervilharem com o comércio, naves mercantes de mágicas velas,

Pilotos do crepúsculo apurpurado a liberar seus custosos fardos;
Ouvi os céus fervilharem com gritos, e deles precipitar-se o mais lúrido orvalho
Das aéreas armadas de nações em combate no azul central;
Longe a ladear o sussurro universal do vento sul em seu urgente acalentar,
Com os estandartes de seus povos a avançar em plena trovoada;
Até não mais rufarem tambores de guerra e recolherem-se pendões de batalha
No Parlamento do homem, na Federação do Mundo.
Com que então o bom senso de muitos inspirará temor a reinos irascíveis,
E gentil a terra há de adormecer, a circundá-la a lei universal.

Décadas depois, sempre que autoridades ou membros do Congresso perguntavam ao presidente o porquê de seu fervente apoio às Nações Unidas, Truman retirava do bolso a carteira e recitava os versos de Tennyson.[10]

O sucessor de Truman, Dwight D. Eisenhower, combatera os exércitos alemão e italiano Europa afora como comandante das forças aliadas no continente. Ele vira como a natureza humana poderia ser sombria e cruel — a Wehrmacht não deixou de lutar ferozmente até o fim. A conclusão que extraiu de sua experiência de guerra foi: em nome da paz e da cooperação, vale a pena um esforço extra. Vinte anos após o Dia D, Walter Cronkite entrevistou Eisenhower no cemitério militar americano em Colleville-sur-Mer, na Normandia, onde foram enterrados nove mil corpos de americanos. Sentado em um banco, contemplando as lápides, Eisenhower explicou a Cronkite: "Essa gente nos deu uma chance, e graças a eles nós ganhamos tempo para podermos fazer melhor do que havíamos feito antes [...] Por isso, toda vez que volto a essas praias hoje em dia, em qualquer ocasião em que pense naquele dia vinte anos atrás, digo uma vez mais que precisamos encontrar alguma forma de trabalhar pela paz e, francamente, obter a paz eterna para este mundo."[11]

Na presidência, Eisenhower fez propostas que hoje seriam impensáveis. Em 1953, em meio à Guerra Fria e com a Guerra da Coreia ainda em andamento, fez um discurso propondo que todas as nações adotassem limites rígidos tanto no número quanto na natureza das armas e que as Nações Unidas administrassem o processo de desarmamento. Também pediu a abolição de armas nucleares e propôs que toda a energia nuclear fosse confiada ao controle internacional e usada tão somente para fins pacíficos. Eisenhower usou uma linguagem que poucos pacifistas de esquerda ousariam utilizar hoje. "Cada arma de fogo fabricada, cada navio de guerra lançado, cada foguete disparado significa, em última análise, um roubo àqueles que têm fome e não são alimentados, que sentem frio e não são abrigados", disse ele. "Isto não é, em absoluto, uma forma de se viver digna de nota. Sob a nuvem da ameaça de guerra, é a humanidade que pende de uma cruz de ferro."[12]

Nem só os americanos pregavam o idealismo. Dos estadistas aliados de então, Winston Churchill era o mais profundamente nacionalista — até mesmo racista — e belicoso. E, no entanto, apenas um ano após o fim da Segunda Guerra Mundial, disse em um famoso discurso: "Temos de construir uma espécie de Estados Unidos da Europa."[13] E acrescentou: "Nossa meta em nada pode ser inferior à união da Europa como um todo e aguardamos com grande expectativa e confiança o dia em que essa união será alcançada." Essa federação, segundo ele, se basearia nos mesmos princípios que motivaram a Liga das Nações e os idealistas dos anos 1920 e 1930, que haviam imaginado uma maior cooperação como sendo capaz de livrar o mundo da guerra. Nos anos após o discurso de Churchill, estadistas franceses como Jean Monnet e Robert Schuman trabalharam com líderes alemães como Konrad Adenauer para criar o que viria a ser a União Europeia — uma conjunção sem precedentes de soberanias nacionais e o mais impressionante exemplo de cooperação pacífica na história da humanidade.

Hoje é comum enxergar com cinismo tais aspirações grandiosas. Atualmente muitos líderes defendem com orgulho visões tacanhas dos interesses de suas nações. "Sempre colocarei os Estados Unidos em primeiro lugar", declarou Donald Trump na Assembleia Geral da ONU em

2017, "assim como vocês, na condição de líderes de seus países, sempre os colocarão em primeiro lugar, e devem sempre fazê-lo".[14] Mas o mundo que habitamos foi criado por estadistas com visões mais amplas, para os quais a segurança coletiva — e empreitadas coletivas — era do interesse esclarecido de todas as nações. Os Estados Unidos eram o país mais poderoso do mundo quando construíram a ONU e a rede de organizações internacionais associadas que, juntas, restringiram seu poder unilateral.[15] Isso ajudou a Europa e o Leste Asiático a se recuperarem das ruínas da Segunda Guerra Mundial — para todos os efeitos, o país financiou seus futuros competidores. Os Estados Unidos acataram convenções e corroboraram organizações nas quais tinham somente um voto, o mesmo que a menor das nações. Mas, ao fazerem tudo isso, ergueram um sistema global que manteve a paz entre as grandes potências por três quartos de século, incentivou o crescimento da democracia e o respeito aos direitos humanos e permitiu a maior redução da pobreza na história da humanidade. A Europa encontrou uma maneira de superar séculos de nacionalismo e guerra e criou um continente de paz, prosperidade e segurança por meio do poder compartilhado na União Europeia e na Otan. Os países do Sudeste Asiático, após décadas de colonialismo e guerra, se agruparam na Associação das Nações do Sudeste Asiático e mantiveram relações pacíficas por duas gerações. Todos esses êxitos, grandes e pequenos, representam um histórico surpreendente para o idealismo e o globalismo.

A MORTE DO GLOBALISMO?

E, no entanto, confrontados com a Covid-19, muitos países se refugiaram no egoísmo, sobretudo os Estados Unidos de Trump. O presidente norte-americano basicamente descartou os alertas internacionais sobre a doença e, quando enfim começou a agir, suas medidas foram unilaterais, sem nem sequer se dar ao trabalho de informar seus mais firmes aliados europeus do anúncio de restrições de viagens para seus países.[16] Previsivelmente, o brasileiro Jair Bolsonaro e o indiano Narendra Modi — nacionalistas populistas, a exemplo de Trump — reagiram à pandemia com semelhante desconfiança diante de todos os tipos de iniciativa global ou solução multilateral. Modi lembrou aos indianos do perigo da cadeia global de suprimentos e os incitou a baterem pé por produtos locais,[17] comprando e promovendo tudo que seja *made in India*. Mas a pandemia teve o efeito de despertar o nacionalismo até nos lugares onde menos se esperaria, como a Europa.[18]

Nacionalistas gostam de ressaltar que a cooperação multilateral não impediu a pandemia. Afirmam que a instituição global com a qual muitos contavam para controlar surtos de doenças por meio de fronteiras nacionais, a Organização Mundial da Saúde, se saiu mal. Mesmo em 14 de janeiro de 2020, com o anúncio do primeiro caso de coronavírus fora da China, a OMS continuava a aceitar ingenuamente a versão de Pequim sobre falta de evidências que indicassem a transmissão de pessoa para pessoa.[19] Só em 11 de março a organização declarou tratar-se de uma pandemia, um momento em que a maior parte do mundo já havia atentado para a gravidade da crise e lutava para interromper atividades.[20] Tais fracassos levaram pessoas a defender um maior controle e mais resistência em níveis nacionais.

Os problemas com a OMS, entretanto, só comprovam a necessidade de mais multilateralismo, e não menos. O orçamento da organização é diminuto: ela depende da cooperação voluntária de seus Estados-membros.[21] Não tem autoridade para forçá-los a fazer nada e geralmente não consegue sequer constranger seus financiadores mais poderosos a agir.[22] Tais regras foram escritas com total apoio dos Estados Unidos, sempre alérgicos à ideia de uma organização internacional que pudesse interferir com suas questões domésticas. E, no entanto, nesta pandemia, a cooperação global ofereceu poderosas vantagens. A capacidade de movimentar dinheiro e equipamento médico rapidamente pelo mundo para atender os necessitados mostrou-se vital. O livre fluxo de ideias científicas e das melhores práticas foi ainda mais importante. Graças à abertura e à velocidade do sistema internacional, milhares de vidas foram salvas. Até os Estados Unidos, o país mais rico do mundo, aceitaram remessas da China de bom grado para cobrir o déficit momentâneo de certos equipamentos.[23] Com todos os seus erros, no fim de abril a OMS já havia disponibilizado 1,5 milhão de kits de testes e enviado equipamento protetor a 133 nações — uma dádiva divina para os países mais pobres do mundo.[24]

Além disso, muita coisa que deu errado na verdade deu errado dentro dos países, e não de um para outro. Os lugares que se saíram melhor, como Taiwan e a Coreia do Sul, tiveram de enfrentar problemas internacionais idênticos aos de todos os outros — sendo que seu número de viajantes oriundos da China é bem maior do que o dos países do Ocidente.[25] Os que foram incapazes de achatar a curva com rapidez, como o Reino Unido e os Estados Unidos, têm basicamente as próprias questões paroquiais e equívocos de liderança nacional para culpar, e não quaisquer defeitos do sistema internacional. Ainda assim, de alguma forma, a culpa recai sobre o multilateralismo global. Esse jogo míope de apontar o dedo é tão obtuso quanto alegar que os fracassos individuais de governança da parte dos americanos ou dos britânicos provariam a falência do conceito de Estados-nação. Foi estabelecida uma dinâmica disfuncional através da qual muita gente se beneficia de instituições multilaterais apenas para condená-las quando surgem problemas. Se centenas de quilômetros de estradas são construídos em um país europeu por meio de fundos da União Europeia, líderes locais assumem o crédito e ninguém agradece a Bruxelas — mas basta haver necessidade de cortes no orçamento para que se aponte o dedo para alguma regra da União Europeia, dizendo que "aqueles eurocratas malvados em Bruxelas me forçaram a fazê-lo".

Em nível global, o idealismo da era pós-Segunda Guerra Mundial está vivo na forma de sua criação sintomática, a ordem liberal internacional. Muitos reconhecem as realizações passadas dessa estrutura cooperativa montada pelos Estados Unidos, mas dizem que hoje ela está condenada. A Covid-19 pode vir a se provar a causa imediata de sua queda. Mas, é o que dizem, ela já vinha desmoronando em um mundo conflituoso e estava destinada a cair por terra.

UM CHOQUE PARA O SISTEMA

É famosa a afirmação de Voltaire de que o Sacro Império Romano "não era de forma alguma sagrado, nem romano, nem um império".[26] O mesmo pode se dizer da ordem liberal internacional: nunca foi tão liberal, tão internacional ou tão ordeira quanto é descrita hoje com tanta nostalgia. Desde o início, sua realidade é confusa, com idealismo misturado ao nacionalismo mais egoísta. Seu início remete a pensadores como Hugo Grotius[27] e Immanuel Kant,[28] mas a primeira vez em que foi expressa de forma articulada por um estadista mundial de peso foi no fim do século XIX, quando outra superpotência liberal, a Grã-Bretanha, possibilitou o primeiro grande arroubo de cooperação e globalização. Em 1879, William Gladstone, quatro vezes primeiro-ministro do Reino Unido e um gigante do liberalismo do século XIX, fez uma série de discursos sobre política externa. Neles, defendia um novo tipo de diplomacia para assegurar a paz entre as grandes potências, uma abordagem original baseada em freios, nos "direitos iguais de todas as nações" e no "amor pela liberdade".[29] Não eram só palavras. O Reino Unido teve papel crucial na proteção de rotas marítimas globais, e a libra esterlina serviu de moeda de reserva global. Sua hegemonia naval preservou certa medida de estabilidade internacional.

Naquele período certamente ainda ocorreu intensa competição econômica, potências ascenderam, houve revoluções domésticas e imperialismo agressivo. O tal "amor pela liberdade" de Gladstone tinha aplicação seletiva: o próprio Reino Unido era entusiasticamente imperialista e esmagava rebeliões da Índia à Irlanda. Era por vezes profundamente mercantilista também.[30] Mas em termos relativos, se comparado a qualquer período anterior na história, foi marcado por uma paz nunca vista, pela expansão do comércio e pela dispersão das sementes da cooperação internacional, como o primeiro acordo moderno de controle de armas.[31] Em resumo, era uma ordem liberal internacional nascente. Teve um fim abrupto com a Primeira Guerra Mundial, uma ruptura que persistiu ao longo dos turbulentos anos do entreguerras e Segunda Guerra Mundial adentro.

Depois de 1945, quando o Reino Unido passou a batuta da liderança global para os Estados Unidos, Washington começou a erguer um conjunto mais formal de normas e instituições internacionais. Mas o sistema emergente se deparou com a oposição veemente da União Soviética, à qual se seguiu uma série de desarranjos cooperativos entre aliados (os mais traumáticos deles em 1956, tendo como pivô o canal de Suez, e uma década depois no Vietnã). O sistema chegou mesmo a sofrer com a defecção parcial dos Estados Unidos no governo Richard Nixon, que em 1971 interrompeu a prática de Washington de usar as reservas americanas de ouro como garantia para o sistema monetário internacional. Um retrato mais realista daquele período pós-1945, portanto, seria o de uma ordem fraca, comprometida desde o início por exceções, discórdia e fragilidade. Em seu bojo, as grandes potências viviam driblando as regras — nenhuma delas mais do que os Estados Unidos. Entre 1947 e 1989, quando, por um lado, desenvolvia a ordem liberal internacional, o país tentou mudar regimes mundo afora 72 vezes, pelas contas de um acadêmico, quase todas elas sem aprovação da ONU.[32]

Ainda assim a ordem cresceu, apesar de muitas tendências compensatórias e reveses. Mais e mais países se juntaram a ela e, após o colapso da União Soviética, em 1991, praticamente todas as nações passaram a integrar de alguma forma a abertura econômica mundial e a adotar normas internacionais de conduta, ao menos na teoria. Ainda hoje, a ordem liberal internacional acomoda uma miríade de regimes — de Cuba à Arábia Saudita, passando pelo Vietnã — sem deixar de prover uma estrutura composta de regras que estimulam maior paz, estabilidade e conduta mais civilizada entre os Estados. Mas muitos em Washington e além argumentam que ela hoje enfrenta uma nova ameaça, talvez fatal. Acusam a ascensão da China de ter quebrado o sistema, pois Pequim teria abusado da abertura econômica mundial em nome do fortalecimento do próprio sistema estatista e mercantilista. Ressaltam que a China tentou diluir o compromisso da ONU com os direitos humanos. Alegam, ainda, que o país tenta estabelecer o próprio sistema internacional paralelo, uma estrutura incompatível com a atual, patrocinada pelo Ocidente. O que significa para a ordem internacional a ascensão da China, então?

Considere-se o abuso da abertura econômica mundial por parte da China. Na visão de quase todos os economistas, o país deve a maior parte do êxito a três fatores fundamentais: a guinada da economia comunista para uma abordagem mais calcada no mercado, uma alta taxa de poupança facilitadora de grandes investimentos de capital e a produtividade crescente. A adoção de uma economia de mercado também incluiu a abertura substancial ao investimento estrangeiro, mais do que ocorreu nos casos da maioria dos outros grandes mercados emergentes. A China é o único país em desenvolvimento a ter figurado no ranking dos 25 melhores mercados para o investimento estrangeiro direto todos os anos desde 1998.[33]

A China atual apresenta alguns novos desafios, sobretudo se levarmos em conta a predileção do presidente Xi por usar o poder do Estado para conferir domínio econômico ao país em setores cruciais. Mas sua maior vantagem no sistema global de comércio não deriva de sua disposição para violar regras, mas de seu puro e simples tamanho. Países e empresas desejam ter acesso à China e estão dispostos a fazer concessões para consegui--lo. Isso está longe de se tratar de algo incomum. Outros países com igual cacife vivem se safando, apesar de mostrarem comportamento igual ou pior

— os Estados Unidos, mais do que qualquer outro. Um relatório de 2015 da gigante do setor financeiro Credit Suisse calculou as barreiras não tarifárias contra bens estrangeiros instituídas por grandes países entre 1990 e 2013.[34] Os Estados Unidos, com um total de quase 450, habitam um patamar próprio. Depois vêm a Índia, com algo em torno de 350, e a Rússia, com cerca de 250. A China aparece apenas em quinto, com menos de 150. As guerras comerciais de Trump com a China e a Europa são os mais recentes e escandalosos exemplos do mercantilismo dos Estados Unidos.

O apoio governamental a iniciativas estatais é maior do que há alguns anos, mas Pequim abandonou algo que já foi central em sua estratégia mercantilista: o uso de uma moeda desvalorizada para impulsionar exportações. O economista Nicholas Lardy calculou que o fim do mercantilismo baseado no valor da moeda e a resultante queda no superávit comercial respondem por "cerca de metade da desaceleração no crescimento da China desde a crise financeira global".[35] É evidente que reformas assim costumam ocorrer tão somente por pressões ocidentais e, ainda assim, por servirem aos interesses competitivos da China. Mas também é verdade que Pequim sofre pressões cada vez maiores para realizar ainda mais reformas. Muitos economistas chineses e legisladores seniores defendem que fazê-lo é a única forma de o país se modernizar e desenvolver sua economia. Evitar as reformas, alertam, fará a China chafurdar na "armadilha da renda média" — destino comum no qual os países fogem à pobreza, porém, tendo se recusado a modernizar mais seus sistemas econômicos, legais e regulatórios, se chocam contra a barreira de um PIB *per capita* em torno de 10 mil dólares. A China ultrapassou o marco dos 10 mil em 2019, mas ainda não está livre de empacar.[36] Mesmo antes de a pandemia reduzir seu crescimento, o país resistia a fazer tais reformas. Outros países que tomaram a mesma atitude acabaram por se ver obrigados a continuar no caminho reformista ou atolarem num caminho lento. A pandemia pode lhe conferir o ímpeto para se abrir mais — ou levar Pequim a dobrar a aposta no credo nacionalista voltado para dentro. Ainda que opte por este segundo caminho, no entanto, o país está longe de querer derrubar a ordem multilateral e substituí-la por uma de base chinesa.

A verdade sobre a ordem liberal internacional é que ela jamais viveu de fato uma era de ouro nem decaiu tanto quanto se diz. Seus atributos-chave — paz e estabilidade entre os principais países — continuam firmemente de pé, com um declínio acentuado em guerras e anexações desde 1945 (a invasão da Ucrânia pela Rússia é a exceção que confirma a regra).[37] O mercantilismo econômico da China deve ser confrontado, e o governo Trump merece algum crédito por chamar atenção para isso. Mas Trump merece fortes críticas por tratar o tema de forma unilateral, uma vez que teria sido bem mais eficiente apresentar a Pequim uma lista de exigências feitas pelos Estados Unidos e seus aliados — digamos, a União Europeia, o Reino Unido, o Canadá, o Japão, a Coreia do Sul e a Austrália, que, juntos e somados aos Estados Unidos, formariam um grupo representativo de 58% da economia global.[38] O mundo interconectado dá aos Estados Unidos poder e influência sobre a China, e dissociar-se dele diminui esses fatores. Sim, é verdade que os Estados Unidos jamais se depararam com um adversário tão formidável quanto a China. Mas ela tem seus próprios obstáculos a superar: nenhuma potência emergente na história encontrou pela frente um mundo tão intricadamente entrecruzado, com canais multilaterais de cooperação e defesa. Qualquer tentativa chinesa de ruptura total com as normas e regras globais atrairia forte oposição dos seus vizinhos, bem como além de suas fronteiras imediatas.[39] Talvez o mais importante seja lembrar que não há melhor forma de deter a China do que fortalecer o sistema que lhe impõe limites. Isso evidentemente exigiria dos Estados Unidos a filiação e o apoio a órgãos como a Convenção sobre o Direito do Mar e a Corte Penal Internacional. Quem faz pouco das regras e normas não tem muita moral para atacar a China por agir da mesma maneira.

A mais significativa contribuição americana para a vida internacional, no que se diferencia de todas as demais potências vitoriosas na história, foi a de, ao triunfar decisivamente no mais sangrento conflito de todos, escolher perdoar, reconstruir e reabilitar os vencidos. Imaginou um novo modelo para as nações do mundo. Agiu com frequência inspirando-se no bem comum e não só no interesse nacional mais tacanho. Os que observam os desafios deste momento — a ascensão da China e agora a pandemia de Covid-19 — e concluem que o país deveria abandonar esse rico legado e simplesmente se comportar como qualquer outra potência, tornar-se uma versão em língua inglesa do Império Alemão, estão fechando os olhos tanto para a história quanto para as realizações dos Estados Unidos.

Daí surge a mais séria ameaça à ordem liberal internacional — não se trata do expansionismo da China, mas da abdicação americana.[40] O arquiteto do sistema está rapidamente perdendo o interesse pela própria criação. Como já apontou o acadêmico Walter Russell Mead, Trump tem instintos jacksonianos: é basicamente desinteressado no mundo exceto ao crer que a maioria dos países quer passar a perna nos Estados Unidos, inclusive e em especial seus aliados.[41] É um nacionalista, protecionista e populista, determinado a pôr "a América em primeiro lugar". Mas na verdade, mais que qualquer outra coisa, é um isolacionista que abandonou o campo de atuação.[42] Trump retirou os Estados Unidos de mais organizações, tratados e acordos do que o governo de qualquer outro presidente na história do país. Não apenas puxou o freio em um tratado comercial com a União Europeia, mas também iniciou uma guerra comercial contra o bloco e acenou com a retirada de tropas de bases na Europa[43] — aparentemente proclamando o fim de uma parceria atlântica de setenta anos.[44] Em relação à América Latina, Trump tem sido pendulado entre manter os imigrantes a distância e ganhar votos na Flórida. Conseguiu indispor até mesmo os canadenses, o que não é fácil. E terceirizou a política para o Oriente Médio a Israel e à Arábia Saudita, basicamente para que os Estados Unidos pudessem recuar. Com umas poucas exceções impulsivas, como o desejo narcisista de ganhar um Prêmio Nobel tentando estabelecer a paz com a Coreia do Norte, o mais notório na política externa de Trump é sua inexistência.

A pandemia acelerou a guinada egoísta dos Estados Unidos — seu abandono do papel de líder do mundo livre e provedor de bens públicos dentro do sistema multilateral. Talvez o exemplo mais impressionante tenha sido o da estratégia para a vacina. Longe de coordenar um esforço global, ou mesmo encorajar seus aliados a unir recursos, o governo Trump só queria saber de "vencer", dando um "chega pra lá" em outros países para ter acesso à vacina antes. Segundo informou a imprensa alemã, o governo americano ofereceu uma "vultosa quantia" para garantir o imunizante de uma empresa alemã "somente para os Estados Unidos".[45] Enquanto isso, parceiros como a França, o Brasil e o Canadá acusaram Washington de se intrometer agressivamente em acordos de compra de equipamento médico fundamental, fazendo ofertas mais altas ou chegando mesmo a bloquear remessas.[46]

Os Estados Unidos estão seguros há tempos no front doméstico, um castelo protegido por dois fossos oceânicos da instabilidade e da guerra. Tal posição tem possibilitado aos líderes americanos desde 1945 enxergar longe e usar um quinhão de poder e recursos pelo bem comum. Consideremos a liderança exercida por Washington no combate às doenças do século XXI. O governo George W. Bush lançou uma iniciativa de combate à Aids na África que despejou 85 bilhões de dólares contra a epidemia e assim salvou pelo menos dezoito milhões de vidas.[47] O governo Obama liderou o cerco ao Ebola, administrando recursos e *expertise* em uma bem-sucedida operação de contenção do vírus. Outros fazem doações, mas nenhum país assumiu papel tão central e organizacional no mundo.[48]

Em meados de 2020, tragicamente, com a pandemia se alastrando pela maior parte de seus cinquenta estados[49] — muito depois de a Europa e o Leste Asiático conterem seus surtos —, os Estados Unidos não davam atenção a nada ou ninguém além de si, a não ser para atacar Pequim. O governo Trump não está errado em criticar como a China lidou com a Covid-19. Mas, levando-se em consideração quem é o mensageiro, o impacto da mensagem fica comprometido. Amigo de longa data dos Estados Unidos, o ex-primeiro-ministro da Austrália Kevin Rudd escreveu na *Foreign Affairs* sobre o horror e a decepção com a desgraça do país. "Um dia existiram os Estados Unidos da ponte aérea de Berlim.[50] Agora a imagem que nos fica é a do USS *Theodore Roosevelt* incapacitado pelo vírus, relatos de como o governo tentou obter o controle exclusivo de uma vacina que está sendo desenvolvida na Alemanha e a intervenção federal para impedir a venda comercial de equipamento de proteção pessoal para o Canadá. O mundo virou de ponta-cabeça."

HORA DE RECONSTRUIR

Atualmente, a reparação de uma ordem internacional dominada pelos Estados Unidos não é possível. Muitas novas potências estão surgindo, muitas novas forças foram liberadas sem que se possa domá-las, ainda que o presidente americano fosse um dedicado multilateralista. A China se tornou uma rival e, em muitos aspectos, uma força equivalente. É improvável que aceite o reinício da hegemonia americana. A ascensão do restante continua. O mundo agora está recheado de novos agrupamentos e instituições, muitas das quais de natureza regional. A China estabeleceu o Banco Asiático de Investimentos em Infraestrutura e ajudou a financiar o Novo Banco de Desenvolvimento. Pequim fomentou uma série de grupos multilaterais no Leste Europeu e na América Latina que giram em torno da China, bem como a empreitada mais ambiciosa do Cinturão Econômico da Rota da Seda, que está tecendo uma rede de cadeias de suprimentos, infraestrutura e trânsito integrado entre a Eurásia e a África, com a China ao centro.[51] A Rússia tentou organizar uma esfera própria de influência ao unir ex-repúblicas soviéticas em um tratado de defesa e na natimorta "União Econômica Eurasiana"[52] (a ofensiva de Putin sobre a Crimeia deixou países vizinhos compreensivelmente temerosos de criar laços com Moscou).[53] Em anos recentes, blocos regionais mais antigos como a Associação das Nações do Sudeste Asiático e a União Africana também se tornaram mais ativos.

Apesar de todas as previsões quanto à sua derrocada, a Europa pode muito bem sair desta crise mais forte e unificada, determinada a cumprir um papel independente no mundo.[54] Até mesmo o presidente Emmanuel Macron, apesar das concessões verbais ao nacionalismo em seu discurso que clamava pela "independência" da França, sinalizou que deseja ver seu país cada vez mais inserido no multilateralismo de uma Europa federativa forte o bastante para se impor e "enfrentar a China, os Estados Unidos e a desordem global".[55] A retórica pode ser de independência, mas a realidade é de interdependência. Nenhum desses blocos é tão forte quanto um Estado-nação com status de superpotência. Mas coletivamente refletem a nova constelação de atores mais diversos e distribuídos no palco mundial. Não se trata de um mundo multipolar, mas, sim, multilateral — pois, e líderes inteligentes bem o sabem, pouco se consegue no âmbito internacional quando se é um único país, sozinho, ainda que sejam os Estados Unidos ou a China. Os Estados Unidos poderiam desempenhar papel crucial nessa nova era: na condição de potência, ainda poderiam estabelecer as prioridades no cenário internacional, formar coalizões e organizar a ação coletiva. Mas seria um papel diferente daquele puramente hegemônico — e a classe imperial de Washington pode resistir à necessidade de acordos e diplomacia genuínos.

Esse novo multilateralismo pode trazer vantagens. Baseia-se na participação maior de outros países, grandes e pequenos. Reconhece o caráter genuinamente global do sistema internacional, que se estende do Brasil à África do Sul, da Índia à Indonésia. Caso funcione, um sistema internacional que dê mais voz a mais países pode resultar em um sistema democrático mais vivo. Sejamos claros. Tudo depende de uma aposta: que as ideias subjacentes à ordem internacional liderada pelos Estados

Unidos possam sobreviver ao fim da hegemonia norte-americana.[56] A alternativa, a restauração de tal hegemonia, não vai acontecer. Mas há razões para esperanças racionais. O ímpeto pelo multilateralismo não é puramente idealista. Os Estados Unidos, a Europa, o Japão, a Coreia do Sul e, acima de todos, a China obtiveram imensuráveis ganhos em função de integrarem um sistema aberto, baseado em regras. Todos eles — até Pequim — teriam todos os incentivos do mundo para sustentar tal sistema em vez de derrubar suas estruturas. A Rússia já é um caso mais capcioso e às vezes age de forma a semear o caos — mas o país vê sua força decrescer a cada ano e, ao longo do tempo, se verá cada dia mais isolado. A Índia e muitas potências emergentes bem farão em acolher um sistema cuja rede de instituições e regras limita o poder da China, por mais que a restrição também se estenda aos demais. Encontrarão maior estabilidade e prosperidade em um mundo como esse.

Acima de tudo, um sistema multilateral funcional oferece uma chance para a resolução de problemas comuns. A pandemia ilustra perfeitamente os riscos e as oportunidades de um mundo interconectado. A crise é global por natureza e afeta todos os países, ricos e pobres. Ninguém está seguro a não ser que todos possam contar com algum grau de segurança. Da mesma forma, os problemas ambientais exigem ação coletiva. O ciberespaço é uma arena que não conhece fronteiras. As mudanças climáticas certamente são o exemplo mais dramático de um desafio global, pois têm o potencial de ameaçar a própria sobrevivência humana e não podem ser resolvidas sem a cooperação sustentada de todos, mas em especial dos maiores poluidores, os Estados Unidos e a China.

Os cientistas do clima que alertam sobre os riscos de nossa trajetória atual espelham inconscientemente os alertas feitos pelo Prêmio Nobel Joshua Lederberg sobre vírus em 1989. Assim como ele, nos instigam a não pressupor que a natureza seja uma força benigna com qualquer interesse especial na sobrevivência da vida no planeta. O clima não se importa conosco; trata-se tão somente de um acúmulo de reações químicas, que podem facilmente sair do controle, destruir o planeta e todos que o habitam. Milhões de outros planetas em outros sistemas celestes podem ter sofrido o mesmo destino. Aqui mesmo em nossa vizinhança solar, uma recente simulação de computador da NASA sugere que Vênus pode ter sido habitável por cerca de dois bilhões de anos, depois dos quais um efeito estufa descontrolado teria desencadeado as condições estéreis e inóspitas que caracterizam o planeta hoje.[57] É possível mitigarmos as forças que empurram a Terra numa direção semelhante. Se essa não for uma razão sólida para cooperação, nenhuma outra será.

Se não formos capazes de encontrar uma maneira de ter algum sistema de cooperação, vamos nos deparar com um mundo de irrestrita competição nacionalista. Os riscos desse panorama são angustiantes — embora tremendamente subestimados. Se os Estados Unidos e a China, os dois países mais dinâmicos e tecnologicamente avançados do mundo, se lançarem a um conflito aberto — da militarização do espaço ao armamento do ciberespaço, com uma corrida armamentista na inteligência artificial —, podem causar os resultados mais catastróficos. Com certeza significaria o fim do tipo de mundo que construímos de maneira hesitante — um mundo de comércio global, viagens e comunicação irrestritos, com esforços comuns para minorar a pobreza e combater doenças. Uma Segunda Guerra Fria pode ser evitada, mas somente por meio de algum processo sustentado de diplomacia e cooperação, de preferência com o envolvimento de outras potências como a União Europeia e a Índia. Os Estados Unidos e a China são sociedades muito diferentes, mas ambas são orgulhosas e patrióticas. Espera-se que os estímulos políticos domésticos em Washington e Pequim não passem de atos e bravatas agressivos. Os riscos de beligerância são vagos e aparentemente bem distantes no futuro. Assim como em 1914, estamos mais uma vez caminhando às cegas rumo a um conflito.

Apesar dessas dificuldades, apesar das tensões e dos reveses atuais, não entro em desespero. Já nos deparamos com desafios mais complicados no passado e conseguimos lidar bem com eles. Nosso progresso foi imenso se olharmos para as últimas décadas, até mesmo os últimos séculos. Quando Tennyson escreveu "Locksley Hall", nos anos 1830, o primeiro grande conflito global — as guerras Napoleônicas — havia acabado, abrindo caminho para um novo e frágil período de paz na Europa. O feudalismo era então substituído pelo industrialismo, e revoluções no comércio e na tecnologia conectavam o mundo. Com a ascensão de uma nova rainha ao trono britânico, o poema simbolizava o idealismo da nascente era vitoriana. E, no entanto, próximo ao fim da vida, Tennyson chegou à conclusão de que fora tolamente ingênuo e escreveu outro poema, "Locksley Hall sessenta anos depois", no qual alegava que o século XIX acabara sendo marcado por guerras, revoluções, pobreza urbana e a perda da fé. "Quando uma era teria sido tão marcada por ameaças? Loucura? Mentiras escritas e faladas", escreveu, com raiva.

Pouco depois da publicação do poema, seu pessimismo foi refutado. Um ensaio extraordinário apareceu no periódico *The Nineteenth Century* em defesa das realizações da era. O grande guardião liberal William Gladstone — no intervalo entre dois de seus quatro mandatos como primeiro-ministro — argumentava que, embora alguns dos mais grandiosos sonhos dos idealistas não tivessem se confirmado, era preciso considerar tudo o que fora alcançado. E então repassava o inventário. Nas palavras do historiador Paul Kennedy, "a lista é sedativa, tediosa e, ao mesmo tempo, impressionante.[58] A porcentagem de crianças na escola havia disparado [...] Os direitos das mulheres haviam sido ampliados [...] O revoltante Código Penal [...] havia sido deixado de lado [...] e o comércio havia quintuplicado, enquanto o crime havia diminuído consideravelmente".

Pode-se dizer o mesmo da ordem liberal internacional de nosso tempo. Ela é incompleta e já incorreu em muitos erros. Muitos conflitos, miséria e hipocrisia já ocorreram à sua sombra. Mas, de maneira geral, melhorou a vida das pessoas mais do que qualquer sistema anterior sob o qual seres humanos tenham vivido. E o fez por ser baseada não em algum delírio sonhador de um mundo no qual o mal tenha sido abolido e a virtude seja reinante. O idealismo subjacente ao liberalismo é simples e prático. Se as pessoas cooperarem, obterão melhores resultados e soluções mais duradouras do que se agirem sozinhas. Se nações puderem evitar a guerra, seus povos terão vida mais longa, frutífera e segura. Se elas se tornarem economicamente entrelaçadas, melhor para todo mundo. Eis a esperança no âmago do poema anterior de Tennyson, aquele que Truman mantinha na carteira. No mundo imaginado por seus versos visionários, "o bom senso de muitos inspirará temor a reinos irascíveis,/ E gentil a terra há de adormecer, a circundá-la a lei universal". Não é elucubração delirante achar que a cooperação pode mudar o mundo. É bom senso.

CONCLUSÃO

Nada está escrito

É um dos grandes momentos do cinema. No arrebatador drama histórico *Lawrence da Arábia*, o jovem diplomata e aventureiro britânico T. E. Lawrence — em atuação inesquecível de Peter O'Toole — acaba de convencer um grupo de tribos árabes a organizar um ataque-surpresa ao Império Otomano, do qual buscam sua independência. Lawrence lidera um bando de guerreiros beduínos deserto afora, e eles se aproximam do porto otomano de Aqaba pela retaguarda. Cruzam o deserto sob um calor escaldante, enfrentando tempestades de areia com redemoinhos intensos. Em dado momento, descobrem que um dos soldados árabes, Gasim, caiu de seu camelo. Lawrence decide imediatamente que precisa retornar e resgatar o homem perdido. O xerife Ali, principal líder árabe, interpretado no filme por Omar Sharif, faz objeções. Um de seus ajudantes diz a Lawrence: "A hora de Gasim chegou. Está escrito." Lawrence reage com rispidez: "Nada está escrito!" E então dá meia-volta, se embrenha pelo caminho trilhado, procura em meio às dunas e a uma tempestade de areia e encontra Gasim cambaleando, moribundo. Lawrence o traz de volta ao acampamento sob uma acolhida de herói. Quando o xerife Ali lhe oferece água, Lawrence olha para ele e, antes de aplacar sua sede, repete com calma: "Nada está escrito."

Dez lições descreveu o mundo que está sendo introduzido por consequência da pandemia de Covid-19. Mas o que de fato descreve são forças que estão ganhando terreno. Para completar a história, precisa-se acrescentar a ação humana. Pessoas têm o poder de escolher em que direção querem investir e levar suas sociedades e o mundo. Na verdade, hoje temos maior margem de manobra. Em muitas épocas, a história avançou por caminhos estabelecidos, e mudá-los era difícil. O novo coronavírus, porém, virou a sociedade de pernas para o ar. As pessoas estão desorientadas. As coisas já estão mudando e, nesse cenário, mais mudanças se tornam ainda mais fáceis de ocorrer.

Pensemos nas transformações que aceitamos em nossa vida em decorrência da pandemia. Concordamos em nos isolar por longos períodos. Trabalhamos, fizemos reuniões e tivemos conversas profundamente pessoais falando com nossos laptops. Fizemos cursos on-line e tivemos consultas com médicos e terapeutas por meio da telemedicina. Em um mês, companhias mudaram padrões de conduta que normalmente levariam anos para revisar. Da noite para o dia, cidades verteram avenidas em passarelas para pedestres, calçadas em cafés. Atitudes para com gente antes ignorada ou negligenciada estão mudando, como se vê na recém-adotada frase "trabalhadores essenciais". E governos abriram seus cofres com uma disposição que um dia foi inimaginável e bem pode levar a uma abertura ainda maior para investir no futuro.

Essas mudanças podem ser o início de algo novo ou apenas momentâneas. Temos muitos futuros à frente. Podemos nos voltar para dentro, abraçando o nacionalismo e o interesse próprio, ou podemos ver esta pandemia global como um impulso à ação e à cooperação globais. Já confrontamos uma encruzilhada como esta antes. Durante os anos 1920, após uma guerra mundial e uma grande pandemia, o mundo poderia ter caminhado para qualquer uma das duas direções. Alguns dos líderes emergiram do conflito com o intuito de criar estruturas de paz capazes de impedir sua repetição. Mas o Congresso rejeitou os planos de Woodrow Wilson, e os Estados Unidos viraram as costas para a Liga das Nações e os esforços pela criação de um sistema de segurança coletiva na Europa. Líderes europeus impuseram termos duramente punitivos à Alemanha, empurrando o país para a beira do colapso. Essas decisões levaram o mundo a um estado de coisas muito sombrio nos anos 1930 — hiperinflação, desemprego em massa, fascismo e outra guerra mundial. Escolhas de natureza diferente poderiam tê-lo levado por um caminho totalmente diferente.

Nos anos 1940, da mesma forma, a União Soviética de Stalin optou por uma estratégia de desafio e confronto, recusando a oferta dos Estados Unidos de auxiliá-la por meio do Plano Marshall e rejeitando quaisquer negociações para instituição de uma autoridade internacional visando ao uso pacífico da energia nuclear. Se naquela época um líder soviético diferente estivesse no poder, Nikita Khrushchev, digamos, talvez a Guerra Fria tivesse sido um período histórico bem menos tenso e arrepiante. Talvez nunca tivesse ocorrido uma Guerra Fria.

Quando nos debruçamos sobre o mundo de hoje, é evidente a existência de correntes nos empurrando em certa direção — e rapidamente. Tentei descrever algumas delas. O desenvolvimento econômico está criando riscos cada vez maiores ao clima. Por razões demográficas, entre outras, os países estão crescendo mais devagar. Os ricos estão se tornando mais ricos; os grandes estão ficando maiores. A tecnologia se desenvolve tão rápido que, pela primeira vez na história, os humanos podem perder o controle sobre as próprias criações. A globalização vai persistir, mas a oposição a ela se torna mais e mais ruidosa. Nações estão se tornando mais paroquiais. Os Estados Unidos e a China se encaminham para um confronto amargo e prolongado. Mas podemos fazer escolhas que configurem e modifiquem essas tendências.

Podemos nos acomodar a um mundo de crescimento lento, perigos naturais cada vez maiores e desigualdade crescente e continuar a agir como se tudo estivesse normal. Ou podemos escolher agir com decisão, por meio da vasta capacidade governamental de fazer novos investimentos de vulto para equipar pessoas com as habilidades e a segurança de que precisam em uma era de mudanças atordoantes. Podemos construir uma infraestrutura para o século XXI empregando muitos dos mais ameaçados pelas novas tecnologias. Podemos frear emissões de carbono tão somente atribuindo-lhes um preço que reflita seu verdadeiro custo. E podemos reconhecer que, além de dinamismo e crescimento, precisamos de resiliência e segurança — caso contrário, a próxima crise pode ser a última. Para alguns radicais, minhas propostas podem soar como uma agenda para reformas, não revolução. E é verdade. Mas não precisamos derrubar a ordem existente na esperança de que algo melhor tome seu lugar. Obtivemos ganhos reais, econômica e politicamente. Em quase todos os aspectos, o mundo é hoje um lugar melhor do que era cinquenta anos atrás. Entendemos suas deficiências, sabemos como lidar com elas. O problema não tem sido descobrir soluções, mas encontrar a vontade política para implementá-las. Precisamos de reformas em muitas áreas, e, caso sejam levadas a cabo de fato, elas representariam uma espécie de revolução. Mesmo que apenas algumas sejam implementadas, essas ideias poderão gerar um mundo muito diferente nos próximos vinte anos.

Países podem mudar. Em 1930, a maioria das nações tinha governos mínimos e não considerava que promover o bem-estar geral de suas populações fosse seu dever. Em 1950, cada uma das maiores nações do mundo já havia assumido para si esse encargo. Não foi fácil. Em 20 de outubro de 1935, foi publicada a primeira pesquisa oficial de opinião pública da Gallup.[1] Nela foi revelado que — em meio à Grande Depressão e ao Dust Bowl — 60% dos americanos acreditavam que "o orçamento do governo para assistência e recuperação social" era *excessivo*. Só 9% achavam que o governo gastava muito pouco, enquanto na opinião de 31% as despesas estavam de bom tamanho. Nada disso impediu Franklin Roosevelt de seguir a todo o vapor com o New Deal — e de continuar seus esforços no sentido de educar o povo americano sobre a necessidade de o governo atuar como a força estabilizadora da economia e da sociedade. Grandes líderes como Franklin Delano Roosevelt leem pesquisas para entender a natureza do seu desafio, não como desculpa para a inação.

Consideremos a União Europeia. A princípio, a pandemia fez seus membros se recolherem. Fronteiras foram fechadas, houve competição entre os países por suprimentos médicos e acusações mútuas de malícia e venalidade. O sentimento do público contra a União Europeia era forte em países fortemente afetados como a Itália.[2] Mas, após o choque inicial, os europeus começaram a considerar como lidar com os efeitos colaterais da Covid-19. Reconheceram a tensão sem precedentes à qual o continente estava sendo submetido, em particular seus membros mais fracos. Graças à sábia liderança das maiores forças, a França e a Alemanha, bem como das maiores autoridades da União Europeia, chegou-se a um acordo em julho de 2020 para a emissão de títulos de crédito europeus que permitiriam aos países mais pobres terem acesso a fundos efetivamente garantidos pelos mais ricos.[3] Pode soar como uma questão técnica, mas representa um tremendo passo adiante rumo a uma Europa mais profundamente interconectada. Líderes europeus enxergaram a direção para a qual a Covid-19 os estava arrastando e reagiram. Uma pandemia que inicialmente afastou os países uns dos outros pode vir a se provar a catalisadora da união mais próxima há tanto tempo sonhada.

A mesma tensão entre integração e isolamento se verifica mundo afora. A pandemia leva países a olhar para dentro. Mas líderes esclarecidos reconhecerão que a única solução real para problemas como este — assim como as mudanças climáticas e a guerra pelo ciberespaço — é olhar para fora, rumo a uma cooperação mais profunda e aperfeiçoada. A solução para uma Organização Mundial da Saúde fraca e com parcos investimentos não é sair dela na esperança de que murche, e sim financiá-

-la melhor e lhe dar mais autonomia para que possa peitar a China — e os Estados Unidos — caso uma emergência sanitária assim o exija. Já não existe mais um único país que seja capaz de organizar todo o mundo. Ninguém quer fazê-lo. E então restam as possibilidades do caos, da guerra fria ou da cooperação.

É verdade, como cobram os críticos, que colaboração internacional para valer exige que a tomada de decisões seja em algum nível coletiva. Ainda que soe sinistro a certos ouvidos, é na verdade o que os países fazem o tempo todo. É o mecanismo pelo qual regulamos de chamadas telefônicas internacionais ao tráfego aéreo, do comércio e propriedade intelectual a emissões de CFC. Não existe um "governo único mundial" nem nunca vai existir — é só uma frase pensada para assustar as pessoas, fazê-las imaginar um exército secreto a bordo de helicópteros pretos a descer sobre elas. O que de fato existe, e de que precisamos mais, é *governança* global, acordos entre nações soberanas com a finalidade de trabalhar juntas e resolver problemas comuns. Não deveria ser tão difícil. Cooperação é uma das características mais fundamentais dos seres humanos. Muitos biólogos acreditam estar na raiz de nossa sobrevivência ao longo dos milênios.[4] Se tivermos que sobreviver no futuro, a cooperação vai certamente nos ajudar mais do que conflitos.

É claro, as tendências importam. Forças tecnológicas, realidades econômicas e imperativos biológicos determinam os parâmetros do que podemos fazer. "O homem escreve a história", escreveu Karl Marx. "Mas não do jeito que bem entender. Não sob circunstâncias autosselecionadas, mas sob aquelas existentes, oferecidas e transmitidas pelo passado."[5] Por isso os líderes mais sábios procuram entender a história, avaliar as forças maiores em ação e determinar qual o espaço existente para o empreendimento humano. O homem que unificou a Alemanha quase sozinho, Otto von Bismarck, descreveu nestes termos o seu papel: "A tarefa do estadista é ouvir os passos de Deus a marchar pela história e tentar manter-se sempre no Seu encalço enquanto Ele passa."[6]

Às vezes, até quando grandes forças estruturais estão em pleno movimento em determinada direção, os países podem tomar decisões que reconfigurem nossos caminhos. Em maio de 1958, no auge da Guerra Fria, houve um momento de escolha em Minneapolis, Minnesota. O ministro-adjunto da Saúde da União Soviética, dr. Viktor Zhdanov, compareceu ao encontro anual do órgão governante da OMS, a Assembleia Mundial da Saúde.[7] Era a primeira vez que um delegado soviético marcava presença desde a fundação da organização, uma década antes. Zhdanov impeliu a OMS a estruturar uma campanha global para erradicar a varíola de uma vez por todas. Em um aceno aos Estados Unidos, citou no discurso uma carta escrita por Thomas Jefferson a Edward Jenner, pioneiro da vacina contra a varíola. "Nações futuras saberão tão somente através da história que a detestável varíola existiu", escreveu Jefferson. Aquela foi uma tentativa embrionária de pôr em ação o plano pós-Stalin de Nikita Khrushchev de "coexistência pacífica" com o Ocidente.

Os Estados Unidos resistiram a princípio, em especial por considerarem que a proposta soviética afastaria a atenção dos esforços liderados por americanos para erradicar a malária. Contudo, no momento em que Washington se postou firmemente em apoio ao projeto, a cooperação se intensificou durante o governo Johnson e virou um dos focos principais da OMS. As duas superpotências facilitaram não apenas a produção em massa de vacinas, mas também criaram um programa de vacinação de populações do Terceiro Mundo. Em 1980, a varíola estava oficialmente erradicada.[8] O historiador de Harvard Erez Manela diz que essa "talvez tenha sido a mais bem-sucedida de todas as instâncias de colaboração entre as superpotências na história da Guerra Fria". E é uma lição que Pequim e Washington deveriam aprender a fim de que possam se preparar para o mundo bipolar pós-Covid-19 que nos aguarda.

Em *Lawrence da Arábia*, a lição sobre a dicotomia entre destino e ação humana fica mais complicada. Na noite anterior ao ataque a Aqaba, as tribos árabes começam a se desentender amargamente devido ao assassinato de um homem por um membro de outra tribo. Na condição de observador externo, Lawrence se oferece para executar o assassino, de forma que a justiça possa ser ministrada por mão imparcial — só para então se dar conta de que o assassino é Gasim, o homem cuja vida ele salvara no deserto. Ainda assim, se aproxima e calmamente atira seis vezes contra o peito do homem. A lição é que talvez Gasim estivesse de fato destinado a morrer. Lawrence havia conseguido salvar sua vida no deserto e, ao fazê-lo, o fez ganhar tempo. Mas, por seus atos, Gasim jogou fora a chance de um futuro diferente. À sua maneira, Dwight Eisenhower ofereceu um argumento semelhante a Walter Cronkite enquanto os dois, sentados, observavam as fileiras de túmulos na Normandia. Os soldados que morreram durante a Segunda Guerra Mundial nos deram uma chance de construir um mundo melhor e mais pacífico. E assim também, em nossa época, esta horrenda pandemia criou a possibilidade de mudanças e reformas. Abriu o caminho para um novo mundo. Cabe a nós abraçar a oportunidade ou desperdiçá-la. Nada está escrito.

AGRADECIMENTOS

A pandemia acelerou tanta coisa em nossa vida, e a escrita e a produção deste livro não foram exceção. Tudo começou com uma lista em um pedaço de papel. Quando a Covid-19 nos atingiu, percebi que seus efeitos seriam amplos e de longo prazo. Comecei a pôr no papel as transformações que essa pandemia poderia impingir ao mundo, e aquela lista original é bem próxima das dez lições deste livro. Teve início então o processo de pesquisa, leitura e escrita, exaustivo ao extremo, mas envolvente na mesma medida. De certa forma, encontrei uma maneira própria de lidar com a pandemia — pensar, ler e escrever sobre ela.

Pedi a três jovens e brilhantes parceiros que me ajudassem por meio da leitura crítica e da checagem de fatos de cada versão do texto. Jonathan Esty, Jonah Bader e John Cookson mergulharam no projeto — trabalhando por várias horas e às vezes noite adentro —, e o resultado foi uma espécie de seminário digital maravilhosamente estimulante e dinâmico. Eles corrigiram meus erros, fizeram excelentes sugestões e apontaram lapsos de lógica. Jonathan, que assumiu a frente e organizou todo o processo, trabalha comigo em projetos na Schmidt Futures, a inovadora iniciativa filantrópica criada por Eric e Wendy Schmidt. Jonah trabalha em meu programa na CNN como produtor e editor do meu comentário de abertura, entre outras tarefas. E John trabalhou no programa alguns anos atrás e dali passou para outras áreas, inclusive o Conselho de Relações Exteriores de Chicago.

Stuart Reid, editor-chefe da *Foreign Affairs*, deu um tempo em seu próprio projeto de livro e leu todo o manuscrito, melhorando-o consideravelmente com suas sensatas sugestões. Zachary Karabell leu os primeiros capítulos e, logo de início, me direcionou a um caminho melhor. Eric Schmidt e Jared Cohen, com toda a paciência, me ouviram testar várias versões destas ideias. Nem é preciso dizer que nenhum dos parceiros e amigos citados têm qualquer responsabilidade por qualquer erro que eu tenha cometido, e também não quero sugerir que concordem com tudo que escrevi.

Drake McFeely, meu editor na Norton, ficou entusiasmado logo de cara com este livro, muito embora eu lhe deva outro sobre assunto diferente (será o próximo, Drake, prometo!). Ele é meu editor há dezoito anos e quatro livros, e hoje meu amigo, guia e parceiro em todos esses projetos. Tive a sorte de trabalhar com Stuart Proffitt, da Penguin Press, em uma ocasião anterior, e fiquei feliz quando ele decidiu publicar o livro na Grã-Bretanha e nos países da Commonwealth. Sua erudição e sua elegância aperfeiçoaram tremendamente o manuscrito. Esta foi minha primeira experiência profissional com Andrew Wylie. Não foi difícil entender o porquê de ele ser uma lenda na indústria.

Meus agradecimentos à equipe da Norton. Bee Holekamp, a assistente de Drake, manteve o projeto nos trilhos e no prazo. Avery Hudson editou o manuscrito em tempo recorde. Becky Homiski, Julia Druskin e Joe Lops trabalharam duro para apressar a produção do livro. Rachel Salzman e Meredith McGinnis cuidaram do marketing e da publicidade com grande habilidade e entusiasmo.

Sou grato a Jeff Zucker pela independência e pelo apoio dados ao meu programa e à série de documentários que faço para a CNN. Nesses últimos anos, vi Jeff fazer seu trabalho — e fazê-lo tremendamente bem — sob pressão extraordinária. Aprendi muito com ele como meu chefe, mas também como amigo. Tive a sorte de escrever para Fred Hiatt no *The Washington Post*. Ele comanda a melhor página editorial do país, continuamente apresentando diversidade de todos os tipos e simultaneamente estabelecendo altos padrões de excelência.

Gostaria de agradecer à minha equipe na CNN. Sou genuinamente grato a cada um de vocês: Tom Goldstone, que comanda o programa *GPS*, Melanie Galvin, a cargo dos meus variados projetos, Jessica Gutteridge, Dana Sherne, Caroline Richenberg, Nida Najar, Matthew Kendrick, Kiara Bhagwanjee, Chris Good, Simon Bouvier, Katrina Kaufman, Dan Logan, Jennifer Dargan, Peter Stevenson, Liza McGuirk, Diane Beasley, Tal Trachtman Alroy, Jenny Friedland, Zac Leja, Nicholas Paolo Accinelli e Ingrid Holmquist. No *The Washington Post*, meus mais sinceros agradecimentos a Mike Larabee, Ruth Marcus, Christian Caryl, Mili Mitra, Josh Alvarez e Sophie Yarborough.

Trabalhar com cronogramas apertados implica sacrifícios para a família e os amigos. O amor ilimitado de minha mãe sempre foi meu lastro, mesmo agora que ela não tem como expressá-lo. Por seu apoio e afeição, sou grato a meus filhos, Omar, Lila e Sofia, e à minha ex-mulher, Paula. Meu irmão Arshad e eu conversamos muito sobre os temas deste livro, e sua esposa, Ann, uma cientista brilhante, também me ensinou muito sobre alguns deles. Meu irmão Mansoor e sua esposa, Rachel, e minha irmã Tasneem e seu marido, Vikram, sempre me deram apoio. Por fim, muitos agradecimentos a Julian, que me aguentou enquanto eu me dedicava por horas a aperfeiçoar e terminar o livro, obcecado por detalhes mínimos.

Dediquei este livro a Dan, Joanna e Gideon Rose. Conheci Gideon quando era calouro na faculdade e ele, veterano. Desde então, e já há 38 anos, mantemos contato pelo menos uma vez por semana, às vezes com maior frequência. Seus pais, Dan e Joanna, são meus padrinhos extraoficiais e oferecem amor, apoio e estímulo a mim e à minha família pelas mesmas quase quatro décadas. Como Dan costuma dizer sempre depois de mais uma maravilhosa noite de comida, vinho e boa conversa, *continua no próximo capítulo...*

CRÉDITOS

Trechos de "Lição Nove: O mundo está se tornando bipolar" e "Lição Dez: Às vezes os grandes realistas são os idealistas" tiveram como fonte "The Self-Destruction of American Power". Publicado com permissão da *Foreign Affairs*, julho/agosto de 2019. Copyright © 2019 by the Council on Foreign Relations, Inc., www.foreignaffairs.com.

Uma parte de "Lição Nove: O mundo está se tornando bipolar" também recorreu a "The New China Scare". Publicado com permissão da *Foreign Affairs*, janeiro/fevereiro de 2020. Copyright © 2020 by the Council on Foreign Relations, Inc., www.foreignaffairs.com.

Este livro se baseou em trabalhos previamente publicados pelo autor, principalmente suas colunas no *The Washington Post*, todas disponíveis em www.washingtonpost.com/people/fareed-zakaria/.

The Poems of Emily Dickinson: Reading Edition, editado por Ralph W. Franklin, Cambridge, Mass.: The Belknap Press of Harvard University Press, Copyright © 1998, 1999 by the President and Fellows of Harvard

College. Copyright © 1951, 1955 by the President and Fellows of Harvard College. Copyright © renewed 1979, 1983 by the President and Fellows of Harvard College. Copyright © 1914, 1918, 1919, 1924, 1929, 1930, 1932, 1935, 1937, 1942 by Martha Dickinson Bianchi. Copyright © 1952, 1957, 1958, 1963, 1965 by Mary L. Hampson.

Gráfico extraído de "Globalization over 5 centuries, World", Esteban Ortiz-Ospina e Diana Beltekian, Our World in Data, publicado em 2014, revisado em outubro de 2018. Disponível em: <https://ourworldindata.org/grapher/globalization-over-5-centuries?time=1945..2016>. Dados de Mariko J. Klasing e P. Milionis, "Quantifying the Evolution of World Trade, 1870-1949", *Journal of International Economics* 92, nº 1 (2014), pp. 185-97; A. Estevadeordal, B. Frantz e A. Taylor, "The Rise and Fall of World Trade, 1870-1939", *Quarterly Journal of Economics* 118, nº 2 (2003), pp. 359-407, recuperado de http://www.jstor.org/stable/25053910); World Bank — World Development Indicators, http://data.worldbank.org/data-catalog/world-development-indicators; Robert C. Feenstra, Robert Inklaar e Marcel P. Timmer, "The Next Generation of the Penn World Table", *American Economic Review* 105, nº 10 (2015), pp. 3150-82, disponível para download em www.ggdc.net/pwt. PWT v9.1.

NOTAS

INTRODUÇÃO: O EFEITO MORCEGO

1 Cara Giaimo, "The Spiky Blob Seen Around the World", *The New York Times*, 1º abr. 2020. Disponível em: <www.nytimes.com/2020/04/01/health/coronavirus-illustration-cdc.html>.
2 O vírus SARS-CoV-2 tem 0,1 micrômetro de diâmetro (o equivalente a cem nanômetros): Yinon M Bar-On, Avi Flamholz, Rob Phillips e Ron Mil, "SARS-CoV-2 (COVID-19) by the Numbers", *eLife*, vol. 9, 2 abr. 2020: e57309. Disponível em: <www.ncbi.nlm.nih.gov/pmc/articles/PMC7224694/>; um ponto final tem aproximadamente 100.000.000 de nanômetros de diâmetro: Shige Abe, "How Small Can Life Be?", Astrobiology at NASA, 9 jul. 2001. Disponível em: <https://astrobiology.nasa.gov/news/how-small-can-life-be/>.
3 Gastos dos Estados Unidos com defesa = 732 bilhões de dólares em 2019: Stockholm International Peace Research Institute, "Global Military Expenditure Sees Largest Annual Increase in a Decade", 27 abr. 2020. Disponível em: <www.sipri.org/media/press-release/2020/global-military-expenditure-sees-largest-annual-increase-decade-says-sipri-reaching-1917-billion>.
4 Lawrence Summers, "Covid-19 Looks Like a Hinge in History", *Financial Times*, 14 maio 2020. Disponível em: <www.ft.com/content/de643ae8-9527-11ea-899a-f62a20d54625>.
5 Micah Zenko, "The United States Will Learn Nothing From the Pandemic", *Foreign Policy*, 5 jun. 2020. Disponível em: <https://foreignpolicy.com/2020/06/05/coronavirus-pandemic-covid-lessons-united-states-9-11/>.

6   Richard Haass, "The Pandemic Will Accelerate History Rather Than Reshape It", *Foreign Affairs*, 7 abr. 2020.
7   William Maxwell, *They Came Like Swallows*, p. 174, 1937, reimpressão Vintage International, 1997.
8   Katherine Anne Porter, *Cavalo pálido, pálido cavaleiro*, 1939.
9   Uri Friedman, "We Were Warned", *The Atlantic*, 18 mar. 2020.
10 O escritor genovês Gabriele de'Mussi. *Ver*: Mark Whellis, "Biological Warfare at the 1346 Siege of Caffa", *Emerging Infectious Diseases*, vol. 8, nº 9, 2002, pp. 971-5. Disponível em: <https://dx.doi.org/10.3201/eid0809.010536>.
11 Walter Scheidel, *Violência e a história da desigualdade: Da Idade da Pedra ao século XXI*. Rio de Janeiro: Zahar, 2020.
12 De 30% a 50% da população da Europa morreram: James W. Wood et al., "The Temporal Dynamics of the 14th Century Black Death", *Human Biology* (2003), citado em Sharon N. DeWitte, "Age Patterns of Mortality during the Black Death in London, A.D. 1349-1350", *Journal of Archaeological Science*, vol. 37, nº 12, dez. 2010. Disponível em: <www.sciencedirect.com/science/article/pii/S0305440310002803>.
13 Organização Mundial da Saúde, "Plague". Disponível em: <www.who.int/news-room/fact-sheets/detail/plague>.
14 Walter Scheidel, *Violência e a história da desigualdade: Da Idade da Pedra ao século XXI*, Capítulo 10, "A peste negra". Rio de Janeiro: Zahar, 2020.
15 Barbara W. Tuchman, *Um espelho distante: O terrível século XIV*. Rio de Janeiro: José Olympio, 1989. *Ver*, p. ex.: Sobreviventes da peste, por não se sentirem destruídos nem recuperados, não conseguiam ver intenção divina na dor que tinham sentido. Os propósitos de Deus eram em geral misteriosos, mas esse flagelo havia sido terrível demais para ser aceito sem questionamento. Se um desastre de tal magnitude, o mais letal já conhecido, foi um mero ato gratuito de Deus ou talvez nem tenha sido obra Dele, então os dogmas de uma ordem fixa se soltaram de suas amarras. Mentes que se abriram para admitir essas perguntas não poderiam mais ser fechadas. Uma vez que as pessoas imaginaram a possibilidade de mudança em uma ordem fixa, vislumbrou-se o fim de uma era de submissão; a virada para a consciência individual estava logo adiante. Nesse aspecto, a peste pode ter sido o início não reconhecido do homem moderno. (Tradução livre.)
16 Ainda que essa narrativa, assim como a noção de "mal-estar medieval", seja calorosamente contestada por estudiosos da Renascença e por medievalistas. *Ver*: Ada Palmer, "Black Death, COVID, and Why We Keep Telling the Myth of a Renaissance Golden Age and Bad Middle Ages, *Ex Urbe*, 4 jun. 2020. Disponível em: <www.exurbe.com/black-death--covid-and-why-we-keep-telling-the-myth-of-a-renaissance-golden-age-and-bad-middle-ages/>.
17 *The Native Population of the Americas in 1492*, 2ª ed., editado por William M. Denevan. Madison: University of Wisconsin Press, 1992, citado em Alexander Koch et al., "Earth System Impacts of the European Arrival and Great Dying in the Americas after 1492", *Quaternary Science Reviews*, vol. 207 (1º mar. 2019): pp. 13-36. Disponível em: <www.sciencedirect.com/science/article/pii/S0277379118307261>.

18 William H. McNeill, *Plagues and Peoples*, introdução, pp. 23-4. Garden City, Nova York: Anchor Press, 1976. *Ver* também: *Armas, germes e aço: os destinos das sociedades humanas*. Rio de Janeiro: Record, 2017.
19 Centro de Controle e Prevenção de Doenças, Centro Nacional de Imunização e Doenças Respiratórias, "Partner Key Messages on the 1918 Influenza Pandemic Commemoration", 10 ago. 2018. Disponível em: <www.cdc.gov/flu/pandemic-resources/1918-commemoration/key-messages.htm>.
20 Vinte milhões de mortes na Primeira Guerra Mundial: Nadège Mouge, "World War I Casualties", trad. Julie Gratz. Scy-Chazelles, França: Centre européen Robert Schuman, 2011. Disponível em: <www.centre-robert-schuman.org/userfiles/files/REPERES%20%E2%80%93%20module%201-1-1%20-%20explanatory%20notes%20%E2%80%93%20World%20War%20I%20casualties%20%E2%80%93%20EN.pdf>.
21 *Ver:* John M. Barry, *A grande gripe: A história da gripe espanhola, a pandemia mais mortal de todos os tempos*. Rio de Janeiro: Intrínseca, 2020.
22 Para mais informações sobre a gripe espanhola, *ver:* Barry, *A grande gripe*.
23 Bill Gates, "The Next Outbreak? We're Not Ready", TED Talks 2015. Disponível em: <www.ted.com/talks/bill_gates_the_next_outbreak_we_re_not_ready/transcript?language=en>.
24 Bill Gates, Fundação Bill & Melinda Gates, 17 fev. 2017. Disponível em: <www.gatesfoundation.org/Media-Center/Speeches/2017/05/Bill-Gates-Munich-Security-Conference>.
25 Fareed Zakaria, "Global Pandemic Possibility", *Fareed Zakaria GPS: Global Public Square*, CNN, 25 jun. 2017. Disponível em: <http://transcripts.cnn.com/TRANSCRIPTS/1706/25/fzgps.01.html>.
26 Para relacionar pandemias históricas a choques assimétricos, *ver:* Guido Alfani, "Pandemics and Asymmetric shocks: Lessons from the History of Plagues", *VoxEU*, Center for Economic Policy Research, 9 abr. 2020. Disponível em: <https://voxeu.org/article/pandemics and-asymmetric-shocks>.
27 Neta C. Crawford, "United States Budgetary Costs and Obligations of Post-9/11 Wars through FY2020", Brown University, 3 nov. 2019. Disponível em: <https://watson.brown.edu/costsofwar/files/cow/imce/papers/2019/US%20Budgetary%20Costs%20of%20Wars%20November%202019.pdf>.
28 Jon Henley, "How Populism Emerged as an Electoral Force in Europe", *The Guardian*, 20 nov. 2018. Disponível em: <www.theguardian.com/world/n-interactive/2018/nov/20/how-populism-emerged-as-electoral-force-in-europe>.
29 Charles Riley, "The UK Economy Is Heading for Its Worst Crash in 300 Years", CNN Business, 7 maio 2020. Disponível em: <www.cnn.com/2020/05/07/economy/uk-economy--bank-of-england/index.html>.
30 O desemprego nos Estados Unidos atingiu 14,7%, um recorde desde a década de 1930, cf. Bureau of Labor Statistics, "The Employment Situation — June 2020". Disponível em: <www.bls.gov/news.release/pdf/empsit.pdf>. (O recorde histórico para o desemprego nos Estados Unidos foi de 24,9% em 1933, cf. Censo dos EUA, Edição Bicentenária: Estatísticas históricas dos Estados Unidos, dos tempos coloniais a 1970, capítulo D: Labor,

citado em Gene Smiley, "Recent Unemployment Rate Estimates for the 1920s and 1930s", *Journal of Economic History*, vol. 43, nº 2, jun. 1983, pp. 487-93. Disponível em: <www.jstor.org/stable/2120839>.

31 Janet Morrissey, "Credit Default Swaps: the Next Crisis?", *Time*, 17 mar. 2008. Disponível em: <http://content.timecom/time/business/article/0,8599,1723152,00.html>.

32 PIB global = 63,6 trilhões de dólares em 2008, Banco de Dados do Banco Mundial. Disponível em: <https://data.worldbank.org/indicator/NY.GDP.MKTP.CD?locations=1W>.

33 Ideia desenvolvida com mais destaque em Edward N. Lorenz, *The Essence of Chaos*. Seattle: University of Washington Press, 1995.

34 "Influenza at a Glance", Nieman Foundation for Journalism at Harvard. Disponível em: <https://nieman.harvard.edu/wp-content/uploads/pod-assets/microsites/NiemanGuideToCoveringPandemicFlu/AnIntroduction/InfluenzaAtAGlance.aspx.html>.

35 "grippe(s)", Etymology Online, https://www.etymonline.com/word/grippe.

LIÇÃO UM: APERTEM OS CINTOS

1 Há dezenas de livros sobre esse assunto. O clássico moderno é *O homem, o Estado e a guerra*, de Kenneth N. Waltz.

2 Thomas Hobbes, *Leviatã*, Capítulo XIII, "Sobre a condição natural da humanidade", "The Incommodites Of Such A War".

3 Esteban Ortiz-Ospina e Diana Beltekian, "Trade and Globalization", Our World in Data, out. 2018. Disponível em: <https://ourworldindata.org/trade-and-globalization>.

4 "Two Out of Three Ain't Bad", *The Economist*, 21 ago. 2016. Para outra formulação, *ver* também: Dani Rodrik. *The Globalization Paradox: Democracy and the Future of the World Economy*. Nova York: W. W. Norton & Co., 2012.

5 Nações Unidas — *Relatório de Desenvolvimento Sustentável*: "Nature's Dangerous Decline", 6 maio 2019. Disponível em: <www.un.org/sustainabledevelopment/blog/2019/05/nature-decline-unprecedented-report/>.

6 James C. Scott, *Weapons of the Weak: Everyday Forms of Peasant Resistance*. New Haven, CT: Yale University Press, 1985.

7 Centro de Controle e Prevenção de Doenças, "Doenças zoonóticas". Disponível em: <www.cdc.gov/onehealth/basics/zoonotic-diseases.htm>.

8 Jon Hilsenrath, "Global Viral Outbreaks Like Coronavirus, Once Rare, Will Become More Common", *The Wall Street Journal*, 6 mar. 2020.

9 Christian Walzer, "COVID-19: Where It Starts and Stops", Wildlife Conservation Society, Wildlife Health Program. Disponível em: <https://youtu.be/_D_6a56zI_U?t=129>.

10 Nita Madhav et al., "Pandemics: Risks, Impacts, and Mitigation", capítulo 17 em *Disease Control Priorities: Improving Health and Reducing Poverty*, 3ª ed., National Center for Biotechnology Information (National Institutes of Health), 27 nov. 2017. Disponível em: <www.ncbi.nlm.nih.gov/books/NBK525302/#pt5.ch17.sec3>.

11 Lena H. Sun, "On a Bat's Wing and a Prayer: Scientists' Plan to Track Deadly Marburg Virus Is Literally Held Together with Glue", *The Washington Post*, 13 dez. 2018.

12 *Ver*, p. ex.: Cavernas de morcegos na Uganda são incubadoras para o vírus de Marburg, ibid.
13 Carolyn Kormann, "The Changing Climate Inside the World's Largest Bat Colony", *New Yorker*, 5 ago. 2019.
14 Robert Kessler, "Nipah: The Very Model of a Pandemic", EcoHealth Alliance, mar. 2018. Disponível em: <www.ecohealthalliance.org/2018/03/nipah>.
15 "Em geral, os coronavírus encontrados em morcegos têm, ou requerem, um hospedeiro intermediário antes de infectar humanos, como é o caso do Mers-CoV...", em Arinjay Banerjee, "Bats and Coronaviruses", *Viruses*, 9 jan. 2019, vol. 11, nº 1, p. 41. Disponível: <www.ncbi.nlm.nih.gov/pmc/articles/PMC6356540/>.
16 Joel Achenbach, "Coronavirus Came from Bats or Possibly Pangolins amid 'Acceleration' of New Zoonotic Infections", *The Washington Post*, 7 fev. 2020.
17 Peter Daszak, em conversa com Fareed Zakaria, *Fareed Zakaria GPS: Global Public Square*, CNN, 22 abr. 2020. Disponível em: <www.cnn.com/videos/tv/2020/04/26/exp-gps-0426--daszak-int.cnn>.
18 "Meat Production", Our World in Data. Disponível em: <https://ourworldindata.org/meat-production>. *Ver* também: estimativas de 77 bilhões: Food and Agriculture Organization of the United Nations. Disponível em: <www.fao.org/faostat/en/#data/QL>.
19 Fórum Econômico Mundial, "New Nature Economy Report II: The Future Of Nature and Business", p. 39. Disponível em: <www3.weforum.org/docs/WEF_The_Future_Of_Nature_And_Business_2020.pdf>.
20 Jacy Reese, "US Factory Farming Estimates", 11 abr. 2019, *Sentience Institute*. Disponível em: <www.sentienceinstitute.org/us-factory-farming-estimates>.
21 Kelly Witwicki, "Global Farmed & Factory Farmed Animals Estimates", Sentience Institute, 21 fev. 2019. Disponível em: <www.sentienceinstitute.org/global-animal-farming--estimates>.
22 Sigal Samuel, "The Meat We Eat Is a Pandemic Risk, Too", *Vox*, 22 abr. 2020, atualizado em 10 jun. 2020.
23 Rob Wallace, citado em Samuel, "The Meat We Eat".
24 Charles W. Schmidt, "Swine CAFOs & Novel H1N1 Flu: Separating Facts from Fears", *Environmental Health Perspectives*, vol. 117, nº 9, set. 2009: pp. A394-A401. Disponível em: <www.ncbi.nlm.nih.gov/pmc/articles/PMC2737041/>.
25 Fiona Harvey, "Factory Farming in Asia Creating Global Health Risks, Report Warns", *The Guardian*, 14 ago. 2017.
26 Robert Lawrence, citado em Samuel, "The Meat We Eat".
27 Centro de Controle e Prevenção de Doenças, "Antibiotic/Antimicrobial Resistance (AR/AMR)". Disponível em: <www.cdc.gov/drugresistance/index.html>.
28 Sigal Samuel, "The Post-Antibiotic Era Is Here", *Vox*, 14 nov. 2019.
29 Banco Mundial, "Pulling Together to Beat Superbugs", out. 2019. Disponível em: <http://documents.worldbank.org/curated/en/430051570735014540/pdf/Pulling-Together-to--Beat-Superbugs-Knowledge-and-Implementation-Gaps-in-Addressing-Antimicrobial--Resistance.pdf>.

30 Jonathan Coppess, "The Conservation Question, Part 2: Lessons Written in Dust", Gardner Policy Series, Department of Agricultural and Consumer Economics, University of Illinois, 24 out. 2019. Disponível em: <https://farmdocdaily.illinois.edu/2019/10/the-conservation-question-part-2-lessons-written-in-dust.html>.
31 Ibid.
32 "Relatório Nacional do Clima — 2014", *Administração Nacional Oceânica e Atmosférica*. Disponível em: <www.ncdc.noaa.gov/sotc/national/201413>.
33 "Drought of 2012 Conjures Up Dust Bowl Memories, Raises Questions for Tomorrow", CNN, 15 set. 2012.
34 ONU, Sustainable Development Goals, 2020. Disponível em: <www.un.org/sustainable-development/biodiversity/>.
35 Damian Carrington, "Desertification Is Greatest Threat to Planet, Expert Warns", *The Guardian*, 16 dez. 2010.
36 Montserrat Núñez et al., "Assessing Potential Desertification Environmental Impact in Life Cycle Assessment", *International Journal of Life Cycle Assessment*, vol. 15, nº 1, jan. 2010, pp. 67-78. Disponível em: <www.researchgate.net/publication/226955880_Assessing_potential_desertification_environmental_impact_in_life_cycle_assessment_Part_1_Methodological_aspects>.
37 Jeremy Frankel, "Crisis on the High Plains: The Loss of America's Largest Aquifer — the Ogallala", *University of Denver Water Law Review*, 17 maio 2018.
38 Carey Gillam, "Ogallala Aquifer: Could Critical Water Source Run Dry?", Reuters, 27 ago. 2013.
39 Jane Braxton Little, "The Ogallala Aquifer: Saving a Vital U.S. Water Source", *Scientific American*, 1º mar. 2009.
40 Joshua Lederberg, "Viruses and Humankind: Intracellular Symbiosis and Evolutionary Competition", *Frontline*, 1989. Disponível em: <www.pbs.org/wgbh/pages/frontline/aids/virus/humankind.html>.
41 Ed Yong, "The Next Chapter in a Viral Arms Race", *The Atlantic*, 14 ago. 2017.
42 Siro Igino Trevisanato, "The 'Hittite Plague,' an Epidemic of Tularemia and the First Record of Biological Warfare", *Medical Hypotheses* 69, nº 6 (2007): 1, 371-4. Disponível em: <https://doi.org/10.1016/j.mehy.2007.03.012>. Citado em Ord, *The Precipice*, p. 130.
43 Jonathan B. Tucker, "Bioweapons from Russia: Stemming the Flow", *Issues in Science and Technology*, vol. 15, nº 3, 1999. Disponível em: <https://issues.org/p_tucker/>.
44 Ord, *The Precipice*, p. 132.
45 Thomas L. Friedman, "How We Broke the World", *The New York Times*, 30 maio 2020.
46 Paula vW Dáil, *Hard Living in America's Heartland: Rural Poverty in the 21st Century Midwest*, p. 80. Jefferson, NC: McFarland, 2015.
47 Larry Brilliant, "Outbreaks Are Inevitable, But Pandemics Are Optional", Long Now Foundation, YouTube, 6 mar. 2020. Disponível em: <www.youtube.com/watch?v=nVWoHmURDTQ>.
48 "Will Wet Markets Be Hung Out to Dry after the Pandemic?", *The Economist*, 26 maio 2020.

49 John Vidal, "Tip of the Iceberg': Is Our Destruction of Nature Responsible for Covid-19?", *The Guardian*, 18 mar. 2020; James Gorman, "Wildlife Trade Spreads Coronaviruses as Animals Get to Market", *The New York Times*, 19 jun. 2020.

LIÇÃO DOIS: O QUE IMPORTA NÃO É QUANTO, MAS COMO O GOVERNO INTERVÉM

1 Elizabeth Cameron et al., "Global Health Security Index: Building Collective Action and Accountability", Escola de Saúde Pública Johns Hopkins Bloomberg, out. 2019. Disponível em: <www.ghsindex.org/wp-content/uploads/2019/10/2019-Global-Health-Security--Index.pdf>.
2 "Coronavirus Map: Tracking the Global Outbreak", *The New York Times*. Disponível em: <www.nytimes.com/interactive/2020/world/coronavirus-maps.html>.
3 Paul Krugman, postagem no Twitter em 13 jul. 2020. Disponível em: <https://twitter.com/paulkrugman/status/1282656106762952705/photo/1>, citando Our World in Data, "Daily New Confirmed COVID-19 Deathsper Million People", União Europeia *vs.* Estados Unidos, 13 jul. 2020.
4 Jeremy Konyndyk, "Exceptionalism Is Killing Americans: An Insular Political Culture Failed the Test of the Pandemic", *Foreign Affairs*, 8 jun. 2020.
5 Eric Lipton et al., "The C.D.C. Waited 'Its Entire Existence' For This Moment. What Went Wrong?", *The New York Times*, 3 jun. 2020.
6 Ben Schreckinger, "Mask Mystery: Why Are U.S. Officials Dismissive of Protective Covering?", *Politico*, 30 mar. 2020. Disponível em: <www.politico.com/news/2020/03/30/coronavirus-masks-trump-administration-156327>.
7 Selena Simmons-Duffin, "As States Reopen, Do They Have the Workforce They Need to Stop Coronavirus Outbreaks?", NPR, 18 jun. 2020.
8 Raymond Zhong e Paul Mozur, "To Tame Coronavirus, Mao-Style Social Control Blankets China", *The New York Times*, 15 fev. 2020. Disponível em: <www.nytimes.com/2020/02/15/business/china-coronavirus-lockdown.html>.
9 Lingling Wei, "China's Coronavirus Response Toughens State Control and Weakens the Private Market", *The Wall Street Journal*, 18 mar. 2020.
10 Nectar Gan, Caitlin Hu e Ivan Watson, "Beijing Tightens Grip over Coronavirus Research, Amid US-China Row on Virus Origin", CNN, 16 abr. 2020. Disponível em: <www.cnn.com/2020/04/12/asia/china-coronavirus-research-restrictions-intl-hnk/index.html>.
11 "Diseases Like Covid-19 Are Deadlier in Non-Democracies", *The Economist*, 18 fev. 2020.
12 Amartya Sen, *Development as Freedom*, p. 16. Nova York: Anchor, 1999.
13 Andrew van Dam, "The U.S. Has Thrown More Than $6 Trillion at the Coronavirus Crisis. That Number Could Grow", *The Washington Post*, 15 abr. 2020; e Chris Edwards, "Crisis May Add $6 Trillion to Federal Debt", Instituto Cato, 21 abr. 2020. Disponível em: <www.cato.org/blog/crisis-may-add-6-trillion-federal-debt>.
14 FMI, "Policy Responses to Covid- 19". Disponível em: <www.imf.org/en/Topics/imf-and--covid19/Policy -Responses-to-COVID-19>.

15 Faiz Siddiqui e Reed Albergotti, "Ford and General Electric Team Up to Produce Ventilators as Major Manufacturers Shift to Medical Equipment", *The Washington Post*, 30 mar. 2020.
16 John Kenneth Galbraith, *A sociedade afluente*. São Paulo: Cengage, 2018.
17 Jesse Drucker, "The Tax-Break Bonanza Inside the Economic Rescue Package", *The New York Times*, 24 abr. 2020.
18 Brendan Fischer e Kedric Payne, "How Lobbyists Robbed Small Business Relief Loans", *The New York Times*, 30 abr. 2020.
19 Lisa Rein, "In Unprecedented Move, Treasury Orders Trump's Name Printed on Stimulus Checks", *The Washington Post*, 4 abr. 2020.
20 Cento e vinte milhões de cheques enviados em 30 abr., segundo o Serviço Fiscal do Tesouro dos Estados Unidos, atualizado em 6 jul. 2020. Disponível em: <www.fiscal.treasury.gov/files/news/eip-operational-faqs-for-financial-industry.pdf>; O comitê House Ways and Means estima que entre 171 e 190 milhões de pagamentos precisariam ser feitos no total, cf. "Economic Impact Payments Issued to Date", 5 jun. 2020. Disponível em: <https://waysandmeans.house.gov/sites/democrats.waysandmeans.house.gov/files/documents/2020.06.04%20EIPs%20Issued%20as%20of%20June%204%20FINAL.pdf>.
21 Erica Werner, "Treasury Sent More than 1 Million Coronavirus Stimulus Payments to Dead People, Congressional Watchdog Finds", *The Washington Post*, 25 jun. 2020.
22 Lauren Vogel, "COVID-19: A Timeline of Canada's First-Wave Response", *Canadian Medical Association Journal News*, 12 jun. 2020. Disponível em: <https://cmajnews.com/2020/06/12/coronavirus-1095847/>.
23 "Germany Offers Cash for Everyone", *The Economist*, 26 mar. 2020.
24 Heritage Foundation, Índice de Liberdade Econômica 2019, "Principais conclusões do Índice 2019". Disponível em: <www.heritage.org/index/book/chapter-3>.
25 Heritage Foundation, Índice de Liberdade Econômica 2020, "Hong Kong". Disponível em: <www.heritage.org/index/country/hongkong>.
26 Heritage Foundation, Índice de Liberdade Econômica 2020, "França". Disponível em: <www.heritage.org/index/country/france>.
27 Para Hong Kong e Taiwan, *ver*: *The New York Times*, "Coronavirus Map: Tracking the Global Outbreak". Disponível em: <www.nytimes.com/interactive/2020/world/coronavirus-maps.html>.
28 Tsung-Mei Cheng, "Health Care Spending in the US and Taiwan", *Health Affairs*, 6 fev. 2019.
29 Max Weber, *Economia e sociedade*. Brasília: Editora UnB, 2012.
30 Francis Fukuyama, *Ordem e decadência política: Da Revolução Industrial à globalização da democracia*. Rio de Janeiro: Rocco, 2018.
31 Paul Waldman, "How Our Campaign Finance System Compares to Other Countries", *American Prospect*, 4 abr. 2014.
32 Embora o antigo conceito de um Império Bizantino esclerosado e decadente tenha sido contestado por estudiosos recentes. *Ver*: Judith Herrin, *Byzantium: The Surprising Life of a Medieval Empire*. Nova Jersey: Princeton University Press, 2007.
33 Sarah Zhang, "Why *Mandarin* Doesn't Come From Chinese", *The Atlantic*, 4 jan. 2019.

34 Charles Tilly, "Reflections on the History of European State-Making", em *The Formation of National States in Western Europe*, organizado por Charles Tilly, p. 45. Nova Jersey: Princeton University Press, 1975.
35 John Brewer, *Sinews of Power: War, Money, and the English State, 1688-1783*, p. 74. Londres: Unwin Hyman, 1989.
36 Frank Snowden, citado em Jason Willick, "How Epidemics Change Civilizations", *The Wall Street Journal*, 27 mar. 2020.
37 T. J. Pempel, "Bureaucracy in Japan", *PS: Political Science and Politics*, vol. 25, nº 1, mar. 1992, pp. 19-24.
38 Woodrow Wilson, "The House of Representatives", em *The Collected Works of Woodrow Wilson*, organizado por Josephus Daniels.
39 Woodrow Wilson, "The Executive", *Congressional Government*, 1885, p. 283. Disponível em: <https://archive.org/stream/congressionalgov00wilsiala>.
40 *The Washington Post*, "FDR's Government: The Roots of Today's Federal Bureaucracy", 12 abr. 1995.
41 Dados para funcionários públicos federais do Federal Reserve Bank of St. Louis. Disponível em: <https://fred.stlouisfed.org/series/CES9091000001>; total de empregados em atividades não agrícolas nos Estados Unidos. Disponível em: <https://fred.stlouisfed.org/series/PAYEMS>.
42 Departamento do Censo dos Estados Unidos, "Informações rápidas". Disponível em: <www.census.gov/quickfacts/fact/table/US/AGE775219>.
43 Dados do Federal Reserve Bank of St. Louis. Disponível em: <https://fred.stlouisfed.org/series/GDPCA>.
44 Bem abaixo da média da Organização para a Cooperação e Desenvolvimento Econômico (OCDE), cf. "Government at a Glance 2017", da OCDE. Disponível em: <www.oecd.org/gov/government-at-a-glance-2017-highlights-en.pdf>.
45 Fiona Hill, "Public Service and the Federal Government", Brookings Institution, 27 maio 2020. Disponível em: <www.brookings.edu/policy2020/votervital/public-service-and-the-federal-government/>.
46 Jeff Spross, "The GOP Plot to Drown Medic-aid in the Bathtub", *Week*, 9 mar. 2017.
47 Philip Rucker e Robert Costa, "Bannon Vows a Daily Fight for 'Deconstruction of the Administrative State'", *The Washington Post*, 23 fev. 2017.
48 Polly J. Price, "A Coronavirus Quarantine in America Could Be a Giant Legal Mess", *The Atlantic*, 16 fev. 2020.
49 Conselho Editorial, "Federalism Explains Varied COVID-19 Responses", *Columbus Dispatch*, 8 maio 2020. Disponível em: <www.dispatch.com/opinion/20200508/editorial-federalism-explains-varied-covid-19-responses>.
50 Para saber mais sobre inadequações na informação de resultados de testes de Covid-19 nos Estados Unidos, *ver*: Sarah Kliff e Margot Sanger-Katz, "Choke Point for U.S. Coronavirus Response: The Fax Machine", *The New York Times*, 13 jul. 2020.
51 Sobre o acompanhamento quase em tempo real de dados de pacientes de Covid-19 em Taiwan, *ver*: Jackie Drees, "What the US Can Learn from Taiwan's EHR System and

COVID-19 Response", *Becker's Hospital Review*, 1º jul. 2020. Disponível em: <www.beckershospitalreview.com/ehrs/what-the-us-can-learn-from-taiwan-s-ehr-system-and-covid-19-response.html>; e Ezekiel Emanuel em conversa com Fareed Zakaria, *Fareed Zakaria GPS: Global Public Square*, CNN, 12 jul. 2020. Disponível em: <www.cnn.com/videos/tv/2020/07/12/exp-gps-0712-emanuel-on-us-covid-19-response.cnn>.

52 Duren Banks et al., "National Sources of Law Enforcement Employment Data", Departamento de Justiça dos Estados Unidos, 4 out. 2016. Disponível em: <www.bjs.gov/content/pub/pdf/nsleed.pdf>.

53 Michael Bernhard, Christopher Reenock e Timothy Nordstrom, "The Legacy of Western Overseas Colonialism on Democratic Survival", *International Studies Quarterly*, vol. 48, nº 1, mar. 2004, pp. 225-50. Disponível em: <https://academic.oup.com/isq/article-abstract/48/1/225/2963246>.

54 Paul Light, "People on People on People: The Continued Thickening of Government", The Volcker Alliance, out. 2017. Disponível em: <www.volckeralliance.org/sites/default/files/attachments/Issue%20Paper_People%20on%20People.pdf>.

55 Marc Andreessen, "It's Time to Build", Andreessen Horowitz. Disponível em: <https://a16z.com/2020/04/18/its-time-to-build/>.

56 Marc J. Dunkelman, "This Is Why Your Holiday Travel Is Awful", *Politico*, 11 nov. 2019.

57 Ezra Klein, *Why We're Polarized*. Nova York: Simon & Schuster, 2020.

58 James Traub, "After the Coronavirus, the Era of Small Government Will Be Over", *Foreign Policy*, 15 abr. 2020.

LIÇÃO TRÊS: MERCADOS NÃO SÃO SUFICIENTES

1 Citado em David Kynaston, *The Financial Times: A Centenary History*, p. 17. Nova York: Viking, 1988.

2 Editorial Board, "Virus Lays Bare the Fragility of the Social Contract", *Financial Times*, 3 abr. 2020.

3 Younis, Mohamed, "Four In 10 Americans Embrace Some Form Of Socialism", *Gallup*, 20 maio 2019. Disponível em: <https://news.gallup.com/poll/257639/four-americans-embrace-form-socialism.aspx>.

4 Pablo D. Fajgelbaum, Pinelopi K. Goldberg, Patrick J. Kennedy, Amit K. Khandelwal, "The Return to Protectionism", National Bureau of Economic Research, Working Paper nº 25638, emitido em mar. 2010, revisado em out. 2019. Disponível em: <www.nber.org/papers/w25638>.

5 Lydia Saad, "Socialism as Popular as Capitalism Among Young Adults in U.S.", *Gallup*, 25 nov. 2019. Disponível em: <https://news.gallup.com/poll/268766/socialism-popular-capitalism-among-young-adults.aspx>.

6 Comentários em 2018 ao New England Council, conforme relatado por Katie Lannan, 16 jul. 2018, postagem no Twitter. Disponível em: <https://twitter.com/katielannan/status/1018852303212896257?s=20>.

7   Donald R. Kinder e Nathan P. Kalmoe, *Neither Liberal nor Conservative: Ideological Innocence in the American Public*. Chicago, Illinois: University of Chicago Press, 2017.
8   Tucker Carlson, "Mitt Romney Supports the Status Quo. But for Everyone Else, It's Infuriating", Fox News Opinion, 19 jan. 2019.
9   Paul Krugman, "Saving Asia: It's Time to Get Radical", *Fortune/CNN Money*, 7 set. 1998.
10 Chris Gaither e Dawn C. Chmielewski, "Fears of Dot-Com Crash, Version 2.0", *Los Angeles Times*, 16 jul. 2006.
11 Alex Williams, "2001: When the Internet Was, Um, Over?," *The New York Times*, 8 out. 2018.
12 Martin Wolf, "Seeds of Its Own Destruction: The Scope of Government Is Again Widening and the Era of Free-Wheeling Finance Is Over", *Financial Times*, 8 mar. 2009.
13 Joe Weisenthal, "Geithner Tells Charlie Rose: Capitalism Will Be Different", *Business Insider*, 11 mar. 2009.
14 Para outro observador cético de que isso significará um rompimento com a ortodoxia do livre mercado, *ver*: Lane Kenworthy, "The Pandemic Won't Usher in An American Welfare State", *Foreign Affairs*, 1º maio 2020.
15 Francis Fukuyama, *The End of History and the Last Man*. Nova York: Free Press, 1992.
16 Presidente William J. Clinton, "Remarks on Signing the North American Free Trade Agreement Implementation Act", 8 dez. 1993, *Public Papers of the Presidents of the United States: William J. Clinton* (1993, Livro II). Disponível em: <www.govinfo.gov/content/pkg/PPP-1993-book2/html/PPP-1993-book2-doc-pg2139-3.htm>.
17 Thomas L. Friedman, *The Lexus and the Olive Tree: Understanding Globalization*. Nova York: Farrar, Straus and Giroux, 1999.
18 Congressional Research Service, "China's Economic Rise: History, Trends, Challenges, and Implications for the United States", 25 jun. 2019. Disponível em: <https://fas.org/sgp/crs/row/RL33534.pdf>.
19 Nicholas Kristof, "China Sees 'Market-Leninism' as Way to Future", *The New York Times*, 6 set. 1993.
20 World Steel Association, *World Steel in Figures 2019*. Disponível em: <www.worldsteel.org/en/dam/jcr:96d7a585-e6b2-4d63-b943-4cd9ab621a91/World%2520Steel%2520in%2520Figures%25202019.pdf>.
21 US Geological Survey, "Mineral Commodity Summaries". Disponível em: <www.usgs.gov/centers/nmic/mineral-commodity-summaries>.
22 Atribuído ao jornalista Michael Kinsley. *Ver:* Jonathan Chait, "The Origins of the Gaffe, Politics' Idiot-Maker", *New York*, Intelligencer, 14 jun. 2012.
23 Gasto com assistência médica *per capita* nos Estados Unidos é de 10.586 dólares contra uma média de 5.287 dólares da OCDE: OECD Health Statistics 2020. Disponível em: <www.oecd.org/health/health-data.htm>; citado em "How Does the U.S. Healthcare System Compare to Other Countries?", Peter G. Peterson Foundation, 22 jul. 2020. Disponível em: <www.pgpf.org/blog/2019/07/how-does-the-us-healthcare-system-compare--to-other-countries>.
24 Tim Bontemps, "Adam Silver Lays Out Conditions for NBA's Return, Mulls Charity Game 'diversion'", ESPN, 18 mar. 2020.

25 Fareed Zakaria, *The Future of Freedom: Illiberal Democracy at Home and Abroad*, capítulo 6: "The Death of Authority". Nova York: W. W. Norton, 2003.
26 Robert A. Dahl, "Why All Democratic Societies Have Mixed Economies", *Nomos* 35, 1993, pp. 259-82. Disponível em: <www.jstor.org/stable/pdf/24219491.pdf?refreqid=excelsior%3A41633675a96dd0b062c13fd9eaac3053>.
27 Reihan Salam, "Incarceration and Mobility: One Pretty Big Reason We're Not Denmark", *National Review*, 23 nov. 2011.
28 Raj Chetty, "Improving Opportunities for Economic Mobility: New Evidence and Policy Lessons", Stanford University/Federal Reserve Bank of St. Louis. Disponível em: <www.stlouisfed.org/~/media/files/pdfs/community%20development/econmobilitypapers/section1/econmobility_1-1chetty_508.pdf?d=l&s=tw>.
29 Éric Grenier, "21.9% of Canadians Are Immigrants, the Highest Share in 85 Years", CBC News, 25 out. 2015. Disponível em: <www.cbc.ca/news/politics/census-2016-immigration-1.4368970>.
30 Jynnah Radford, "Key Findings About U.S. Immigrants", Pew Research Center, 17 jun. 2019. Disponível em: <www.pewresearch.org/fact-tank/2019/06/17/key-findings-about-u-s-immigrants/>.
31 *Ver, inter alia:* Rick Newman, "The American Dream Is Alive and Well — Just Not in America", *U.S. News*, 11 set. 2012. Disponível em: <www.usnews.com/news/blogs/rick-newman/2012/09/11/the-american-dream-is-alive-and-welljust-not-in-america>; Alison Williams, "The American Dream Is Alive and Well, Outside America", *Harvard Business Review*, 6 ago. 2013. Disponível em: <https://hbr.org/2013/08/the-american-dream-is-alive-and-well>; e Issie Lapowsky, "Data Reveals The American Dream is Alive and Well — In Canada", *Wired*, 13 out. 2016. Disponível em: <www.wired.com/2016/10/data-reveals-american-dream-alive-well-canada/>.
32 Francis Fukuyama, *Political Order and Political Decay: From the Industrial Revolution to the Globalization of Democracy*, capítulo 1. Nova York: Farrar, Straus and Giroux, 2014.
33 Lars Løkke Rasmussen, "Nordic Solutions and Challenges — A Danish Perspective", Harvard Kennedy School's Institute of Politics. Disponível em: <https://youtu.be/MgrJnXZ_WGo?t=490>.
34 2020 Index of Economic Freedom, Heritage Foundation. Disponível em: <www.heritage.org/index/ranking>.
35 "Denmark: Individual — Other Taxes, Inheritance, Estate, and Gift Taxes", PwC Denmark, 2 jun. 2020. Disponível em: <https://taxsummaries.pwc.com/denmark/individual/other-taxes>.
36 "Taxing Inheritances Is Falling Out of Favour", *The Economist*, 23 nov. 2017.
37 Norwegian Tax Administration, "Inheritance Tax Is Abolished". Disponível em: <www.skatteetaten.no/en/person/taxes/get-the-taxes-right/gift-and-inheritance/inheritance-tax-is-abolished/>.
38 "Revenue Statistics — OECD Countries: Comparative Tables", Organization for Economic Cooperation and Development. Disponível em: <https://stats.oecd.org/Index.aspx?DataSetCode=REV>.

39 VAT [imposto sobre mercadoria, semelhante ao ICMS] médio na União Europeia, 21%; na Dinamarca, 25%: Elle Aksen, "2020 VAT Rates in Europe", Tax Foundation, 9 jan. 2020. Disponível em: <https://taxfoundation.org/european-union-value-added-tax-2020/>.
40 Média baseada em "State Sales Tax Rates", Sales Tax Institute, 1º maio 2020. Disponível em: <www.salestaxinstitute.com/resources/rates>.
41 Peter Baldwin, "A U.S. More Like Denmark? Be Careful What You Wish For", *The New York Times*, 20 out. 2015. Disponível em: <www.nytimes.com/roomfordebate/2015/10/20/can-the-us-become-denmark/a-us-more-like-denmark-be-careful-what-you-wish-for>.
42 Renda disponível ajustada de moradia média na Dinamarca: 29.606 dólares. Nos Estados Unidos: 45.284, segundo OECD Better Life Index. Disponível em: <www.oecdbetterlifeindex.org/countries/united-states/> e <www.oecdbetterlifeindex.org/countries/denmark/>. Definição de "renda disponível ajustada em moradia média" incluída em "How's Life? 2020: Measuring Wellbeing", OECD Better Life Index. Disponível em: <www.oecd-ilibrary.org/docserver/9870c393-en.pdf>: A renda disponível ajustada de um lar médio é obtida somando todos os fluxos (brutos) de renda (lucros, trabalho autônomo, ganhos de capital, transferências correntes recebidas de outros setores) pagos ao setor de lares (Sistema de Contas Nacionais) e, depois, subtraindo as transferências correntes (tais como impostos sobre renda e riqueza) pagos por lares a outros setores da economia. O termo "ajustada", no vocabulário das Contas Nacionais, denota a inclusão das transferências sociais em espécie (tais como serviços de educação e assistência médica) que os lares recebem do governo. A medida usada aqui também leva em conta a quantia necessária para substituir os bens de capital dos lares (isto é, moradias e equipamentos de empresas não incorporadas), que é deduzida da renda. A renda disponível ajustada do lar é mostrada em termos *per capita* e expressa em dólares usando paridades de poder de compra (PPPs, parcerias público-privadas) de 2017 para consumo individual real. A fonte é a base de dados da OECD National Accounts Statistics.
43 A Dinamarca gasta 0,52% do PIB nacional em treinamento de trabalhadores; os Estados Unidos gastam 0,03%. Gary Burtless, "Comments on 'Employment and Training for Mature Adults: The Current System and Moving Forward,' by Paul Osterman", Brookings Institution, 7 nov. 2019. Disponível em: <www.brookings.edu/blog/up-front/2019/11/07/employment-and-training-for-mature-adults-the-current-system-and-moving-forward/>.
44 OECD Better Life Index, Dinamarca e Estados Unidos.
45 Fareed Zakaria, "The Politics of the Future: Be Open and Armed", *The Washington Post*, 7 jul. 2016. Disponível em: <www.washingtonpost.com/opinions/the-politics-of-the-future-be-open-and-armed/2016/07/07/fd171ce0-447b-11e6-8856-f26de2537a9d_story.html>.

LIÇÃO QUATRO: AS PESSOAS DEVERIAM OUVIR OS ESPECIALISTAS — E OS ESPECIALISTAS DEVERIAM OUVIR AS PESSOAS

1 Eliza Collins, "Trump: I Consult Myself on Foreign Policy", *Politico*, 16 mar. 2016.
2 Nick Gass, "Trump: 'The Experts Are Terrible'", *Politico*, 4 abr. 2016.
3 Henry Mance, "Britain Has Had Enough of Experts, Says Gove", *Financial Times*, 3 jun. 2016.

4. Sobre o vice-presidente taiwanês Chen Chien-jen, ver: Javier C. Hernández e Chris Horton, "Taiwan's Weapon Against Coronavirus: An Epidemiologist as Vice President", *The New York Times*, 9 maio 2020.
5. Primeiro-ministro grego Kyriakos Mitsotakis, em conversa com Fareed Zakaria, *Fareed Zakaria GPS: Global Public Square*, CNN, 14 jun. 2020.
6. Ernesto Londoño, Manuela Andreoni e Letícia Casado, "President Bolsonaro of Brazil Tests Positive for Coronavirus", *The New York Times*, 7 jul. 2020.
7. León Krauze, "Mexico's President Has Given Up in the Fight against the Coronavirus", *The Washington Post*, 18 jun. 2020.
8. Kevin Liptak, "Trump Tweets Support for Michigan Protesters, Some of Whom Were Armed, as 2020 Stress Mounts", CNN, 1º maio 2020.
9. Até 13 jul. Ver: Jonathan Lemire, "Trump Wears Mask in Public for First Time during Pandemic", Associated Press, 13 jul. 2020.
10. O fabricante de Lysol (Reckitt Benckiser) adverte clientes a não beber ou injetar desinfetante: "Improper use of Disinfectants". Disponível em: <www.rb.com/media/news/2020/april/improper-use-of-disinfectants/>.
11. Toluse Olorunnipa, Ariana Eunjung Cha e Laurie McGinley, "Drug Promoted by Trump as Coronavirus 'Game Changer' Increasingly Linked to Deaths", *The Washington Post*, 15 maio 2020.
12. US Food and Drug Administration, "FDA Cautions Against Use of Hydroxychloroquine or Chloroquine for COVID-19 Outside of the Hospital Setting or a Clinical Trial Due to Risk of Heart Rhythm Problems", atualizado em 1º jul. 2020. Disponível em: <www.fda.gov/drugs/drug-safety-and-availability/fda-cautions-against-use-hydroxychloroquine-or--chloroquine-covid-19-outside-hospital-setting-or>.
13. Donald J. Trump, "Remarks by President Trump, Vice President Pence, and Members of the Coronavirus Task Force in Press Briefing", Casa Branca, 20 mar. 2020. Disponível em: <www.whitehouse.gov/briefings-statements/remarks-president-trump-vice-president--pence-members-c-oronavirus-task-force-press-briefing/>.
14. Stephen Colbert, "The Word: Truthiness", *Colbert Report*, 17 out. 2005, Comedy Central. Disponível em: <www.cc.com/video-clips/63ite2/the-colbert-report-the-word---truthiness>. Transcrição de Kurt Andersen, "How America Lost Its Mind", *The Atlantic*, set. 2017.
15. Edward J. Moreno, "Government Health Agency Official: Coronavirus 'Isn't Something the American Public Need to Worry About'", *Hill*, 26 jan. 2020.
16. Alex M. Azar II, "Secretary Azar Delivers Remarks on Declaration of Public Health Emergency for 2019 Novel Coronavirus", Casa Branca, 31 jan. 2020. Disponível em: <www.hhs.gov/about/leadership/secretary/speeches/2020-speeches/secretary-azar-delivers-remarks--on-declaration-of-public-health-emergency-2019-novel-coronavirus.html>.
17. Alice Park e Jeffrey Klugger, "The Coronavirus Pandemic Is Forcing U.S. Doctors to Ration Care for All Patients", *Time*, 22 abr. 2020.
18. S. J. Lange, M. D. Ritchey, A. B. Goodman et al., "Potential Indirect Effects of the COVID-19 Pandemic on Use of Emergency Departments for Acute Life-Threatening Con-

ditions — United States, January-May 2020", Centers for Disease Control and Prevention, *MMWR Morb Mortal Weekly Report*, nº 69, 2020, pp. 795-800; e Will Feuer, "Doctors Worry the Coronavirus Is Keeping Patients Away from US Hospitals as ER Visits Drop: 'Heart Attacks Don't Stop'", CNBC, 14 abr. 2020.
19 Jonathan Ford, "The Battle at the Heart of British Science over Coronavirus", *Financial Times*, 15 abr. 2020; David D. Kirkpatrick, Matt Apuzzo e Selam Gebrekidan, "Europe Said It Was Pandemic-Ready. Pride Was Its Downfall", *The New York Times*, 20 jul. 2020.
20 Ibid.
21 Steven Pinker, "Alan Alda & Steven Pinker: Secrets of Great Communication", 92nd Street Y, 23 abr. 2020.
22 Jhag Balla, "This Viral Angela Merkel Clip Explains the Risks of Loosening Social Distancing Too Fast", *Vox*, 17 abr. 2020; e Katrin Bennhold. "Relying on Science and Politics, Merkel Offers a Cautious Virus Re-entry Plan", *The New York Times*, 15 abr. 2020.
23 Lili Pike, "Why 15 US States Suddenly Made Masks Mandatory", *Vox*, 29 maio 2020.
24 Para um relato sobre como esses passos equivocados poderiam ter sido evitados, *ver*: Zeynep Tufekci, "Why Telling People They Don't Need Masks Backfired", *The New York Times*, 15 mar. 2020.
25 Em *CBS Face the Nation*. Ver: Melissa Quinn, "Surgeon General Says Administration 'Trying to Correct' Earlier Guidance Against Wearing Masks", CBS News, 12 jul. 2020. Disponível em: <www.cbsnews.com/news/coronavirus-surgeon-general-jerome-adams--wearing-masks-face-the-nation/>.
26 Dean Acheson, *Present at the Creation: My Years at the State Department*, p. 375. Nova York: W. W. Norton, 1970.
27 Richard Fletcher, Antonis Kalogeropoulos, Rasmus Kleis Nielsen, "Trust in UK Government and News Media COVID-19 Information Down, Concerns Over Misinformation from Government and Politicians Up", University of Oxford, Reuters Institute, 1º jun. 2020. Disponível em: <https://reutersinstitute.politics.ox.ac.uk/trust-uk-government-and--news-media-covid-19-information-down-concerns-over-misinformation>.
28 Chris Curtis, "One in Five Have Started Breaking Lockdown Rules More Following Cummings Saga", YouGov, 3 jun. 2020. Disponível em: <https://yougov.co.uk/topics/health/articles-reports/2020/06/03/one-five-have-started-breaking-lockdown-rules-more>.
29 Eliot Cohen, *Supreme Command: Soldiers, Statesmen, and Leadership in Wartime*. Nova York: Free Press, 2002.
30 Como a citação é geralmente apresentada em inglês. O original em francês: "La guerre! C'est une chose trop grave pour la confier à des militaires" (em tradução literal: "Guerra é um assunto sério demais para ser confiado a militares"). Note que essa citação é variavelmente atribuída a vários estadistas franceses da época da Primeira Guerra Mundial.
31 Shana Kushner Gadarian, Sara Wallace Goodman e Thomas B. Pepinsky, "Partisanship, Health Behavior, and Policy Attitudes in the Early Stages of the COVID-19 Pandemic", *SSRN*, 30 mar. 2020. Disponível em: <https://ssrn.com/abstract=3562796>. (Nota: Esse estudo e os de Painter e Qiu e Allcott et al., na nota 32, não foram revisados por pares.)

32 Marcus Painter e Tian Qiu, "Political Beliefs Affect Compliance with COVID-19 Social Distancing Orders", *SSRN*, 3 jul. 2020. Disponível em: <https://ssrn.com/abstract=3569098>; Hunt Allcott, Levi Boxell, Jacob Conway, Matthew Gentzkow, Michael Thaler e David Y. Yang, "Polarization and Public Health: Partisan Differences in Social Distancing During the Coronavirus Pandemic", *SSRN*, jun. 2020. Disponível em: <https://ssrn.com/abstract=3574415>.

33 Adam Satariano e Davey Alba, "Burning Cell Towers, Out of Baseless Fear They Spread the Virus", *The New York Times*, 10 abr. 2020.

34 Jonathan Haidt, *The Righteous Mind: Why Good People are Divided by Politics and Religion*, p. 98, p. 104. Nova York: Vintage Books, 2013.

35 Ezra Klein, "Why the Most Informed Voters Are Often the Most Badly Misled", *Vox*, 8 jun. 2015.

36 Christopher H. Achen e Larry M. Bartels, "It Feels Like We're Thinking: The Rationalizing Voter and Electoral Democracy", Annual Meeting of the American Political Science Association, Filadélfia, 28 ago. 2006. Disponível em: <https://web.archive.org/web/20160410201427/http://www.princeton.edu/~bartels/thinking.pdf>.

37 David Hume, *A Treatise Of Human Nature*, Livro III, Parte III, Seção III, "Of The Influencing Motives Of The Will".

38 David Roberts, "Partisanship is the Strongest Predictor of Coronavirus Response", *Vox*, 14 maio 2020.

39 Cas Mudde, "Populism in the Twenty-First Century: An Illiberal Democratic Response to Undemocratic Liberalism", The Andrea Mitchell Center for the Study of Democracy, Universidade da Pensilvânia. Disponível em: <www.sas.upenn.edu/andrea-mitchell-center/cas-mudde-populism-twenty-first-century>.

40 Donald J. Trump, "Let Me Ask America a Question", *The Wall Street Journal*, 14 abr. 2016.

41 Michael Lewis, *O quinto risco*. Rio de Janeiro: Intrínseca, 2018.

42 Matthew Cappucci e Andrew Freedman, "President Trump Showed a Doctored Hurricane Chart. Was It to Cover Up for 'Alabama' Twitter Flub?", *The Washington Post*, 5 set. 2019.

43 Christopher Flavelle, "NOAA Chief Violated Ethics Code in Furor Over Trump Tweet, Agency Says", *The New York Times*, 15 jun. 2020.

44 Michael Lind, *The New Class War: Saving Democracy from the Managerial Elite*. Nova York: Portfolio, 2020.

45 De 1996 a 2000, sob o presidente Lee Teng-hui (ph.D. em Cornell): John Trenhaile, "The New Cabinet", *Taiwan Review*, 1º ago. 1996. Disponível em: <https://web.archive.org/web/20160915152001/http://www.taiwantoday.tw/ct.asp?xItem=54929&ctNode=2198&mp=9>.

46 Uma parcela de 33,4% da população americana tem diploma universitário, dados de 2016: US Census Bureau, "Educational Attainment in the United States: 2016". Disponível em: <www.census.gov/newsroom/press-releases/2017/cb17-51.html>. "31% of 25-64 Year Olds Achieved Tertiary Level Study", European Commission, Eurostat. Disponível em: <https://ec.europa.eu/eurostat/web/products-eurostat-news/-/EDN-20181008-1>.

47 Uma parcela de 13,1% tem mestrado, formação profissional ou doutorado: US Census Bureau, "Educational Attainment in the United States: 2018". Disponível em: <www.census.gov/library/stories/2019/02/number-of-people-with-masters-and-phd-degrees-double-since-2000.html>.
48 De acordo com o 2010 Chinese Census, Education at a Glance: OECD Indicators 2016, "People's Republic of China". Disponível em: <https://gpseducation.oecd.org/Content/EAGCountryNotes/EAG2016_CN_CHN.pdf>.
49 Um total de 99,2% do 18º Comitê Central do Partido Comunista Chinês frequentou alguma faculdade, dados de 2016: Cheng Li, Tabela 4.1, "Percentage of College-Educated Members on the 8th-18th Central Committees", *Chinese Politics in the Xi Jinping Era: Reassessing Collective Leadership*. Washington: Brookings Institution Press, 2016.
50 US Census Bureau, "Educational Attainment in the United States: 2018".
51 Nate Silver, "Education, Not Income, Predicted Who Would Vote For Trump", *Five Thirty Eight*, 22 nov. 2016. Disponível em: <https://fivethirtyeight.com/features/education-not-income-predicted-who-would-vote-for-trump/>.
52 Nathaniel Rakich e Dhrumil Mehta, "Trump Is Only Popular In Rural Areas", *Five Thirty Eight*, 7 dez. 2018. Disponível em: <https://fivethirtyeight.com/features/trump-is-really-popular-in-rural-areas-other-places-not-so-much>/.
53 Will Wilkinson, "The Density Divide: Urbanization, Polarization, and Populist Backlash", Niskanen Center, jun. 2019. Disponível em: <www.niskanencenter.org/wp-content/uploads/2019/09/Wilkinson-Density-Divide-Final.pdf>.
54 Anushka Asthana, "People Who Felt Marginalised Drove Brexit Vote, Study Tinds", *The Guardian*, 31 ago. 2016.
55 Marie Dupin, "Jeunes, Précaires, Ruraux: Qui Sont Les Gilets Jaunes?", BFM, 9 abr. 2020. Disponível em: <www.bfmtv.com/economie/economie-social/france/jeunes-precaires-ruraux-qui-sont-les-gilets-jaunes_AN-201904090053.html>.
56 Feargus O'Sullivan, "Why Drivers Are Leading a Protest Movement Across France", *City Lab*, 19 nov. 2018. Disponível em: <www.bloomberg.com/news/articles/2018-11-19/-yellow-vests-why-france-is-protesting-new-gas-taxes>.
57 Christian Franz, Marcel Fratzscher e Alexander S. Kritikos, "German Right-Wing Party AfD Finds More Support in Rural Areas with Aging Populations", *DIW Weekly Report*, vol. 8, nos 7/8, 2018, pp. 69-79. Disponível em: <http://hdl.handle.net/10419/175453>.
58 *Daily Sabah*, resultados da eleição presidencial de 2018. Disponível em: <www.dailysabah.com/election/june-24-2018-election-results>.
59 "Job Flexibilities and Work Schedules — 2017-2018, Data From The American Time Use Survey", Bureau of Labor Statistics, 24 set. 2019. Disponível em: <www.bls.gov/news.release/flex2.nr0.htm>.
60 Jeanna Smialek, "Poor Americans Hit Hardest by Job Losses Amid Lockdowns, Fed Says", *The New York Times*, 14 maio 2020. Disponível em: <www.nytimes.com/2020/05/14/business/economy/coronavirus-jobless-unemployment.html>.
61 Richard Hofstadter, *Anti-Intellectualism in American Life*, p. 34. Nova York: Alfred A. Knopf, 1963.

62 Henry Kissinger, "The Sayings of Secretary Henry", compilado por DuPre Jones, *The New York Times*, 28 out. 1973; citado em Jerry Useem. "Power Causes Brain Damage", *The Atlantic*, jul./ago. 2017: "[Power] can even make Henry Kissinger believe that he's sexually magnetic."
63 Dacher Keltner, *The Power Paradox: How We Gain and Lose Influence*, pp. 112-3, pp. 116-8. Nova York: Penguin, 2016.
64 Jean Edward Smith, *FDR*. Nova York: Random House, 2007.
65 Doris Kearns Goodwin, *No Ordinary Time: Franklin and Eleanor Roosevelt — The Home Front in World War II*. Nova York: Simon & Schuster, 1994.
66 Incidente citado, p. ex., em Ken Burns, *The Roosevelts: An Intimate History*, PBS, 2014.

LIÇÃO CINCO: A VIDA É DIGITAL

1 Niall Johnson e Juergen Mueller, "Updating the Accounts: Global Mortality of the 1918-1920 'Spanish' Influenza Pandemic", *Bulletin of the History of Medicine* (primavera de 2002). Disponível em: <www.researchgate.net/publication/11487892_Updating_the_Accounts_Global_Mortality_of_the_1918-1920_Spanish_Influenza_Pandemic>.
2 Lisa Bramen, "October 28, 1919: The Day That Launched a Million Speakeasies", *Smithsonian Magazine*, 28 out. 2010.
3 Visto em discurso de Harding de 1920: "A necessidade atual da América não é de heroísmo, mas de cura; não de panaceia, mas de normalidade; não de revolução, mas de restauração [...] não de cirurgia, mas de serenidade": Library of Congress, Presidential Election of 1920. Disponível em: <www.loc.gov/collections/world-war-i-and-1920-election-recordings/articles-and-essays/from-war-to-normalcy/presidential-election-of-1920/>.
4 Primeiro computador pessoal conforme determinado, por exemplo, por Computer History Museum, Palo Alto, Califórnia: Chris Garcia, "In His Own Words: John Blankenbaker", CHM Blog, Curatorial Insights, 5 abr. 2016. Disponível em: <https://computerhistory.org/blog/in-his-own-words-john-blankenbaker/>.
5 Brad Stone, *A loja de tudo*, capítulo 2. Rio de Janeiro: Intrínseca, 2013.
6 No primeiro trimestre de 2020, por cálculos de Christopher Rossbach, gerente de portfólio do fundo World Stars Global Equity, da J. Stern & Co.: Irina Ivanova, "Amazon Makes $10,000 Per Second as Shoppers Shelter in Place", *CBS News*, Moneywatch, 1º maio 2020. Disponível em: <www.cbsnews.com/news/amazon-q1-earnings-75-billion-10000-per-second/>. *Ver* também: vendas líquidas no primeiro trimestre da Amazon de 75,5 bilhões de dólares, 9.709 dólares por segundo: "Amazon.Com Announces First Quarter Results". Disponível em: <https://s2.q4cdn.com/299287126/files/doc_financials/2020/Q1/Amazon-Q1-2020-Earnings-Release.pdf>.
7 US Bureau of Labor Statistics, "Unemployment rate 9.1 percent in August 2011". Disponível em: < www.bls.gov/opub/ted/2011/ted_20110908.htm?view_full>.
8 Marc Andreessen, "Why Software Is Eating the World", 20 ago. 2011.
9 Renda bruta da indústria de videogames = 78 bilhões de dólares em 2010, 137 bilhões de

dólares em 2019, *ver*: Will Partin, "The 2010s Were a Banner Decade for Big Money and Tech — and Esports Reaped the Rewards", *The Washington Post*, 28 jan. 2020; renda bruta de Hollywood = 42,5 bilhões de dólares em 2019, *ver*: Pamela McClintock, "2019 Global Box Office Revenue Hit Record $42.5B Despite 4 Percent Dip in U.S.", *Hollywood Reporter*, 10 jan. 2020. Disponível em: <www.hollywoodreporter.com/news/2019-global-box-office-hit-record-425b-4-percent-plunge-us-1268600>. Renda bruta da indústria de música dos Estados Unidos = 11,1 bilhões de dólares em 2019, *ver*: Dan Rys, "US Recorded Music Revenue Reaches $11.1 Billion in 2019, 79% From Streaming: RIAA", *Billboard*, 25 fev. 2020. Disponível em: <www.billboard.com/articles/business/8551881/riaa-music-industry-2019-revenue-streaming-vinyl-digital-physical>.

10 Suzanne Kapner e Sarah Nassauer, "Coronavirus Finishes the Retail Reckoning That Amazon Started", *The Wall Street Journal*, 14 maio 2020.

11 Carl Benedikt Frey, *The Technology Trap: Capital, Labor, and Power in the Age of Automation*, 304. Princeton, Nova Jersey: Princeton University Press, 2020.

12 "Percentage of Mobile Device Website Traffic Worldwide from 1st Quarter 2015 to 1st Quarter 2020", Statista. Disponível em: <www.statista.com/statistics/277125/share-of-website-traffic-coming-from-mobile-devices>.

13 Ravi Agrawal, *India Connected: How the Smartphone is Transforming the World's Largest Country Democracy*, 3. Nova York: Oxford University Press, 2018.

14 McKinsey Global Institute, "Digital India", 2019. Disponível em: <www.mckinsey.com/~/media/McKinsey/Business%20Functions/McKinsey%20Digital/Our%20Insights/Digital%20India%20Technology%20to%20transform%20a%20connected%20nation/MGI-Digital-India-Report-April-2019.ashx>.

15 Mukesh Ambani, em conversa com *India Today*, "India is now world's top mobile data consuming nation: Mukesh Ambani", 25 out. 2018. Disponível em: <www.indiatoday.in/technology/news/story/india-top-mobile-data-consuming-nation-mukesh-ambani-1375253-2018-10-25>.

16 Ibid.

17 McKinsey Global Institute, "Digital India", 6.

18 Mobis Philipose, "Why Reliance Jio's Big and Bold 2021 Vision Doesn't Make Sense", LiveMint, 7 mar. 2017.

19 Geeta Anand e Suhasini Raj, "Rumors on WhatsApp Ignite 2 Mob Attacks in India, Killing 7", *The New York Times*, 25 maio 2017.

20 "Of those employed four weeks earlier, 34.1% report they were commuting and are now working from home": Erik Brynjolfsson et al., "COVID-19 and Remote Work: An Early Look at US Data", MIT Sloan School of Management. Disponível em: <https://mitsloan.mit.edu/shared/ods/documents/?PublicationDocumentID=6322>.

21 Sonal Khetarpal, "Post-COVID, 75% of 4.5 Lakh TCS Employees to Permanently Work from Home by '25; from 20%", *Business Today India*, 30 abr. 2020.

22 Saunak Chowdhury, "TCS Refutes Claims of 75% Employees Working from Home Post Lock-Down", *Indian Wire*, 28 abr. 2020.

23 Tata Consultancy Services, "About Us". Disponível em: <www.tcs.com/about-us>.

24 Jeff Becker e Arielle Trzcinski, "US Virtual Care Visits To Soar To More Than 1 Billion", *Forrester Analytics*, 10 abr. 2020. Disponível em: <https://go.forrester.com/press-newsroom/us-virtual-care-visits-to-soar-to-more-than-1-billion/>.
25 Lizzy Gurdus, "Tim Cook: Apple's Greatest Contribution Will Be 'About Health'", *CNBC Mad Money*, 8 jan. 2019.
26 "Using Artificial Intelligence to Classify Lung Cancer Types, Predict Mutations", National Cancer Institute, 10 out. 2018. Disponível em: <www.cancer.gov/news-events/cancer-currents-blog/2018/artificial-intelligence-lung-cancer-classification>.
27 D. Ardila, A. P. Kiraly, S. Bharadwaj et al., "End-to-End Lung Cancer Screening with Three-Dimensional Deep Learning on Low-Dose Chest Computed Tomography", *Nature Medicine* 25 (2019), pp. 954-61. Disponível em: <https://doi.org/10.1038/s41591-019-0447-x>.
28 Kim Martineau, "Marshaling Artificial Intelligence in the Fight against Covid-19", MIT Quest for Intelligence, *MIT News*, 19 maio 2020. Disponível em: <http://news.mit.edu/2020/mit-marshaling-artificial-intelligence-fight-against-covid-19-0519>.
29 *Ver*: inter alia: Cade Metz, "How A.I. Steered Doctors Toward a Possible Coronavirus Treatment", *The New York Times*, 30 abr. 2020; e O. Kadioglu, M. Saeed, H. Johannes Greten e T. Efferth, "Identification of Novel Compounds Against Three Targets of SARS CoV-2 Coronavirus by Combined Virtual Screening and Supervised Machine Learning", [pré-publicação] *Bulletin of the World Health Organization*, E-pub: 21 mar. 2020. Disponível em: <http://dx.doi.org/10.2471/BLT.20.255943>.
30 Salvatore Babones, "Countries Rolling Out Coronavirus Tracking Apps Show Why They Can't Work", *Foreign Policy*, 12 maio 2020. Disponível em: <https://foreignpolicy.com/2020/05/12/coronavirus-tracking-tracing-apps-cant-work-south-korea-singapore-australia/>.
31 Goh Yu Chong, Nasrath Hassan, "Factsheet: Tracetogether Programme", Smart Nation, Government of Singapore, 8 jun. 2020. Disponível em: <www.smartnation.gov.sg/whats-new/press-releases/factsheet--tracetogether-programme>.
32 "Covid-19 and the Workforce", MIT Technology Review and Faethm, 2020. Disponível em: <https://mittrinsights.s3.amazonaws.com/AIagenda2020/Covid19workforce.pdf>.
33 Rachel Premack, "Robots Are Already Working in Fast-Food Restaurants — Here's Exactly What They're Doing Right Now", *Business Insider*, 26 jun. 2018. Disponível em: <www.businessinsider.com/mcdonalds-kfc-panera-robot-employees-2018-6>.
34 "Road Traffic Injuries and Deaths — a Global Problem", US Centers for Disease Control and Prevention, atualização mais recente em 18 dez. 2019. Disponível em: <www.cdc.gov/injury/features/global-road-safety/index.html>.
35 "Critical Reasons for Crashes Investigated in the National Motor Vehicle Crash Causation Survey", US Department of Transportation, fev. 2015. Disponível em: <https://crashstats.nhtsa.dot.gov/Api/Public/ViewPublication/812115>.
36 Jennifer Cheeseman Day e Andrew W. Haidt, "Number of Truckers at All-Time High", US Census, 6 jun. 2019. Disponível em: <www.census.gov/library/stories/2019/06/america-keeps-on-trucking.html>.

37 Fred Smith, Federal Express CEO, "Transcript: The Path Forward: Business & the Economy", *The Washington Post Live*, 14 maio 2020.
38 Ian McEwan, *Máquinas como eu*. São Paulo: Companhia das Letras, 2019.
39 Brian Merchant, "When an AI Goes Full Jack Kerouac", *The Atlantic*, 1º out. 2018.
40 John Maynard Keynes, "Economic Possibilities for Our Grandchildren" (escrito originalmente em 1930), reimpresso em *Essays in Persuasion*, pp. 358-73. Nova York: W. W. Norton, 1963.
41 "Works Three Hours a Day, Three Days a Week", por Sarah Ellison, "Reckitt Turns to Jetsons To Launch Detergent Gels", *The Wall Street Journal*, 13 jan. 2003; apertar um botão, por Hanna-Barbera Wiki, "The Jetsons". Disponível em: <https://hanna-barbera.fandom.com/wiki/The_Jetsons>.
42 Zoe Didali, "As PM Finland's Marin Could Renew Call for Shorter Work Week", *New Europe*, 2 jan. 2020. Disponível em: <www.neweurope.eu/article/finnish-pm-marin-calls-for-4-day-week-and-6-hours-working-day-in-the-country/>.
43 David Graeber, *Bullshit Jobs: A Theory*. Nova York: Simon & Schuster, 2018.
44 McEwan, *Máquinas como eu*.
45 David Silver e Demis Hassabis, "AlphaGo: Mastering the Ancient Game of Go with Machine Learning", Google DeepMind, 27 jan. 2016. Disponível em: <https://ai.googleblog.com/2016/01/alphago-mastering-ancient-game-of-go.html>.
46 Kyle Wiggers, "DeepMind's Agent57 Beats Humans at 57 Classic Atari Games", *Venture Beat*, 31 mar. 2020; Rebecca Jacobson, "Artificial Intelligence Program Teaches Itself to Play Atari Games — And It Can Beat Your High Score", PBS News Hour, Inside Energy, 20 fev. 2015.
47 Stuart Russell, "3 Principles for Creating Safer AI", TED2017. Disponível em: <www.ted.com/talks/stuart_russell_3_principles_for_creating_safer_ai/transcript?language=en>
48 Stuart Russell, em conversa com Sam Harris, "#53 — The Dawn of Artificial Intelligence", Making Sense, 23 nov. 2016. Disponível em: <https://samharris.org/podcasts/the-dawn-of-artificial-intelligence1/>.
49 Nick Bostrom, *Superintelligence: Paths, Dangers, and Strategies*. Nova York: Oxford University Press, 2014.
50 Henry Kissinger, "How the Enlightenment Ends", *The Atlantic*, jun. 2018. Disponível em: <www.theatlantic.com/magazine/archive/2018/06/henry-kissinger-ai-could-mean-the-end-of-human-history/559124/>.
51 Immanuel Kant, "An Answer to the Question: What Is Enlightenment?" (30 set. 1784), trad. Mary C. Smith.
52 Yuval Noah Harari, *Homo Deus: Uma breve história do amanhã*. São Paulo: Companhia das Letras, 2016.

LIÇÃO SEIS: ARISTÓTELES ESTAVA CERTO: SOMOS ANIMAIS SOCIAIS

1 De um vírus conhecido como SIV, do inglês Simian Immunodeficiency Virus [vírus da imunodeficiência símia]. *Ver*: "Where Did HIV Come From?", Aids Institute. Disponível em: <www.theaidsinstitute.org/education/aids-101/where-did-hiv-come-0>.

2   Craig Timberg e Daniel Halperin, *Tinderbox: How the West Sparked the AIDS Epidemic and How the World Can Finally Overcome It*. Nova York: Penguin, 2012.
3   Nicola Decaro e Alessio Lorusso, "Novel Human Coronavirus (SARS-CoV-2): A Lesson from Animal Coronaviruses", *Veterinary Microbiology* 244 (maio 2020). Disponível em: <https://doi.org/10.1016/j.vetmic.2020.108693>.
4   Em conversa com Fareed Zakaria, "On GPS: Tracing Pandemics Back to Their Source", *Fareed Zakaria GPS: Global Public Square*, CNN, 26 abr. 2020. Disponível em: <www.cnn.com/videos/tv/2020/04/26/exp-gps-0426-daszak-int.cnn>. Para mais de Daszak, *ver*: Nurith Aizenman, "Why the U.S. Government Stopped Funding a Research Project on Bats and Coronaviruses", NPR, 29 abr. 2020. Disponível em: <www.npr.org/sections/goatsand-soda/2020/04/29/847948272/why-the-u-s-government-stopped-funding-a-research--project-on-bats-and-coronavirus>.
5   Anônimo, *The Times*, 3 dez. 1889, p. 9, citado em "Pandemic in Print: The Spread of Influenza in the Fin de Siècle", de James Mussell. Disponível em: <https://doi.org/10.1016/j.endeavour.2007.01.008>.
6   Alain-Jacques Valleron et al., "Transmissibility and Geographic Spread of the 1889 Influenza Pandemic", *Proceedings of the National Academy of Sciences* 107, nº 19 (11 maio 2010), pp. 8778-81. Disponível em: <https://doi.org/10.1073/pnas.1000886107>.
7   Benoît Morenne e Vivien Ngo, "Train Drain: How Social Distancing Is Transforming Mass Transit", *The Wall Street Journal*, 22 jun. 2020.
8   Paul Sandle, "No Name, No Pint: New Rules for England's Pubs after Lockdown", Reuters, 24 jun. 2020.
9   Aaron Holmes, "Singapore Is Using a High-Tech Surveillance App to Track the Coronavirus, Keeping Schools and Businesses Open. Here's How It Works", *Business Insider*, 24 mar. 2020.
10 Kevin Quealy, "The Richest Neighborhoods Emptied Out Most as Coronavirus Hit New York City", *The New York Times*, 15 maio 2020.
11 Laura Forman, "For Newly Remote Workers, Small Town U.S.A. Will Lose Its Allure Soon Enough", *The Wall Street Journal*, 19 jun. 2020.
12 "'Thank You Parisians, Don't Bring the Virus': Plea from Rural France", *The Guardian*, 18 mar. 2020.
13 Um total de 68.596, de acordo com registros municipais. *Ver*: John S. Morrill, "Great Plague of London", *Encyclopedia Britannica*. Disponível em: <www.britannica.com/event/Great-Plague-of-London>.
14 Ou seja, do centro da cidade murada: Matthew Green, "Lost in the Great Fire: Which London Buildings Disappeared in the 1666 Blaze?", *The Guardian*, 30 ago. 2016.
15 *Ver*, p. ex.: "Build Back Better", We Mean Business Coalition. Disponível em: <www.wemeanbusinesscoalition.org/build-back-better/>.
16 Andrew Sullivan, "The Very First Pandemic Blogger", *New York*, 15 mar. 2020.
17 Clay Jenkinson, "Thomas Jefferson, Epidemics and His Vision for American Cities", *Governing*, 1º abr. 2020. Disponível em: <ww.governing.com/context/Thomas-Jefferson-Epidemics-and-His-Vision-for-American-Cities.html>.

18 Alan Weisman, *O mundo sem nós*. São Paulo: Planeta, 2007.
19 ONU, "World Population Prospects 2018", Departamento de Assuntos Econômicos e Sociais, Dinâmica Populacional. Disponível em: <https://population.un.org/wup/>.
20 David Satterthwaite, "The Transition to a Predominantly Urban World and Its Underpinnings", Human Settlements Discussion Paper Series, "Theme: Urban Change — 4" (2007). Disponível em: <https://pubs.iied.org/pdfs/10550IIED.pdf>.
21 Todos os dados dessa seção foram tirados de *The World's Cities in 2018 — Data Booklet*, Nações Unidas, 2018. Disponível em: www.un.org/en/events/citiesday/assets/pdf/the_worlds_cities_in_2018_data_booklet.pdf>.
22 Edward Glaeser, *Triumph of the City: How Our Greatest Invention Makes Us Richer, Smarter, Greener, Healthier, and Happier*. Nova York: Penguin, 2011. Ver também: https://www.scientifcamerican.com/article/glaeser-triumph-of-the-city-excerpt/.
23 "The Destiny of Density", *The Economist*, 11 jun. 2020.
24 David M. Cutler e Grant Miller, "The Role of Public Health Improvements in Health Advances: The 20th Century United States", National Bureau of Economic Research, Working Paper No. 10511, maio 2004. Disponível em: <www.nber.org/papers/w10511>.
25 Frederick Law Olmsted, *Public Parks and the Enlargement of Towns*. Nova York: American Social Science Association, Riverside Press, 1870.
26 Frederick Law Olmsted, "Notes on the Plan of Franklin Park and Related Matters" (1886), em *The Papers of Frederick Law Olmsted*, organizado por C. E. Beveridge, C. F. Hofman, e K. Hawkins, "Supplementary Series 1: Writings on Public Parks, Parkways and Park Systems", pp. 460-534. Baltimore, MD: Johns Hopkins University Press, 1997.
27 Steven Johnson, *The Ghost Map: The Story of London's Most Terrifying Epidemic — and How it Changed Science, Cities, and the Modern World*, p. 25. Nova York: Penguin Random House: 2006.
28 Ibid., p. 175, pp. 195-6.
29 David M. Cutler e Grant Miller, "The Role of Public Health Improvements", NBER Working Paper No. 10511, maio 2004. Disponível em: <www.nber.org/papers/w10511>.
30 Ibid.
31 Note que, embora a proposta do prefeito Bloomberg de taxar os refrigerantes tenha sido derrotada na cidade de Nova York, ela foi adotada em outras cidades, incluindo São Francisco, Seattle, Filadélfia e Washington, D.C. *Ver*: "State and Local Finance Initiative: Soda Taxes", Urban Institute, 2011-2020. Disponível em: <www.urban.org/policy-centers/cross-center--initiatives/state-and-local-finance-initiative/state-and-local-backgrounders/soda-taxes>.
32 Stu Loeser, Samantha Levine, Susan Craig e Alexandra Waldhorn, "Mayor Bloomberg, Deputy Mayor Gibbs, Health Commissioner Farley Announce New Yorkers Living Longer Than Ever, Outpacing National Trend", site oficial da cidade de Nova York, 7 dez. 2011. Disponível em: <www1.nyc.gov/office-of-the-mayor/news/453-11/mayor-bloomberg-deputy-mayor-gibbs-health-commissioner-farley-new-yorkers-living-longer#/4>.
33 Michael Howard Saul, "Life Span in City Exceeds U.S. Average", *The Wall Street Journal*, 28 dez. 2011. Disponível em: <www.wsj.com/articles/SB10001424052970203479104577125151628468014>.

34 Liu Zhifeng et al., "How Much of the World's Land Has Been Urbanized, Really? A Hierarchical Framework for Avoiding Confusion", *Landscape Ecology* 29 (2014), pp. 763-71.
35 H. E. S. Mestl, K. Aunan, H. M. Seip et al., "Urban and Rural Exposure to Indoor Air Pollution from Domestic Biomass and Coal Burning across China", *Science of the Total Environment* 377, nº 1 (maio 2007), pp. 12-26. Disponível em: <https://doi.org/10.1016/j.scitotenv.2007.01.087>.
36 "Country Living, Dirty Air: Oil & Gas Pollution in Rural America", Earthworks and Clean Air Taskforce. Disponível em: <www.scribd.com/document/383729903/Country-Living-Dirty-Air>. *Ver* também, p. ex.: Liz Ruskin, "Alaska Remote Diesel Generators Win Exemption from Pollution Rule", Alaska Public Media, 18 set. 2019. Disponível em: <www.alaskapublic.org/2019/09/18/alaska-remote-diesel-generators-win-exemption-from-pollution-rule/>.
37 Tristan Baurick, Lylla Younes e Joan Meiners, "Welcome to 'Cancer Alley,' Where Toxic Air Is About to Get Worse", *Pro-Publica*, 30 out. 2019. Disponível em: <www.propublica.org/article/welcome-to-cancer-alley-where-toxic-air-is-about-to-get-worse>.
38 O infame problema do lixo nas calçadas da cidade de Nova York é fruto da densidade de seu plano piloto. Ao contrário da maioria de outras grandes cidades, desde o século XIX a maior parte de Nova York foi construída sem os becos onde a maioria das cidades armazena seu lixo. *Ver*: Gersh Kuntzman, "Will NYC *Finally* Get Garbage Out of Pedestrians' Way?", *Streetsblog NYC*, 4 jun. 2019. Disponível em: <https://nyc.streetsblog.org/2019/06/04/will-nyc-fnally-get-garbage-out-of-pedestrians-way/>.
39 Um estudo do Pew descobriu que a Califórnia altamente urbanizada (53,4%) e o estado de Washington (50,1%) possuíam as maiores taxas de reciclagem em 2011; as menores ficavam em estados rurais como Oklahoma (3,7%), Alasca (4,5%), e Mississippi (4,8%). Drew DeSilver, "Perceptions and Realities of Recycling Vary Widely from Place to Place", Pew Research Center, 7 out. 2016. Disponível em: <www.pewresearch.org/fact-tank/2016/10/07/perceptions-and-realities-of-recycling-vary-widely-from-place-to-place/>.
40 Arumugam Sankarasubramanian et al., "Synthesis of Public Water Supply Use in the U.S.: Spatio-Temporal Patterns and Socio-Economic Controls", *Earth's Future*, 18 maio 2017. Disponível em: <https://doi.org/10 .1002/2016EF000511>.
41 "Em quase todas as áreas metropolitanas, as emissões de carbono são significativamente menores para pessoas que vivem no centro das cidades do que para as que vivem nos subúrbios", em "Green Cities, Brown Suburbs", Edward Glaeser, *City Journal*, inverno de 2009. Disponível em: <www.city-journal.org/html/green-cities-brown-suburbs-13143.html>.
42 *Ver*: Arcadis Sustainable Cities Index 2018. Disponível em: <www.arcadis.com/media/1/D/5/%7B1D5AE7E2-A348-4B6E-B1D7-6D94FA7D7567%7DSustainable_Cities_Index_2018_Arcadis.pdf>; e Robert Muggah e Parag Khanna, "These 10 Asian Cities Are the Most Prepared for the Future", Fórum Econômico Mundial, 5 set. 2018. Disponível em: <www.weforum.org/agenda/2018/09/these-asian-cities-are-best-equipped-for-the-future/>.
43 P. ex.: Reservas como as dos Navajo. *Ver*: Ian Lovett, Dan Frosch e Paul Overberg, "Covid-19 Stalks Large Families in Rural America", *The Wall Street Journal*, 7 jun. 2020.

44 Ilya Kashnitsky e José Manuel Aburto, "The Pandemic Threatens Aged Rural Regions Most", Center for Open Science, University of Oxford and Interdisciplinary Centre on Population Dynamics (CPOP) em University of Southern Denmark. Disponível em: <https://ideas.repec.org/p/osf/osfxxx/abx7s.html>.
45 "Density & COVID-19 in New York City", Citizens Housing & Planning Council, maio 2020. Disponível em: https://chpcny.org/wp-content/uploads/2020/05/CHPC-Density--COVID19-in NYC.pdf>.
46 "Coronavirus Map", *The New York Times*. Disponível em: <www.nytimes.com/interactive/2020/world/coronavirus-maps.html>, acesso em 27 jul. 2020
47 Soutik Biswas, "How Asia's Biggest Slum Contained the Coronavirus", BBC, 23 jun. 2020. Disponível em: <www.bbc.com/news/world-asia-india-53133843>.
48 ONU, *The World's Cities in 2018*, p. 9.
49 "A Ride Along Chicago's Red Line: Life Expectancy Varies by 30 Years from One End to the Other", *The Economist*, 10 out. 2019.
50 Darrell Bricker e John Ibbitson, *Empty Planet: The Shock of Global Population Decline*. Nova York: Crown, 2019.
51 ONU, *The World's Cities in 2018*, p. 5.
52 ONU, "World Populations Prospects 2019". Disponível em: <https://population.un.org/wpp/>.
53 Sabrina Tavernise e Sarah Mervosh, "America's Biggest Cities Were Already Losing Their Allure. What Happens Next?", *The New York Times*, 23 abr. 2020.
54 Peter W. Colby, "Public Policy in New York State Today", em *New York State Today: Politics, Government, Public Policy* (Albany: State University of New York Press, 1985), Tabela 17: Mudança de 1970-1980 (-10,4%), p. 228.
55 William H. Frey, "Even Before Coronavirus, Census Shows U.S. Cities' Growth Was Stagnating", Brookings, 6 abr. 2020. Disponível em: <www.brookings.edu/research/even-before-coronavirus-census-shows-u-s-cities-growth-was-stagnating/>.
56 Joel Kotkin, "What the Census Numbers Tell Us", 5 abr. 2018. Disponível em: <http://joelkotkin.com/what-the-census-numbers-tell-us/>.
57 Natalie Whittle, "Welcome to the 15-Minute City", *Financial Times*, 17 jul. 2020. Disponível em: <www.ft.com/content/c1a53744-90d5-4560-9e3f-17ce06aba69a>; Jennifer Keesmaat, "The Pandemic Does Not Spell the End for Cities", *Foreign Affairs*, 28 maio 2020.
58 "What Is Paris Mayor Anne Hidalgo's Plan for a '15-Minute City'?", Chicago Council on Global Affairs, 24 fev. 2020. Disponível em: <https://youtu.be/55VkdnzGzhw>.
59 Alana Semeuls, "From 'Not in My Backyard' to 'Yes in My Backyard'", *The Atlantic*, 5 jul. 2017.
60 "Hidalgo, Mayor since 2014, beat conservative candidate Rachida Dati in France's municipal elections, winning 50.2% of the ballot compared to Dati's 32%. Agnes Buzyn trailed in with just 16%": Carlton Reid, "Anne Hidalgo Reelected as Mayor of Paris Vowing to Remove Cars and Boost Bicycling and Walking", *Forbes*, 28 jun. 2020.
61 Feargus O'Sullivan, "What Happens to Public Space When Everything Moves Outside", *City Lab*, 29 maio 2020. Disponível em: <www.bloomberg.com/news/features/2020-06-29/what-happens-to-public-space-when-everything-moves-outside>.

62 Parag Khanna, "A New Map for America", 15 abr. 2016, citando "mega-regions", de Joel Kotkin. *Ver*: mapa na versão digital: <www.nytimes.com/2016/04/17/opinion/ sunday/a--new-map-for-america.html>.
63 Ivo Daalder, "Why Cities Need Their Own Foreign Policies", *Politico*, 6 maio 2017.
64 Alina Dizik, "New Residents Are Spending Big in Columbus", *The Wall Street Journal*, 7 nov. 2019.
65 Extraído do título da obra-prima de Jane Jacobs, *The Death and Life of Great American Cities*. Nova York: Random House, 1961.
66 William Wordsworth, "Composed Upon Westminster Bridge, September 3, 1802".
67 Elwyn Brooks White, *Here Is New York* (1949), p. 21.
68 Jane Jacobs, "Can Big Plans Solve the Problem of Renewal?", em *Vital Little Plans: The Short Works of Jane Jacobs*. Nova York: Random House, 2016.
69 Jane Jacobs, citada em "The Case for Diversity", de Jared Greed, *Dirt: Uniting the Built and Natural Environments*, 30 set. 2016. Disponível em: <https://dirt.asla.org/2016/09/30/jane-jacobs-the-case-for-diversity/>.
70 Tom Simonite, "Remote Work Has Its Perks, Until You Want a Promotion", *Wired*, 28 maio 2020.
71 E. M. Forster, "The Machine Stops", *Oxford and Cambridge Review* (nov. 1909). Nota: O texto original de Forster usa a grafia arcaica "Pekin" para "Peking" (ou seja, Pequim).
72 E. M. Forster, *Howards End*. Londres: Edward Arnold, 1910.

LIÇÃO SETE: A DESIGUALDADE VAI AUMENTAR

1 Adriana Gomez Licon, "Mexican Day of Dead 'Skeleton Lady' Spreads Look", Associated Press, 31 out. 2013.
2 Simon Ingram, "La Catrina: The Dark History of Day of the Dead's Immortal Icon", *National Geographic*, 18 out. 2019.
3 José Guadalupe Posada, *La calavera del cólera morbo* (1910), acessado através da US Library of Congress. Disponível em: <https://www.loc.gov/pictures/item/99615954/>.
4 Richard Wike, "The Global Consensus: Inequality Is a Major Problem", Pew Research, 15 nov. 2013. Disponível em: <www.pewresearch.org/fact-tank/2013/11/15/the-global--consensus-inequality-is-a-major-problem/>.
5 *Taking on Inequality: Poverty and Shared Prosperity 2016*, The World Bank Group, pp. 9, 81. Disponível em: <https://openknowledge.worldbank.org/bitstream/handle/10986/25078/9781464809583.pdf>.
6 "Table 4.1: Trends in the Within-Country Gini Index, 1993-2013", *Taking on Inequality: Poverty and Shared Prosperity 2016*, The World Bank Group, p. 86. Disponível em: <https://openknowledge.worldbank.org/bitstream/handle/10986/25078/9781464809583.pdf>.
7 Ibid., p. 88.
8 Ibid.
9 Facundo Alvaredo, Lucas Chancel, Thomas Piketty, Emmanuel Saez, Gabriel Zucman, "World Inequality Report 2018", p. 46. Disponível em: <https://wir2018.wid.world/fles/

download/wir2018-full-report-english.pdf>.
10. Markus P. A. Schneider e Daniele Tavani, "Tale of Two Ginis in the United States, 1921-2012", Levy Institute Working Paper (Jan. 2015). Disponível em: <www.levyinstitute.org/pubs/wp_826.pdf>. *Ver também*: Thomas Piketty, Paris School of Economics, cifras e tabelas extraídas, Tabela 1.1. Disponível em: <http://piketty.pse.ens.fr/fles/capital21c/en/Piketty2014FiguresTables.pdf>.
11. Barack Obama, "Remarks by the President on Economic Mobility", White House, Office of the Press Secretary, 4 dez. 2013. Disponível em: <https://obamawhitehouse.archives.gov/the-press-office/2013/12/04/remarks-president-economic-mobility>.
12. ONU, "Millennium Development Goals Report 2015", p. 15. Disponível em: <www.un.org/millenniumgoals/2015_MDG_Report/pdf/MDG%202015%20rev%20(July%201).pdf>.
13. Max Roser e Esteban Ortiz-Ospina, "Global Extreme Poverty", Our World in Data, 2019. Disponível em: <https://ourworldindata.org/extreme-poverty>.
14. "Under-Five Mortality", Global Health Observatory (GHO) data, WHO. Disponível em: <www.who.int/gho/child_health/mortality/mortality_under_five_text/en/#:~:text=Trends,1%20in%2026%20in%202018>.
15. Philip Schellekens e Diego Sourrouille, "Tracking COVID-19 as Cause of Death: Global Estimates of Relative Severity", Brookings Institution, maio 2020. Disponível em: <www.brookings.edu/wp-content/uploads/2020/05/Tracking_COVID-19_as_-Cause_of_Death-Global_Estimates_of_Severity.pdf>.
16. Islam et al., "Temperature, Humidity, and Wind Speed Are Associated with Lower COVID-19 Incidence", 2020. Disponível em: <https://doi.org/10.1101/2020.03.27.20045658>, citado em: Rapid Expert Consultation on SARS-CoV-2 Survival in Relation to Temperature and Humidity and Potential for Seasonality for the COVID-19 Pandemic (7 abr. 2020), National Academies of Science, Engineering, and Medicine. Disponível em: <https://www.nap.edu/read/25771/chapter/1>.
17. "Chinese Tourists Made 169 Million Outbound Trips in 2019: Report", China Global Television Network, 29 fev. 2020, citando o China's National Bureau of Statistics. Disponível em: <https://news.cgtn.com/news/2020-02-29/Chinese-tourists-made-169-million-outbound-trips-in-2019-report-OtIYWsZmOQ/index.html>.
18. "Dharavi slum has a population density almost 30 times greater than New York — about 280,000 people per square kilometer": Vedika Sud, Helen Regen e Esha Mitra, *Mercury News* citando a CNN, 4 abr. 2020. Disponível em: <www.mercurynews.com/2020/04/03/doctors-india-must-prepare-for-onslaught-of-coronavirus/>.
19. De acordo com Leilani Farha, do United Nations Special Rapporteur on housing, em 2019: Paul Wallace e Tope Alake, "Lagos Building Luxury Homes in Face of Afordable Housing Crisis", *Bloomberg*, 20 dez. 2019.
20. World Bank DataBank, "Hospital Beds (Per 1,000 People) — Bangladesh, European Union, United States". Disponível em: <https://data.worldbank.org/indicator/SH.MED.BEDS.ZS?locations=BD-EU-us>.
21. Ruth Maclean and Simon Marks, "10 African Countries Have No Ventilators. That's Only Part of the Problem", *The New York Times*, 18 abr. 2020.

22 Ibid.
23 "Economy to shrink 5% this year, fiscal stimulus not enough to support growth", *Economic Times*, 8 jun. 2020.
24 World Bank DataBank. Disponível em: <https://data.worldbank.org/indicator/NY.GDP.MKTP.KD.ZG?locations=IN>.
25 Setecentas e seis mil mortes anuais de crianças com menos de cinco anos por desnutrição em 2017: Aastha Ahuja, "68 Per Cent Of Child Deaths Under Five Years In India Caused By Malnutrition In 2017: Study", Banega Swasth India, citando o India State-Level Disease Burden Initiative Study. Disponível em: <https://swachhindia.ndtv.com/68-per-cent-of--child-deaths-under-five-years-in-india-caused-by-malnutrition-in-2017-study-39470>.
26 Kristalina Georgieva, chefe do FMI: "Em busca de segurança, muito capital deixou as economias emergentes, o mundo em desenvolvimento; quase 90 bilhões de dólares se evadiram. Isso é muito mais do que durante a crise fnanceira global": Organização Mundial da Saúde, coletiva de imprensa virtual sobre a Covid-19, 3 abr. 2020. Disponível em: <www.who.int/docs/default-source/documents/covid-19-virtual-press-conference-transcript-3--april-2020.pdf?sfvrsn=43e2f2f3_6>.
27 "Slowly Emerging", *The Economist*, 7 abr. 2015.
28 *Ver*: Daniel Gerszon et al., World Bank, 8 jun. 2020. Disponível em: <https://blogs.worldbank.org/opendata/updated-estimates-impact-covid-19-global-poverty>. Andy Sumner, Chris Hoy e Eduardo Ortiz-Juarez, "Estimates of the Impact of COVID-19 on Global Poverty", WIDER Working Paper 2020/43. Helsinki: UNU-WIDER. Disponível em: <www.wider.unu.edu/publication/estimates-impact-covid-19-global-poverty>.
29 "New Zealand PM: No Open Borders for 'a Long Time'", BBC, 5 maio 2020.
30 Ibid.
31 Jamie Smith, "Pacific Islands Plead to Join Australia-New Zealand Travel Bubble", *Financial Times*, 7 jun. 2020.
32 World Travel & Tourism Council, "Economic Impact Reports". Disponível em: <https://wttc.org/Research/Economic-Impact>.
33 Jason Douglas, Jon Sindreu e Georgi Kantchev, "The Problem with Innovation: The Biggest Companies Are Hogging All the Gains", *The Wall Street Journal*, 15 jul. 2018.
34 Morgan Stanley Wealth Management, "The Capex Conundrum and Productivity Paradox", Global Investment Committee, nov. 2017. Disponível em: <https://advisor.morganstanley.com/sandra-smith-allison-butler/documents/home-office/investing/ The-Capex-Conundrum-and-Productivity-Paradox.pdf>.
35 J. Clement, "Global Market Share of Search Engines 2010-2020", Statista, 18 jun. 2020. Disponível em: <www.statista.com/statistics/216573/worldwide-market-share-of-search--engines/>.
36 Peter Thiel, "Competition Is for Losers", *The Wall Street Journal*, 12 set. 2014.
37 JP Morgan Chase 2018 Annual Report. Disponível em: <www.jpmorganchase.com/corporate/investor-relations/document/line-of-business-ceo-letters-to-shareholders-2018.pdf>.
38 *Ver*: infográfico do Committee for a Responsible Budget, indicando que, embora a lei CARES tenha sido anunciada como uma tábua de salvação para a Main Street, essa lei beneficia

mais as grandes empresas e as companhias aéreas do que os pequenos negócios. Disponível em: <www.crfb.org/blogs/visualization-cares-act>. Nota: Os empréstimos para pequenas empresas (PPP, parceria público-privada) foram posteriormente expandidos para mais de 700 bilhões de dólares, mas é importante observar que nem todos esses pequenos negócios que receberam o empréstimo PPP na verdade eram "lojas familiares". Os que receberam incluem as Shake Shacks da vida — assim como a empresa de vestuários Kanye West, a Soho House, empresas de jatos particulares e Jeff Koons.

39 André Dua, Deepa Mahajan, Ingrid Millan e Shelley Stewart, "COVID-19's Effect on Minority-Owned Small Businesses in the United States", McKinsey & Company, Social Sector Practice, 27 maio 2020. Disponível em: <www.mckinsey.com/industries/social-sector/our-insights/covid-19s-efect-on-minority-owned-small-businesses-in-the-united-states>.
40 Gene Ludwig e Sarah Bloom Raskin, "How the Fed's Rescue Program is Worsening Inequality", *Politico*, 28 maio 2020.
41 Joseph Stiglitz, *The Price of Inequality: How Today's Divided Society Endangers Our Future*. Nova York: W. W. Norton, 2012.
42 Richard G. Wilkinson e Kate Pickett, *The Spirit Level: Why More Equal Societies Almost Always Do Better*. Londres: Allen Lane, 2009.
43 Taylor Telford, "Income Inequality in America Is the Highest It's Been Since Census Bureau Started Tracking It, Data Shows", *The Washington Post*, 26 set. 2019, citando o US Census.
44 Alvaredo et al., "World Inequality Report 2018", pp. 6, 8.
45 "The Unequal States of America: Income Inequality in the United States", infográfico do Economic Policy Institute, adaptado do trabalho de Estelle Sommeiller e Mark Price, "The New Gilded Age: Income Inequality in the U.S. by State, Metropolitan Area, and County", um relatório do Economic Policy Institute publicado em jul. 2018. Disponível em: <www.epi.org/multimedia/unequal-states-of-america/#/United%20States>.
46 Moritz Kuhn, Moritz Schularick e Ulrike I. Steins, "Income and Wealth Inequality in America, 1949-2016", Federal Reserve Bank of Minneapolis, Institute Working Paper 9, jun. 2018, p. 21. Disponível em: <www.minneapolisfed.org/institute/working-papers-institute/iwp9.pdf>.
47 US Federal Reserve, "Distribution of Household Wealth in the U.S. since 1989". Disponível em: <www.federalreserve.gov/releases/z1/dataviz/dfa/distribute/table/>.
48 Drew Desilver, "Global Inequality: How the U.S. Compares", FactBank, Pew Research Center. Disponível em: <www.pewresearch.org/fact-tank/2013/12/19/global-inequality-how-the-u-s-compares/>. "Income Distribution Database", OCDE. Disponível em: <https://stats.oecd.org/Index.aspx?DataSetCode=IDD>.
49 World Bank DataBank. Disponível em: <https://data.worldbank.org/indicator/SI.POV.GINI?locations=US-DK-BR>.
50 Ver, p. ex.: Joe Pinsker, "The Pandemic Will Cleave America in Two", *The Atlantic*, abr. 2020.
51 Larry Buchanan, Jugal K. Patel, Brian M. Rosenthal e Anjali Singhvi, "A Month of Coronavirus in New York City: See the Hardest-Hit Areas", *The New York Times*, 1º abr. 2020.

52 "Double Jeopardy: COVID-19 and Behavioral Health Disparities for Black and Latino Communities in the U.S.", Office of Behavioral Health Equity, Substance Abuse and Mental Health Services Administration, US Department of Health and Human Services. Disponível em: <www.samhsa.gov/sites/default/fles/covid19-behavioral-health-disparities-black-latino-communities.pdf>.
53 "The Color of Coronavirus: Covid-19 Deaths by Race and Ethnicity in the U.S.", APM Research Lab, 8 jul. 2020. Disponível em: <www.apmresearchlab.org/covid/deaths-by-race>.
54 Shaun Treweek, Nita G. Forouhi, K. M. Venkat Narayan e Kamlesh Khunti, "COVID-19 and ethnicity: who will research results apply to?", *Lancet* 395, n° 10242 (27 jun.–3 jul. 2020), pp. 1955-7. Disponível em: <www.ncbi.nlm.nih.gov/pmc/articles/PMC7292594/>. Lucinda Platt and Ross Warwick, "Are Some Ethnic Groups More Vulnerable to COVID-19 Than Others?", *VI Inequality*, 1° maio 2020. Disponível em: <www.ifs.org.uk/inequality/chapter/are-some-ethnic-groups-more-vulnerable-to-covid-19-than-others/>.
55 Amy Goldstein e Emily Guskin, "Almost One-Third of Black Americans Know Someone Who Died of Covid-19, Survey Shows", *The Washington Post*, 26 jun. 2020.
56 Raj Chetty, John N. Friedman, Emmanuel Saez, Nicholas Turner e Danny Yagan, "Income Segregation and Intergenerational Mobility Across Colleges in the United States", *Quarterly Journal of Economics* 135, n° 3 (ago. 2020), pp. 1567-1633. Disponível em: <https://doi.org/10.1093/qje/qjaa005>.
57 Jacob Hacker e Paul Pierson, *Let Them Eat Tweets: How the Right Rules in an Age of Extreme Inequality*. Nova York: Liveright, 2020.
58 *Ver*, p. ex.: Antígua e Barbuda (https://cbiu.gov.dm/investment-options/), ou Dominica (http://www.antiguabarbuda-citizenship.com/).
59 Departamento de Estado dos Estados Unidos, "Immigrant Investor Visas". Disponível em: <https://travel.state.gov/content/travel/en/us-visas/immigrate/ immigrant-investor-visas.html>.
60 "Investor visa (Tier 1)", UK Government. Disponível em: <https://www.gov.uk/tier-1--investor>.
61 Francesco Guarascio, "EU sees crime risks from Malta, Cyprus passport-for-sale schemes: report", Reuters, 21 jan. 2019.
62 "Can People Be Trusted", General Social Survey, 2018. Disponível em: <https://gssdataexplorer.norc.org/variables/441/vshow>.
63 Esteban Ortiz-Ospina e Max Roser, "Trust", 2016. Disponível em: https://ourworldindata.org/trust>. *Ver* também: Paul R. Ward, Loreen Mamerow e Samantha B. Meyer, "Interpersonal Trust across Six Asia-Pacific Countries: Testing and Extending the 'High Trust Society' e 'Low Trust Society' Theory", *PLoS ONE* 9, n° 4, 23 abr. 2014. Disponível em <ttps://doi.org/10.1371/journal.pone.0095555>; e Soo Jiuan Tan e Siok Kuan Tambyah, "Generalized Trust and Trust in Institutions in Confucian Asia", *Social Indicators Research* 103, pp. 357-77, n° 3, set. 2011. Disponível em: <www.jstor.org/stable/41476527?seq=1>.
64 Fabio Pisani e Maria Cristina Scarafle, "Income Inequality and Social Capital: An Empirical Analysis for European Regions", University of Rome Tor Vergata, Società Italiana

degli Economisti [Sociedade Italiana de Economistas]. Disponível em: <https://siecon3-
-607788.c.cdn77.org/sites/siecon.org/fles/media_wysiwyg/160-pisani-scarafle.pdf>.
65 Susan Sontag, "Illness as Metaphor", *The New York Review of Books*, 26 jan. 1978. Disponível em: <www.nybooks.com/articles/1978/01/26/illness-as-metaphor/>.

LIÇÃO OITO: A GLOBALIZAÇÃO NÃO MORREU

1   "The Story of the Pediatrician Who Died of Coronavirus in La Rioja", Web24 News, 1º abr. 2020. Disponível em: <www.web24.news/u/2020/04/the-story-of-the-pediatrician-who-died-of-coronavirus-in-la-rioja.html>; e Ministerio de la Salud de La Rioja, post no Twitter, 31 mar. 2020. Disponível em: <https://twitter.com/Minsaludlrj/status/1244962594496143366>.
2   Antipode Map. Disponível em: <www.antipodesmap.com/#about-antipodes>, "Wuhan, China", acessado em 10 jul. 2020.
3   Florence Fenwick Miller, "The Ladies Column", *Illustrated London News* 96 (1890), 154-5, citado em "Writing the 'Great Proteus of Disease': Influenza, Informatics, and the Body in the Late Nineteenth Century", de J. Mussell, em *Minds, Bodies, Machines, 1790-1920*, organizado por D. Coleman e H. Fraser (Basingstoke: Palgrave, 2011), 161- 78. Disponível em: <https://core.ac.uk/download/pdf/267268737.pdf>.
4   Winston Churchill, "The Influenza 1890", National Churchill Museum. Disponível em: <www.nationalchurchillmuseum.org/winston-churchill-the-influenza-poem.html>; publicado no jornal da The Harrow School, *The Harrovian*, em 1890, de acordo com o arquivo de Winston Churchill: <https://www-archives.chu.cam.ac.uk/perl/node?a=a;reference=CHUR%202%2F336>.
5   Garry White, "Coronavirus Is the Canary in Globalisation's Coal Mine", *The Telegraph*, 6 mar. 2020.
6   Zachary Karabell, "Will the Coronavirus Bring the End of Globalization? Don't Count on It", *The Wall Street Journal*, 20 mar. 2020.
7   Adam Tooze, "The Death of Globalisation Has Been Announced Many Times. But This Is a Perfect Storm", *The Guardian*, 2 jun. 2020.
8   Frase originalmente criada por Harold Wilson em um discurso de 1956, que ganhou popularidade nos conflitos devido à inflação da década de 1960: "Why Are Swiss Bankers Called Gnomes?", *BBC News*, 25 fev. 2010. Disponível em: <http://news.bbc.co.uk/2/hi/uk_news/magazine/8534936.stm>.
9   Ver, p. ex.: Jagdish Bhagwati, em um debate da rádio BBC com um prefeito francês que estava irritado com a mudança de uma fábrica local para a Inglaterra: "Quando ela veio para a sua cidade, você comemorou. Agora que ela se foi, você ficou irritado. Não dá para querer só o melhor de dois mundos." Citado em Jagdish Bhagwati, *In Defense of Globalization*, posfácio. Oxford: Oxford University Press, 2007.
10 Foram 1.674 bilhão de passageiros em 2000, 1.655 bilhão em 2001, 1.889 bilhão em 2004, 4.233 bilhões em 2018: "Air Transport, Passengers Carried", International Civil Aviation Organization, Civil Aviation Statistics, World Bank DataBank. Disponível em: <https://data.worldbank.org/indicator/IS.AIR.PSGR>.

11 Houve 9,9% de declínio no comércio global, 9% de declínio no investimento em 2009: relatório do Banco Mundial, "A Decade After the Global Recession: Lessons and Challenges for Emerging and Developed Economies", organizado por M. Ayhan Kose e Franziska Ohnsorge, capítulo 3, "Macroeconomic Analysis". Disponível em: <http://pubdocs.worldbank.org/en/799211574200483232/Recession-Chapter-3.pdf>.
12 O crescimento do comércio global diminuiu 4,1% anualmente após 2011, contra 76% de 2002 a 2007: Relatório do Banco Mundial, "A Decade After the Global Recession".
13 Comércio = 30,7% do PIB mundial em 2008, 30,1% em 2018: "Exports of Goods and Services (% of GDP)", Banco de Dados do Banco Mundial. Disponível em: <https://data.worldbank.org/indicator/NE.EXP.GNFS.ZS>.
14 Fluxos de capital mundial = 22% do PIB mundial em 2007, 6,9% em 2017: relatório da Conferência de Comércio e Desenvolvimento das Nações Unidas, relatório de Investimentos Mundiais em 2018, Figura 1.1, "Global Capital Flows, 2002–2017 (Per cent of GDP)", p. 11. Disponível em: <https://unctad.org/en/PublicationsLibrary/wir2018_en.pdf>.
15 FDI mundial: 3,7 trilhões de dólares em 2007, 2,2 trilhões de dólares em 2015, 970 bilhões de dólares em 2018: "Foreign Direct Investment, Net Outflows", Banco de Dados do Banco Mundial. Disponível em: <https://data.worldbank.org/indicator/BM.KLT.DINV.CD.WD>.
16 *Ver*, p. ex.: Lawrence H. Summers, "The Inequality Puzzle", *Democracy: A Journal of Ideas*, nº 3 (verão de 2014).
17 *Ver*: Ruchir Sharma, "Our Irrational Anxiety About 'Slow' Growth", *The New York Times*, 17 ago. 2019.
18 Comparando o tráfego aéreo de abril de 2020 com o de abril de 2019: "After April Passenger Demand Trough, First Signals of Uptick", IATA (International Air Transport Association, associação empresarial que representa 290 linhas aéreas e 82% do tráfego aéreo mundial), Press Release #49, 3 jun. 2020. Disponível em: <www.iata.org/en/pressroom/pr/2020-06-03-01/>.
19 "Passenger Car Registrations", European Automobile Manufacturers' Association, 19 maio 2020. Disponível em: <www.acea.be/press-releases/article/passenger-car-registrations-38.5--four-months-into-2020-76.3-in-april>.
20 Citação e 14,7% de desemprego de "How Bad Is Unemployment? 'Literally of the Charts'", de Nelson D. Schwartz, Ben Casselman e Ella Koeze, *The New York Times*, 8 maio 2020.
21 Priyali Sur, "The Coronavirus Exposed the US' Reliance on India for Generic Drugs. But That Supply Chain Is Ultimately Controlled by China", CNN Business, 16 maio 2020.
22 Keith Bradsher e Ana Swanson, "The U.S. Needs China's Masks, as Acrimony Grows", *The New York Times*, 23 mar. 2020.
23 *Ver*, p. ex.: European Commission, "Coronavirus: Commission Issues Guidelines to Protect Critical European Assets and Technology in Current Crisis", 25 mar. 2020. Disponível em: <https://trade.ec.europa.eu/doclib/press/index.cfm?id=2124>. Japão: Walter Sim, "Coronavirus: Japan PM Shinzo Abe Calls on Firms to Cut Supply Chain Reliance on China", *Straits Times*, 16 abr. 2020; e Índia: Bill Spindle e Rajesh Roy, "India's Coronavirus Crisis Spurs a New Look at Self-Reliance", *The Wall Street Journal*, 17 maio 2020.
24 Emmanuel Macron, "Addresse aux Français", 14 jun. 2020. Disponível em: <www.elysee.fr/emmanuel-macron/2020/06/14/ adresse-aux-francais-14-juin-2020>.

25 "The Biden Plan to Ensure the Future Is "Made in All of America" By All of America's Workers", Joe Biden para presidente. Disponível em: <https://joebiden.com/madeinamerica/>.
26 "Exports of Goods and Services (% of GDP)", Banco de Dados do Banco Mundial. Disponível em: <https://data.worldbank.org/indicator/ NE.EXP.GNFS.ZS>.
27 "Foreign Direct Investment, Net Inflows", Banco de Dados do Banco Mundial. Disponível em: <https://data.worldbank.org/indicator/BX.KLT.DINV.CD.WD>.
28 Para cerca de 2,7 trilhões de dólares: "Aviation Benefits Report 2019", Industry High Level Group/International Coordinating Council of Aerospace Industries Associations, p. 17. Disponível em: <www.icao.int/ sustainability/Documents/AVIATION-BENEFITS-2019-web.pdf>.
29 "Globalization Over 5 Centuries", Our World in Data, "Globalization Over 5 Centuries, World", Our World in Data. Disponível em: <https://ourworldindata.org/grapher/ globalization-over-5-centuries?time=1945..2016>. Dados de Mariko J. Klasing e P. Milionis, "Quantifying the Evolution of World Trade, 1870-1949", *Journal of International Economics* 92, nº 1 (2014), pp. 185-97; A. Estevadeordal, B. Frantz e A. Taylor, "The Rise and Fall of World Trade, 1870-1939", *Quarterly Journal of Economics* 118, nº 2 (2003), pp. 359-407, recuperado de: http://www.jstor.org/stable/25053910; World Bank-World Development Indicators. Disponível em: <http://data.worldbank.org/data-catalog/world-development-indicators>; Robert C. Feenstra, Robert Inklaar e Marcel P. Timmer, "The Next Generation of the Penn World Table", *American Economic Review* 105, nº 10 (2015), pp. 3150-82. Disponível para download em: <www.ggdc.net/pwt>.
30 As tarifas de Trump reduzirão a renda familiar média dos Estados Unidos em 1.277 dólares em 2020, de acordo com um estudo do Congressional Budget Office: "The Budget and Economic Outlook, 2020 a 2030", "Trade Policies", Congressional Budget Office, jan. 2020. Disponível em: <www.cbo.gov/publication/56073>.
31 Organization for Economic Cooperation and Development (OECD), "Tariff Escalation & Environment" (Paris 1996), 15, citando UNCTAD (1968), "The Kennedy Round: Estimated Effects on Tarif Barriers", TD/6/Rev. 1, Nações Unidas, Nova York. Disponível em: <www.oecd.org/oficialdocuments/publicdisplaydocumentpdf/?cote=OCDE/GD(96)171&docLanguage=En>.
32 Tarifa média global em 2017 = 2,59%: "Tariff Rate, Applied, Weighted Mean, All Products (%)", Banco de Dados do Banco Mundial. Disponível em: <https://data.worldbank.org/indicator/TM.TAX.MRCH.WM.AR.ZS>.
33 Estados Unidos: "'Nunca mais devemos ter que depender do resto do mundo para nossos medicamentos essenciais e contramedidas', disse Peter Navarro, conselheiro econômico do presidente Trump": Priyali Sur, "O coronavírus expôs a dependência dos Estados Unidos de medicamentos genéricos indianos. Mas essa cadeia de suprimentos é controlada pela China", CNN, 16 maio 2020. Disponível em: <www.cnn.com/2020/05/16/business-india/india-pharma-us-china-supply-china-intl-hnk/index.html>; Índia: Vindu Goel, "As Coronavirus Disrupts Factories, India Curbs Exports of Key Drugs", *The New York Times*, 6 mar. 2020; e França: Rym Momtaz, "Macron Urges Massive Increase in Local Production of Medical Equipment", *Politico*, 31 mar. 2020.

34 Nos Estados Unidos, *ver*: Farhad Manjoo, "How the World's Richest Country Ran Out of a 75-Cent Face Mask", *The New York Times*, 25 mar. 2020; K. Oanh Ha, "The Global Mask Shortage May Get Much Worse", *Bloomberg*, 10 mar. 2020.
35 Viswanath Pill, "Rising Inventory, Falling Prices Spook PPEs, Sanitizer Makers Who Jumped into COVID-19 Band-wagon", Moneycontrol.com, citando a Association of Indian Medical Device Industry (AiMeD). Disponível em: <www.moneycontrol.com/news/business/companies/rising-inventory-falling-prices-spook-ppes-santizer-makers-who--jumped-into-covid-19-bandwagon-5547681.html>.
36 Heather Mowbray, "Trending in China: Wholesale Mask Prices Fall Over 90% and Raw Materials Fall to Fraction of Peak Price", *Caixin Global*, 15 jul. 2020.
37 Sarah Fitzpatrick, "Why the Strategic National Stockpile Isn't Meant to Solve a Crisis Like Coronavirus", NBC News, 28 mar. 2020.
38 "Made In China?", *The Economist*, 12 mar. 2015.
39 União Europeia: Flavia Rotondi, Piotr Skolimowski, Jeannette Neumann e João Lima, "Europe Finds It's Not So Easy to Say Goodbye to Low-Cost China", *Bloomberg*, 29 jun. 2020; Japão: Isabel Reynolds e Emi Urabe, "Japan to Fund Firms to Shift Production Out of China", *Bloomberg*, 8 abr. 2020.
40 "Companies Get Leniency in Made-in-America Export Tax Break", *Bloomberg*, 4 mar. 2019.
41 *Ver*: St. Louis Fed para dados nos Estados Unidos em: <www.stlouisfed.org/on-the-economy/2017/april/us-manufacturing-really-declining; e declínio desde 1960 para outros países desenvolvidos: Our World in Data. Disponível em: <https://ourworldindata.org/grapher/share-of-manufacturing-employment-in-high-income-countries-1960-2011>.
42 Dana Varinsky, "Here's what 5 of your favorite products would cost if they were made in the US", *Business Insider*, 27 nov. 2016. Disponível em: <www.businessinsider.com/how-much--products-would-cost-if-made-in-us-2016-11#jeans-2>.
43 Chad P. Bown e Eva (Yiwen) Zhang, "Trump's 2019 Protection Could Push China Back to Smoot-Hawley Tarif Levels", Peterson Institute of International Economics, 14 maio 2019. Disponível em: <www.piie.com/blogs/trade-and-investment-policy-watch/trumps-2019-protection-could-push-china-back-smoot-hawley>.
44 Excluindo as oscilações repentinas em torno da Covid-19, os empregos na indústria aumentaram meio milhão em termos absolutos durante a administração Trump. Como proporção do emprego total, permaneceram altos: começaram em 8,49% em janeiro de 2017, atingiram o pico de 8,55% em fevereiro de 2019, caindo para 8,44% em janeiro de 2020. Em comparação, a participação da manufatura caiu 3,5 pontos sob George W. Bush. Dados de: US Bureau of Labor Statistics, All Employees, Manufacturing [MANEMP], recuperados de FRED, Federal Reserve Bank of St. Louis. Disponível em: <https://fred.stlouisfed.org/series/MANEMP>, acesso em: 15 jul. 2020.
Para contexto histórico, o St. Louis Fed mostra:
1980 = 19 milhões de empregos de manufatura
2000 = 17 milhões
2010 = 11,5 milhões
Janeiro de 2020 = 12,8 milhões

Maio de 2020 = 11,7 milhões
Ronnie Polidoro, "Apple CEO Tim Cook Announces Plans to Manufacture Mac Computers in USA", NBC News, 6 dez. 2012.

45 Brooks Brothers CEO Claudio Del Vecchio, em uma entrevista do *The New York Times*: Vanessa Friedman e Sapna Maheshwari, "Brooks Bros., 'Made in America' Since 1818, May Soon Need a New Calling Card", *The New York Times*, 5 jun. 2020.
46 Jack Nicas, "A Tiny Screw Shows Why iPhones Won't Be 'Assembled in U.S.A.'", *The New York Times*, 28 jan. 2019.
47 Ibid.
48 Yoko Kubota e Tripp Mickle, "Apple Explores Moving Some Production Out of China", *The Wall Street Journal*, 20 jun. 2019; e Índia: Kim Lyons, "Apple Starts Making First Flagship iPhone in India", *Verge*, 25 jul. 2020.
49 Mais especificamente 70,4% no Q4 de 2019. US Bureau of Economic Analysis, "Value Added by Private Services-Producing Industries as a Percentage of GDP", recuperado de FRED, Federal Reserve Bank of St. Louis, 18 jun. 2020. Disponível em: <https://fred.stlouisfed.org/series/VAPGDPSPI>.
50 Um total de 80,2% dos empregos nos Estados Unidos está no setor de serviços: US Bureau of Labor Statistics, "Employment by Major Industry Sector", Tabela 2.1, 4 set. 2019. Disponível em: <www.bls.gov/emp/tables/employment-by-major-industry-sector.htm>.
51 Um total de 69,3% do PIB alemão vem do setor de serviços: Bruttoinlandsprodukt Für Deutschland 2019 (Gross Domestic Product for Germany2019), Federal Statistical Office of Germany (Statistisches Bundesamt), p. 11. Disponível em: <www.destatis.de/DE/Presse/Pressekonferenzen/2020/BIP2019/pressebroschuere-bip.pdf?__blob=publicationFile>.
52 São 74,5% dos empregos na Alemanha no setor de serviços: "Persons in Employment and Employees by Sectors of Economic Activity", Federal Statistical Office of Germany (Statistisches Bundesamt), 19 maio 2020. Disponível em: <www.destatis.de/EN/Themes/Labour/Labour-Market/Employment/Tables/persons-employment-sectors-economic.html>.
53 "Manufacturing, Value Added (% of GDP) — France", Banco de Dados do Banco Mundial. Disponível em: <https://data.worldbank.org/indicator/NV.IND.MANF.ZS?locations=FR>. Note que a definição de manufatura do Banco Mundial excluía a construção. Incluindo a construção, todas as indústrias fornecem perto de 17% do PIB da França, novamente com base em dados do Banco Mundial. Disponível em: <http://wdi.worldbank.org/table/4.2>.
54 Christine Lagarde, "Creating a Better Global Trade System", FMI, 14 maio 2018. Disponível em: <www.imf.org/en/News/Articles/2018/05/14/sp-lagarde-creating-a-better-global-trade-system>. *Ver* também McKinsey: Os fluxos de dados transnacionais cresceram 150 vezes de 2005 a 2017, McKinsey Global Institute, "Globalization in Transition: The Future of Trade and Value Chains", jan. 2019, p. 72. Disponível em: <www.mckinsey.com/~/media/mckinsey/featured%20insights/innovation/globalization%20in%20transition%20the%20future%20of%20trade%20and%20value%20chains/mgi-globalization%20in%20transition-the-future-of-trade-and-value-chains-full-report.ashx>.

55 Susan Lund e Laura Tyson, "Globalization Is Not in Retreat: Digital Technology and the Future of Trade", *Foreign Affairs*, maio/jun. 2018.
56 Relatório da Organização para a Cooperação e Desenvolvimento Econômico (OCDE): "Perspectives on Global Development 2019: Rethinking Development Strategies", nov. de 2018, Figura 4.9, p. 164. Disponível em: <http://obela.org/system/fles/persp_glob_dev-2019-en.pdf>.
57 Benn Steil e Benjamin Della Rocca, "Belt and Road Tracker", Council on Foreign Relations, Greenberg Center for Geoeconomic Studies, 8 maio 2019. Disponível em: <www.cfr.org/article/belt-and-road-tracker>.
58 "Overview and Benefits of the CPTPP", governo do Canadá, 11 fev. 2019. Disponível em: <www.international.gc.ca/trade-commerce/trade-agreements-accords-commerciaux/agr-acc/cptpp-ptpgp/overview-apercu.aspx>.
59 Cassandra Love, "In Their Footsteps: Human Migration Out of Africa", *National Geographic*, 18 jan. 2019. Disponível em: <www.nationalgeographic.org/article/their-footsteps--human-migration-out-africa/>.
60 Para um trabalho recente que date a globalização substancialmente antes da maioria dos relatos (globalização principalmente dentro do Velho Mundo da África-Eurásia, mas incluindo expedições nórdicas à Islândia, à Groenlândia e ao Canadá), consulte: *The Year 1000: When Explorers Connected the World and Globalization Began*, Valerie Hansen (Nova York: Scribner, 2020).
61 Adam Smith, *The Wealth of Nations*, vol. II, capítulo VII, parte III, "Of the Advantages which Europe has derived From the Discovery of America, and from that of a Passage to the East Indies by the Cape of Good Hope", mencionado em "When Did Globalization Begin?", de Kevin H. O'Rourke e Jeffrey G. Williamson, *European Review of Economic History* 6, nº 1 (abr. 2002), pp. 23-50, https://doi.org/10.1017/ S1361491602000023, desenvolvido sobre o trabalho de J. D. Tracy (1990), "Introduction", em *The Rise of Merchant Empires*, organizado por J. D. Tracy (Cambridge: Cambridge University Press, 1990), p. 3.
62 Smith, *Wealth of Nations*, "Of the Advantages which Europe has derived".
63 O'Rourke e Williamson, "When Did Globalization Begin?".
64 Ibid., "IV. The Second Era: 19th Century Transport Revolutions and Commodity Price Convergence".
65 Eric Hobsbawm, *Age of Empire: 1875—1914*, p. 350 (Nova York: Vintage Books, 1987), citando Mulhall, *Dictionary of Statistics* (Londres, 1881) e *League of Nations International Statistical Yearbook 1913*, Tabela 76.
66 Our World in Data, "GDP Per Capita, 1870 to 1914". Disponível em: <https://ourworldindata.org/grapher/average-real-gdp-per-capita-across-countries-and-regions?time=1870.%20.1914>. Para as regiões mais globalizadas, Europa Ocidental e "Ramos Ocidentais" (ou seja, Estados Unidos, Canadá, Austrália, Nova Zelândia), observe que o PIB *per capita* mais que dobrou durante o período da primeira onda de globalização. Dados de: Maddison Project Database, versão 2018. Bolt, Jutta, Robert Inklaar, Herman de Jong e Jan Luiten van Zanden, "Rebasing 'Maddison': New Income Comparisons and the Shape of Long--Run Economic Development", Maddison Project Working Paper 10 (2018).

67 UNESCO, "Outbound Internationally Mobile Students by Host Region". Disponível em: <http://data.uis.unesco.org/Index.aspx?queryid=172>.
68 United Nations Department of Economic and Social Affairs, "The number of International Migrants Reaches 272 Million, Continuing an Upward Trend in All World Regions". Disponível em: <www.un.org/development/desa/en/news/population/international-migrant-stock-2019.html>.
69 UN World Tourism Organization, "World Tourism Barometer", jan. 2020. Disponível em: <www.unwto.org/world-tourism-barometer-n18-january-2020>.
70 John Maynard Keynes, *The Economic Consequences of the Peace* (1920), capítulo II: Europe Before the War.
71 Maurice Obstfeld, "Globalization and Nationalism: Retrospect and Prospect", Universidade da Califórnia, Berkeley; Peterson Institute; CEPR; e NBER Italian Economic Association Annual Meeting, Palermo, Itália, 24 out. 2019. Disponível em: <https://conferences.wcfa.harvard.edu/fles/peif/fles/globalizationandnationalism.pdf>.
72 Lord James Bryce, The Romanes Lecture, 7 jun. 1902, Oxford University. (A palestra teve o seguinte título constrangedor: "As Relações entre as Raças Avançadas e Atrasadas da Humanidade".)
73 Norman Angell, *The Great Illusion: A study of the relation of military power in nations to their economic and social advantage*, 3ª ed., 1911. Disponível em: <https://archive.org/details/greatillusion00angeiala>.
74 Obstfeld, "Globalization and Nationalism".
75 *Ver*: Tucídides, "Foi a ascensão de Atenas e o medo que isso inspirou em Esparta que tornou a guerra inevitável", como citado em *Destinados à guerra*, de Graham Allison.

LIÇÃO NOVE: O MUNDO ESTÁ SE TORNANDO BIPOLAR

1 George Packer, "We Are Living in a Failed State", *The Atlantic*, jun. 2020.
2 Lawrence H. Summers, "Reflections on Secular Stagnation", comentários de 19 fev. 2015 no Centro de Políticas Públicas e Finanças Julius Rabinowitz, da Universidade de Princeton.
3 *Ver inter alia:* Thomas Piketty, *O capital no século XXI*. Rio de Janeiro: Intrínseca, 2014.
4 Anne Case e Angus Deaton, *Deaths of Despair and the Future of Capitalism*. Princeton, NJ: Princeton University Press, 2020.
5 Fintan O'Toole, "Donald Trump Has Destroyed the Country He Promised to Make Great Again", *Irish Times*, 25 abr. 2020.
6 James Griffiths e Amy Woodyatt, "780 Million People in China Are Living Under Travel Restrictions Due to the Coronavirus Outbreak", CNN, 17 fev. 2020.
7 Samuel P. Huntington, "The U.S. — Decline or Renewal?", *Foreign Affairs*, inverno de 1988/89.
8 Correlli Barnett, *The Collapse of British Power*. Amherst, NY: Prometheus Books, 1986.
9 "Firearms: The Global Burden of Disease 2016 Injury Collaborators. Global Mortality from Firearms, 1990-2016", JAMA 320, nº 8 (2018), pp. 792-814. Disponível em: <https://jama-

network.com/journals/jama/fullarticle/2698492>. Prisão: Eurostat, "Prison Statistics". Disponível em: <https://ec.europa.eu/eurostat/statistics-explained/index.php?title=Prison_statistics>; e Drew Kann, "5 Facts Behind America's High Incarceration Rate", CNN, 21 abr. 2019.

10 Em 2010, o PIB dos Estados Unidos como fatia do PIB global = 22,7%; em 2018, 24%. Banco de dados do Banco Mundial. Disponível em: <https://data.worldbank.org/indicator/NY.GDP.MKTP.CD>.

11 Índice de Competitividade Global do Setor Industrial 2016, Deloitte. Disponível em: <www2.deloitte.com/global/en/pages/manufacturing/articles/global-manufacturing-competitiveness-index.html>.

12 Oitenta e oito por cento de todas as transações comerciais estrangeiras conduzidas em dólares americanos em abril de 2019: "Foreign Exchange Turnover in April 2019", Avaliação Central Trienal, Banco de Compensações Internacionais. Disponível em: <www.bis.org/statistics/rpfx19_fx.htm>. E 85% das transações em moeda estrangeira conduzidas em dólares americanos a contar até junho de 2020: Comitê sobre o Sistema Financeiro Global, Paper #65: "US Dollar Funding: An International Perspective", p. 3. Disponível em: <www.bis.org/publ/cgfs65.pdf>.

13 Ruchir Sharma, "The Comeback Nation: US Economic Supremacy Has Repeatedly Proved Declinists Wrong", *Foreign Affairs*, 31 abr. 2020.

14 Orçamento militar americano em 2019 = US$ 732 bilhões, orçamento militar total das dez nações seguintes (China, Índia, Rússia, Arábia Saudita, França, Alemanha, Reino Unido, Japão, Coreia do Sul, Brasil) = US$ 725,8 bilhões: "Trends in World Military Expenditure, 2019", Tabela 1, Instituto de Pesquisa da Paz Internacional de Estocolmo. Disponível em: <https://www.sipri.org/sites/default/files/2020-04/fs_2020_04_milex_0_0.pdf>.

15 Termo cunhado originalmente por Joseph S. Nye, *Bound to Lead* (Nova York: Basic Books, 1990).

16 "Os sinais são claros. A presidência de Donald Trump fez erodir o *soft power* americano": Joseph S. Nye, "Donald Trump and the Decline of US Soft Power", *Project Syndicate*, 6 fev. 2018.

17 Richard Wike, Bruce Stokes, Jacob Poushter e Janell Fetterolf, "U.S. Image Suffers As Publics Around World Question Trump's Leadership" ["Imagem americana sofre com o questionamento da liderança de Trump pela opinião pública mundial"], Pew Research, 26 jun. 2017. Disponível em: <www.pewresearch.orjg/global/2017/06/26/u-s-image-suffers--as-publics-around-world-question-trumps-leadership/>.

18 Richard Wike, Jacob Poushter, Janell Fetterolf e Shannon Schumacher, "Trump Ratings Remain Low Around Globe, While Views of U.S. Stay Mostly Favorable", Pew Research, 8 jan. 2020. Disponível em: <www.pewresearch.org/global/2020/01/08/trump-ratings--remain-low-around-globe-while-views-of-u-s-stay-mostly-favorable/>.

19 *Ver*: Fareed Zakaria, *The Post-American World*. Nova York: W. W. Norton, 2008.

20 Banco de dados do Banco Mundial, PIB da Turquia desde 1990. Disponível em: <https://data.worldbank.org/indicator/NY.GDP.MKTP.CD?locations=TR>.

21 Banco de dados do Banco Mundial, PIB *per capita* da Turquia desde 1990. Disponível em: <https://data.worldbank.org/indicator/NY.GDP.PCAP.CD?locations=TR>.

22 Banco de dados do Banco Mundial, PIB da China e mundial, 1990 a 2019. Disponível em: <https://data.worldbank.org/indicator/NY.GDP.MKTP.CD?locations=CN-1W>.
23 A contar até 2013, *ver*: "China Eclipses U.S. as Biggest Trading Nation", *Bloomberg News*, 9 fev. 2013. Disponível em: <www.bloomberg.com/news/articles/2013-02-09/china-passes--u-s-to-become-the-world-s-biggest-trading-nation>.
24 Em 1980, o PIB dos Estados Unidos como fatia do PIB global = 25,4%; em 2018, 23,9%. "GDP (current US$) — United States" e "World GDP (current US$)", Banco de dados do Banco Mundial. Disponível em: <https://data.worldbank.org/indicator/NY.GDP.MKTP.CD>.
25 Mikkel Barslund e Daniel Gros, "Europe's Place in the Global Economy — What Does the Last Half Century Suggest for the Future?", "Figure 5: Regional GDP Shares in US$, 1965-2030" e "50 Years of European Integration", *Intereconomics* 51, nº 1 (2016), pp. 5-11 (ZBW — Centro de Informação Econômica de Leibniz e CEPS — Centro de Estudos de Políticas Europeias). Disponível em: <www.intereconomics.eu/contents/year/2016/number/1/article/europes-place-in-the-global-economy-what-does-the-last-half-century--suggest-for-the-future.html>.
26 Para uma discussão detalhada das diferenças entre a bipolaridade Estados Unidos-União Soviética e a bipolaridade Estados Unidos-China, *ver*: Oystein Tunsjo, *The Return of Bipolarity in World Politics: China, the United States, and Geostructural Realism*. Nova York: Columbia University Press, 2018.
27 *Ver*, p. ex.: Graham Allison, *Destinados à guerra*.
28 *Ver*: Allison, *Desinados à guerra*, e Centro Belfer em Harvard, "Thucydides's Trap Case File". Disponível em: <www.belfercenter.org/thucydides-trap/case-file>.
29 Niall Ferguson e Moritz Schularick, Niall Ferguson em conversa com Nathan Gardeis, "Niall Ferguson: Is U.S.-China Economic Marriage on the Rocks?", post em blog no *Huff Post*, 25 maio 2011. Disponível em: <www.huffpost.com/entry/niall-ferguson-is-us--chin_b_245470>.
30 Embora Xi tenha assumido a presidência em 2013, na prática já governava desde 2012, quando se tornou secretário-geral do Partido Comunista e comandante da Comissão Militar Central: John Rutwich, "Timeline — The rise of Chinese leader Xi Jinping", Reuters, 16 mar. 2018. Disponível em: <www.reuters.com/article/us-china-parliament--xi-timeline/timeline-the-rise-of-chinese-leader-xi-jinping-idUSKCN1GS0ZA>.
31 Ben Westcott e Steven Jiang, "China is Embracing a New Brand of Foreign Policy. Here's What Wolf Warrior Diplomacy Means", CNN, 22 maio 2020.
32 O Departamento de Estado dos Estados Unidos cita US$ 2,4 bilhões em verbas parlamentares "para dar apoio a sistemas de saúde, assistência humanitária e esforços econômicos, de segurança e estabilização ao redor do mundo": Departamento de Estado dos Estados Unidos, "Foreign Assistance for Coronavirus (COVID-19)". Disponível em: <www.state.gov/foreign-assistance-for-coronavirus-covid-19/>.
33 Uma pesquisa global com 124 mil pessoas em 53 países na primavera de 2020 descobriu que somente dois países consideravam o trabalho americano de resposta à pandemia da Covid-19 melhor que o da China. Um, os próprios Estados Unidos, o outro, o Japão, rival

de longa data da China. *Ver*: "Nearly all countries say that China's response to the COVID-19 is better than the US's", em Índice de Percepção de Democracia 2020. Disponível em: <https://daliaresearch.com/blog/democracy-perception-index-2020>.

34 Peter Baker, "Trump Abandons Trans-Pacific Partnership, Obama's Signature Trade Deal", *The New York Times*, 23 jan. 2017.

35 Xi Jinping: "Devemos aderir ao multilateralismo para apoiar a autoridade e a eficácia das instituições multilaterais. Devemos honrar promessas e nos ater às regras. Não se deve escolher regras a seguir nem vergá-las ao próprio gosto", CGTN America, "Full Text of Xi Jinping Keynote at the World Economic Forum", 17 jan. 2017. Disponível em: <https://america.cgtn.com/2017/01/17/full-text-of-xi-jinping-keynote-at-the-world-economic-forum>.

36 Orville Schell, "The Death of Engagement", *The Wire-China*, 7 jun. 2020. Disponível em: <www.thewirechina.com/2020/06/07/the-birth-life-and-death-of-engagement/>.

37 O que Xi chama de "uma era na qual a China se aproxima mais do palco central e pode fazer maiores contribuições à humanidade": Xi Jinping, "Secure a Decisive Victory in Building a Moderately Prosperous Society in All Respects and Strive for the Great Success of Socialism with Chinese Characteristics for a New Era", discurso feito durante o 19º Congresso Nacional do Partido Comunista da China, 18 out. 2017, *China Daily*. Disponível em: <www.chinadaily.com.cn/china/19thcpcnationalcongress/2017-11/04/content_34115212.htm>.

38 A se acreditar no relato do ex-conselheiro de Segurança Nacional John Bolton, Trump solicitou ativamente a assistência eleitoral da China no Meio-Oeste agrícola. John Bolton, *The Room Where It Happened: A White House Memoir*. Nova York: Simon & Schuster, 2020. Trecho publicado no *The Wall Street Journal*. Disponível em: https://www.wsj.com/articles/john-bolton-the-scandal-of-trumps-china-policy-11592419564: Trump então, espantosamente, direcionou a conversa para a eleição presidencial americana que se aproximava, aludindo à capacidade econômica da China e pleiteando a Xi que assegurasse sua vitória. Ele reforçou a importância dos fazendeiros e do aumento da compra de soja e trigo por parte da China no resultado da eleição [...] No jantar inaugural da reunião do G-20 em Osaka, em junho de 2019, somente na presença dos intérpretes, Xi explicara a Trump por que estava basicamente construindo campos de concentração em Xinjiang. Segundo o nosso intérprete, Trump disse que Xi deveria dar sequência à construção dos campos, o que Trump considerava ser exatamente a coisa certa a se fazer.

39 "As America Gets Tired, China Gets Busy", *The Economist*, 18 jun. 2020.

40 "Who Runs the World?", *The Economist*, 18 jun. 2020.

41 *Ver*, p. ex.: Stefan Link e Noam Maggor, "The United States As a Developing Nation: Revisiting the Peculiarities of American History", *Past & Present* 246, nº 1 (fev. 2020), pp. 269-306. Disponível em: <https://doi.org/10.1093/pastj/gtz032>.

42 Principais economias por fatia do PIB mundial por volta de 1820: nº 1, China (38,7%); nº 2, Índia (16%); nº 3, França (5,4%); nº 4, Reino Unido (5,2%); nº 5, Rússia (4,5%) (…) nº 9, Estados Unidos (1,8%), de Angus Maddison, *Monitoring the World Economy, 1820-1992* (Paris: OCDE, 1995), p. 30, compilado por Vincent Ferraro, Mount Holyoke College. Disponível em: <www.mtholyoke.edu/acad/intrel/ipe/topten.htm>.

43 Christopher C. Clark, *The Sleepwalkers: How Europe Went to War in 1914*. Londres: Allen Lane, 2012.
44 Jeffrey Gettleman, Hari Kumar e Sameer Yasir, "Worst Clash in Decades on Disputed India-China Border Kills 20 Indian Troops", *The New York Times*, 16 jun. 2020.
45 Parceria militar: "U.S. Security Cooperation With Vietnam", Serviço de Questões Político-Militares do Departamento de Estado dos Estados Unidos, ficha técnica, 21 maio 2019. Disponível em: <www.state.gov/u-s-security-cooperation-with-vietnam-2/>.
46 Para mais sobre estabilidade no sistema bipolar, *ver*: Kenneth Waltz, *Theory of International Politics*. Long Grove, IL: Waveland Press, 1979.
47 As estimativas de baixas soviéticas na Segunda Guerra Mundial variam muito — de acordo com a *Enciclopédia Britânica*, "não há números confiáveis". Para a estimativa de 25 milhões que inclui mortes em combate e mortes de civis (mas exclui a perda populacional derivada daqueles que teriam nascido, não fosse pela guerra), *ver*: Warren W. Eason, "The Soviet Population Today: An Analysis of the First Results of the 1959 Census", *Foreign Affairs*, jul. 1959. Disponível em: <www.foreignaffairs.com/articles/russian-federation/1959-07-01/soviet-population-today#:~:text=(1)>.
48 Kristof, "China Sees 'Market-Leninism' as Way to Future".
49 *Ver*: Censo dos Estados Unidos, "Trade in Goods with the USSR, Years 1985-1990". Disponível em: <www.census.gov/foreign-trade/balance/c4610.html>.
50 Foram US$ 737,1 bilhões em comércio de bens e serviços em 2018, US$ 2,02 bilhões por dia. Um total de US$ 737,1 bilhões do Escritório de Representação Comercial dos Estados Unidos, "The People's Republic of China: U.S.-China Trade Facts". Disponível em: <https://ustr.gov/countries-regions/china-mongolia-taiwan/peoples-republic-china>.
51 Woodrow Wilson, em conversa com o embaixador do Reino Unido, Walter Hines Page: Wilson, em agosto de 1916, "mencionou como a Inglaterra tem o solo e a Alemanha o quer", registrado no diário de Page. Citado nesta paráfrase por Adam Tooze, *The Deluge: The Great War, America and the Remaking of the Global Order, 1916-1931* (Nova York: Penguin/Viking Press, 2014), capítulo 1, nota de rodapé, p. 39, compilado em *The Papers of Woodrow Wilson*, 69 vols., organizado por A.S. Link et al. (Princeton, NJ: 1966-94), 36, p.120.
52 Markus Brunnermeir, Rush Doshi e Harold James, "Beijing's Bismarckian Ghosts: How Great Powers Compete Economically", *Washington Quarterly*, 41, nº 3 (outono de 2018), pp. 161-76. Disponível em: <www.tandfonline.com/doi/full/10.1080/0163660X.2018.1520571>.
53 John Ikenberry, *After Victory: Institutions, Strategic Restraint, and the Rebuilding of Order After Major Wars*, prefácio. Princeton, NJ: Princeton University Press, 2001, nova edição 2019.

LIÇÃO DEZ: ÀS VEZES OS GRANDES REALISTAS SÃO OS IDEALISTAS

1 Mu Lu, "Mastering Advanced Tech Protects National Security", *Global Times*, 18 mar. 2020.

2   Pamela Boykoff, Clare Sebastian e Valentina Di Donato, "In the Race to Secure Medical Supplies, Countries Ban or Restrict Exports", CNN Business, 27 mar. 2020.
3   Ari Altstedter, "India to Spend $1.3 Billion to Boost Pharmaceutical Production", *Bloomberg*, 22 mar. 2020.
4   Devjyot Ghoshal e Sachin Ravikumar, "Health Experts Cast Doubt on India's Timeline for COVID Vaccine", Reuters, 3 jul. 2020.
5   "Vejo gente pensar em termos de '*kaash* (gostaria) que fôssemos autossuficientes em equipamento médico, gostaria que fôssemos autossuficientes na fabricação de equipamentos de proteção pessoal [...] gostaria que fôssemos autossuficientes na fabricação de tudo o que compramos ou consumimos [...]' A solução para tudo isso só pode vir de uma *atma nirbhar Bharat* (Índia autossuficiente)", disse Narendra Modi no discurso de abertura da 95ª sessão plenária anual da Câmara Indiana de Comércio: *Deccan Chronicle*, "Turn Crisis into Opportunity, says PM Modi; Reiterates Self-Reliance", 11 jun. 2020.
6   Com base nas estimativas mais comumente aceitas de baixas durante as atrocidades de 1914-1945: vinte milhões na Primeira Guerra Mundial; cerca de cinquenta milhões pela gripe espanhola (e talvez até mesmo cem milhões); cerca de oitenta milhões na Segunda Guerra Mundial, incluindo as vítimas do Holocausto e de outros campos de morte nazistas; cerca de cinco milhões de mortos nos assassinatos em massa de Stalin (o Grande Expurgo e a fome causada pelo "Holocausto Ucraniano").
7   Um total de 19.240 mortos, de acordo com a BBC, "WW1: Why Was the First Day of the Somme Such a Disaster?". Disponível em: <www.bbc.co.uk/teach/why-was-the-first-day-of-the-somme-such-a-disaster/zn3hwty>.
8   Alfred, lorde Tennyson, "Locksley Hall", *Poems* (1842). (Observação: os itálicos são meus.) Esse poema notoriamente deu origem ao título do livro de Paul Kennedy sobre a história das Nações Unidas, *The Parliament of Man*.
9   John Hersey, *New Yorker*, 7 abr. 1951. Disponível em: <https://archives.newyorker.com/newyorker/1951-04-07/flipbook/050/>.
10 "Caught in the Middle", *The Economist*, 13 jul. 2006.
11 "Eisenhower Recalls the Ordeal of D-Day Assault 20 Years Ago", *The New York Times*, 6 jun. 1984.
12 Dwight D. Eisenhower, "April 16, 1953: Chance for Peace", Miller Centre na Universidade da Virgínia. Disponível em: <https://millercenter.org/the-presidency/presidential-speeches/april-16-1953-chance-peace>.
13 "Speech of Sir Winston Churchill, Zurich, 19th September 1946", Conselho da Europa, Assembleia Parlamentar. Disponível em: <https://archive.is/20130218054245/http://assembly.coe.int/Main.asp?link=/AboutUs/zurich_e.htm#selection-653.1-661.27>.
14 Donald J. Trump, "Remarks by President Trump to the 72nd Session of the United Nations General Assembly", Casa Branca, 19 set. 2017. Disponível em: <www.whitehouse.gov/briefings-statements/remarks-president-trump-72nd-session-united-nations-general-assembly/>.
15 Ikenberry, *After Victory*.
16 David E. Sanger, "For Trump, a New Crisis and a Familiar Response: It's China's Fault, and Europe's", *The New York Times*, 12 mar. 2020.

17 "'It's a Great Service to the Nation': PM Modi Urges People to Go Vocal about Local", *Hindustan Times*, 28 jun. 2020.
18 Giulio Sabbati e Costica Dumbrava, "The Impact of Coronavirus on Schengen Borders", Parlamento Europeu, Serviço de Pesquisa de Membros PE 649.347, abr. 2020. Disponível em: <www.europarl.europa.eu/RegData/etudes/BRIE/2020/649347/EPRS_BRI(2020) 649347_EN.pdf>.
19 Kathy Gilsinan, "How China Deceived the WHO", *The Atlantic*, 12 abr. 2020; sobre a credulidade da OMS para com as alegações da China, *ver*: Organização Mundial de Saúde, "Novel Coronavirus — Thailand (ex-China)", atualizado pela última vez em 14 jan. 2020. Disponível em: <www.who.int/csr/don/14-january-2020-novel-coronavirus-thailand-ex-china/en/>.
20 Organização Mundial da Saúde, "WHO Timeline — Covid-19", atualizado pela última vez em 27 abr. 2020. Disponível em <www.who.int/news-room/detail/27-04-2020-who-timeline---covid-19>.
21 Orçamento de US$ 4,4 bilhões em 2018-2019, OMS, "Programme Budget 2020-21", p. 7. Disponível em: <www.who.int/about/finances-accountability/budget/WHOPB-PRP-19.pdf?ua=1>.
22 Deve-se ressaltar que, durante a epidemia de Sars em 2003, quando a China era substancialmente menos rica e influente, a OMS de fato criticou duramente Pequim por sua reação: "A China foi repreendida pela Organização Mundial da Saúde pela forma como administrou a Sars, uma desonra em se tratando de uma agência das Nações Unidas que raramente confronta seus Estados-membros": Joseph Kahn, "China Discovers Secrecy Is Expensive", *The New York Times*, 13 abr. 2003; *ver* também: "Incapacidade chinesa de admitir o verdadeiro escopo do surto de Sars foi duramente criticada por governos e pela diretora-geral da OMS, Gro Harlem Brundtland", Isabel de Bertodano, *Bulletin of the World Health Organization* 2003, p. 81 (8). Disponível em: <www.who.int/bulletin/volumes/81/8/News0803.pdf>.
23 Alexandra Stevenson, Nicholas Kulish e David Gelles, "Frantic for Coronavirus Gear, Americans in Need Turn to China's Elite", *The New York Times*, 24 abr. 2020.
24 "Strategic Preparedness and Response Plan: Data as of 22 April 2020", OMS. Disponível em: <www.who.int/docs/default-source/coronaviruse/covid-19-exr-srp-infographic-.pdf?sfvrsn=6f7a7e58_11>.
25 Antes da pandemia, Taiwan recebia 5.700 voos mensais da China, enquanto os Estados Unidos recebiam em torno de 1.300. A Coreia do Sul recebia em torno de 480 mil visitantes chineses mensalmente em janeiro de 2020. Dados de voos de Taiwan: NPR, "With Odds Against It, Taiwan Keeps Coronavirus Corralled", 13 mar. 2020; dados de voos dos Estados Unidos: Lin Yang, "China Flights Increasing, but American Carriers Still Left Out", *Voice of America*, 12 jun. 2020; dados de turismo da Coreia do Sul: Organização de Turismo da Coreia, "Monthly Arrivals", jan. 2020: China: <http://kto.visitkorea.or.kr/eng/tourismStatics/keyFacts/KoreaMonthlyStatistics/eng/inout/inout.kto>.
26 "*le saint empire romain n'était en aucune manière ni saint, ni romain, ni empire*": François-Marie Arouet de Voltaire, *Essai sur l'histoire générale et sur les moeurs et l'esprit des nations* [Ensaio sobre a história universal, os costumes e o espírito das nações] (1756), capítulo 70.

27 Para a contribuição de Grotius às origens da lei internacional e aos fundamentos de uma ordem global mais pacífica, *ver*: Oona A. Hathaway e Scott J. Shapiro, *The Internationalists: How a Radical Plan to Outlaw War Remade the World*. Nova York: Simon & Schuster, 2017.
28 Em seu "A paz perpétua: Um esboço filosófico", de 1795.
29 William E. Gladstone, "Terceiro discurso em Midlothian, West Calder, 27 de novembro de 1879", *English Historical Documents*, 1874-1914, editado por W.D. Hancock e David Charles Douglas, citando *Political Speeches in Scotland* (1880), 1, pp. 115-7.
30 Como, por exemplo, no caso do sistema de redução de tarifas de "Preferência Imperial" entre a Grã-Bretanha e suas colônias. *Ver*: Brian Varian, "Britain's Post-Brexit Trade: Learning from the Edwardian Origins of Imperial Preference", *VoxEU*, Centro de Pesquisa de Políticas Econômicas, 23 jun. 2018. Disponível em: <https://voxeu.org/article/what--imperial-preference-can-teach-us-about-post-brexit-trade-deals>.
31 Notoriamente as Convenções de Haia de 1899 e 1907 (primeiros acordos *modernos*, pois já haviam ocorrido tentativas abortadas, a mais antiga datada de quase mil anos antes: o papa Inocêncio II tentou banir o uso de bestas entre cristãos durante o Segundo Concílio de Latrão). *Ver*: Decretos dos Concílios Ecumênicos, editado e traduzido por Norman P. Tanner. Disponível em: <https://web.archive.org/web/20190707065155/http://www.ewtn.com:80/library/COUNCILS/LATERAN2.HTM>.
32 Lindsey A. O'Rourke, "The U.S. Tried to Change other Countries' Governments 72 Times during the Cold War", *The Washington Post*, 23 dez. 2016.
33 Índice de Confiança para Investimento Estrangeiro Direto A.T. Kearney, 2020. Disponível em: <www.kearney.com/foreign-direct-investment-confidence-index/2020-full-report>.
34 Michael O'Sullivan e Krithika Subramanian, "The End of Globalization or a More Multipolar World?", relatório do Credit Suisse, set. 2015. Disponível em: <www.credit-suisse.com/media/assets/corporate/docs/about-us/research/publications/the-end-of-globalization-or-a-more-multipolar-world-report.pdf>.
35 Nicholas Lardy, *The State Strikes Back*, 31.
36 De acordo com o diretor do Serviço Nacional de Estatísticas da China, Ning Jizhe: "China's Per Capita GDP Crosses USD 10,000-Mark for the First Time", *Economic Times*, 17 jan. 2020. Disponível em: <https://economictimes.indiatimes.com/news/international/business/chinas-per-capita-gdp-crosses-usd-10000-mark-for-the-first-time/articleshow/73329871.cms>.
37 Mark W. Zacher, "The Territorial Integrity Norm: International Boundaries and the Use of Force", *International Organization*, 55, nº 2 (primavera de 2001), 218, "Table 1: Interstate Wars by Historical Era, 1648-2000" ("Tabela 1: Guerras entre Estados por período histórico, 1648-2000"). Disponível em: <www.jstor.org/stable/3078631>.
38 Os Estados Unidos e os aliados americanos listados têm 57,7% do PIB do mundo: US$ 50,6 trilhões em PIB somado *vs.* US$ 87,7 trilhões de PIB mundial, segundo dados do Banco Mundial até 2019.
39 *Ver*: Ikenberry, *After Victory*, prefácio à nova edição de 2019.
40 *Ver*: Ivo H. Daalder e James M. Lindsay, *The Empty Throne: America's Abdication of Global Leadership*. Nova York: PublicAffairs, 2018.

41 Walter Russell Mead, "The Jacksonian Revolt: American Populism and the Liberal Order", *Foreign Affairs*, 20 jan. 2017.
42 Daniel W. Drezner, "This Time Is Different: Why U.S. Foreign Policy Will Never Recover", *Foreign Affairs*, maio/jun., 2019.
43 "Donald Trump's Baffling Proposal to Withdraw Troops from Germany", *The Economist*, 27 jun. 2020.
44 Para um relato de algo mais positivo da tensão transatlântica, *ver*: Karen Donfried e Wolfgang Ischinger, "The Pandemic and the Toll of Transatlantic Discord", *Foreign Affairs*, 18 abr. 2020.
45 Aitor Hernández-Morales, "Germany Confirms that Trump Tried to Buy Firm Working on Coronavirus Vaccine", *Politico*, 15 mar. 2020, cita Jan Dams, "Diese Erfahrung wird Europa so schnell nicht vergessen", *Die Welt*, 15 mar. 2020. Disponível em: <www.welt.de/wirtschaft/plus206563595/Trump-will-deutsche-Impfstoff-Firma-CureVac-Traumatische-Erfahrung.html>.
46 Richard Lough e Andreas Rinke, "U.S. coronavirus supply spree sparks outrage among allies", Reuters, 3 abr. 2020.
47 De acordo com o Departamento de Estado: "The United States President's Emergency Plan for AIDS Relief", Departamento de Estado dos Estados Unidos. Disponível em: <www.state.gov/pepfar/>. *Ver* também: Anthony S. Fauci e Robert W. Eisenger, "PEPFAR — 15 Years and Counting the Lives Saved", *New England Journal of Medicine* 2018; 378, pp. 314-6, 25 jan. 2018. Disponível em: <www.nejm.org/doi/10.1056/NEJMp1714773>. E "The U.S. President's Emergency Plan for AIDS Relief (PEPFAR)", Kaiser Family Foundation, 27 maio 2020. Disponível em: <www.kff.org/global-health-policy/fact-sheet/the-u-s-presidents-emergency-plan-for-aids-relief-pepfar/>. Mesmo as estimativas menos dramáticas calculam em três milhões as vidas salvas, *ver*: Dylan Matthews, "George W. Bush was a much better president than liberals like to admit", *Vox*, 8 jul. 2015.
48 A Europa faz contribuições de vulto para ajudar no desenvolvimento de outros países, bem mais do que os Estados Unidos de acordo com certos padrões de medida. Em números de 2016, os Estados Unidos doam cerca de US$ 30 bilhões anualmente, ao passo que instituições europeias, juntamente com a França, o Reino Unido e a Alemanha, contribuíram com cerca de US$ 60 bilhões, segundo dados da OCDE. Disponível em: <www.oecd.org/dac/stats/ODA-2015-detailed-summary.pdf>.
49 Os Estados Unidos atingiram um novo recorde de casos diários de Covid-19 (mais de 75 mil) em 16 jul.: Lisa Shumaker, "U.S. Shatters Coronavirus Record with Over 77,000 Cases in a Day" ["EUA superam de longe o recorde de casos de coronavírus com mais de 77 mil em um dia"], Reuters, 16 jul. 2020.
50 Kevin Rudd, "The Coming Post-Covid Anarchy" ["A iminente anarquia pós-Covid"], *Foreign Affairs*, 6 maio 2020.
51 Na América Latina, o vínculo é com a Comunidade de Estados Latino-Americanos e Caribenhos (Celac), via Fórum China-Celac (disponível em: <www.chinacelacforum.org/eng/ltjj_1/P020161207421177845816.pdf>), desde 2015. Na Europa Central e do Leste, com o "Grupo de Visegrado" e o formato chamado de 17+1 (Albânia, Bósnia-Herzegovina,

Bulgária, Croácia, República Tcheca, Estônia, Hungria, Letônia, Lituânia, Macedônia, Montenegro, Polônia, Romênia, Sérvia, Eslováquia, Eslovênia e, desde 2019, Grécia): Emilian Kavalski, "China's '16+1' Is Dead? Long Live the '17+1'", *Diplomat*, 29 mar. 2019.

52 A Organização do Tratado de Segurança Coletiva (OTSC), também chamada de Pacto de Tashkent, de 1992. Formada originalmente por Armênia, Cazaquistão, Quirguistão, Rússia, Tajiquistão e Uzbequistão, em 1993 passou a incluir o Azerbaijão, a Bielorrússia e a Geórgia. OTSC, "From the Treaty to the Organization". Disponível em: <https://en.odkb-csto.org/25years/>.

53 "A crise da Ucrânia virou o trauma de nascença da U(nião) E(conômica) E(urasiana)", Evgeny Troitskiy, "The Eurasian Economic Union at Five: Great Expectations and Hard Times", Wilson Center, 14 jan. 2020. Disponível em: <www.wilsoncenter.org/blog-post/eurasian-economic-union-five-great-expectations-and-hard-times>.

54 Ivan Krastev e Mark Leonard, "Europe's Pandemic Politics: How the Virus Has Changed the Public's Worldview", Conselho Europeu de Relações Exteriores, Sumário de Política, 23 jun. 2020. Disponível em: <www.ecfr.eu/publications/summary/europes_pandemic_politics_how_the_virus_has_changed_the_publics_worldview>.

55 Emmanuel Macron, "Addresse aux Français". Disponível em: <www.elysee.fr/emmanuel-macron/2020/06/14/adresse-aux-francais-14-juin-2020>.

56 Para mais informações sobre a ideia de uma ordem estruturada pelos Estados Unidos durar mais do que o poder de Estado que a criou, ver o prefácio de Ikenberry à edição 2019 de *After Victory*.

57 "Cientistas teorizam há tempos sobre como Vênus teria sido formado por elementos semelhantes aos da Terra, mas seguido um caminho evolucionário diferente. Medições feitas pela NASA a partir da missão da Pioneer nos anos 1980 sugeriram de início que o planeta poderia ter tido um oceano originalmente. No entanto, Vênus está mais próximo do Sol do que a Terra e recebe bem mais luz solar. Como resultado, o oceano original do planeta teria se evaporado, moléculas de vapor de água teriam se partido por causa da radiação ultravioleta e o hidrogênio, se perdido no espaço. Sem mais água alguma na superfície, o dióxido de carbono teria se concentrado na atmosfera, desencadeando o assim chamado efeito estufa descontrolado que criou as atuais condições", de Michael Cabbage e Leslie McCarthy, "NASA Climate Modeling Suggests Venus May Have Been Habitable", Instituto Goddard de Estudos Espaciais da NASA. Disponível em: <https://climate.nasa.gov/news/2475/nasa-climate-modeling-suggests-venus-may-have-been-habitable/>.

58 Paul Kennedy, *The Parliament of Man: The Past, Present, and Future of the United Nations*, p. 283. Nova York, Random House, 2006.

CONCLUSÃO: NADA ESTÁ ESCRITO

1 Frank Newport, "75 Years Ago, The First Gallup Poll", Gallup, 20 out. 2010. Disponível em: <https://news.gallup.com/opinion/polling-matters/169682/years-ago-first-gallup-poll.aspx>.

2 "Pesquisa de opinião no fim de março sugeria que, para 72%, a União Europeia não havia contribuído 'em nada' no combate à pandemia, e a confiança na União Europeia despencara

dos 34% anteriores ao início da pandemia para 25%", Luigi Scazzieri, "Trouble for the EU Is Brewing in Coronavirus-Hit Italy", Centro para a Reforma da Europa, 2 abr. 2020. Disponível em: <www.cer.eu/insights/trouble-eu-brewing-coronavirus-hit-italy>. Citando ADN Kronos, "Il sondaggio: fiducia in Ue crolla anche fra europeisti". Disponível em: <www.adnkronos.com/fatti/cronaca/2020/03/29/sondaggio-fiducia-crolla-anche-fra-euro peisti_4SqDLxMTeN1pRJsz9jEwzK.html>.

3   Jan Strupczewski, John Chalmers e Robin Emmott, "EU Reaches Historic Deal on Pandemic Recovery after Fractious Summit", Reuters, 20 jul. 2020.
4   P. ex.: Robert Boyd e Peter J. Richerson, "Culture and the Evolution of Human Cooperation", *Philosophical Transactions of the Royal Society of London, Series B, Biological Sciences* 364, nº 1533 (12 nov. 2009), pp. 3281-8. Disponível em: <www.ncbi.nlm.nih.gov/pmc/articles/PMC2781880/>. Uma teoria popularizada recentemente em *Humankind: A Hopeful History*, de Rutger Bremen (Nova York: Little, Brown, 2020), tradução de Erica Moore e Elizabeth Manton.
5   Karl Marx, *O dezoito de Brumário de Luís Bonaparte*, capítulo 1.
6   Uma formulação ligeiramente diferente desse dito bismarckiano foi a oferecida por Henry Kissinger em "Otto von Bismarck: Master Statesman", *The New York Times*, 31 mar. 2011.
7   Esse relato sobre a colaboração entre os Estados Unidos e a União Soviética na erradicação da varíola é do historiador de Harvard Erez Manela, no excelente e definitivo "A Pox on Your Narrative: Writing Disease Control into Cold War History", *Diplomatic History* 34, nº 2 (abr. 2010). Disponível em: <https://scholar.harvard.edu/files/manela/files/manela-pox-dh.pdf>. Manela cita Thomas Jefferson em conversa com Edward Jenner, 14 maio 1806, Documentos de Thomas Jefferson, Série 1, Correspondência geral, Biblioteca do Congresso, Washington, D.C.
8   "Smallpox" ["Varíola"], Centros de Controle e Prevenção de Doenças dos Estados Unidos, revisado pela última vez em 12 jul. 2017. Disponível em: <www.cdc.gov/smallpox/index.html>.

intrinseca.com.br

@intrinseca

editoraintrinseca

@intrinseca

1ª edição	FEVEREIRO DE 2021
impressão	SANTA MARTA
papel de miolo	PÓLEN SOFT 80G/M²
papel de capa	CARTÃO SUPREMO ALTA ALVURA 250G/M²
tipografia	ADOBE CASLON